Anne Hubbell Maiden und Edie Farwell

Willkommen in dieser Welt

Anne Hubbell Maiden
Edie Farwell

Willkommen in dieser Welt

Die tibetische Kunst,
Kinder ins Leben
zu begleiten

Kösel

Aus dem Amerikanischen von Karin Petersen, Berlin.
Die Originalausgabe erschien unter dem Titel
»The Tibetan Art of Parenting. From Before Conception
Through Early Childhood« bei Wisdom Publications,
Somerville, MA.

ISBN 3-466-30481-4
© Anne Hubbell Maiden and Edie Farwell, 1997
© 1999 für die deutsche Ausgabe by
Kösel-Verlag GmbH & Co., München
Printed in Germany. Alle Rechte vorbehalten
Druck und Bindung: Kösel, Kempten
Umschlag: Kaselow Design, München
Umschlagmotiv: Winfried Werner, Schallstadt

1 2 3 4 5 · 03 02 01 00 99

*Gedruckt auf umweltfreundlich hergestelltem Werkdruckpapier
(säurefrei und chlorfrei gebleicht)*

Inhalt

Ich widme dieses Buch meinen Kindern,
Benjamin Nansen Hubbell und Lisa Hubbell Mackinney,
meiner Enkelin, Hannah Mackinney,
und Dugu Choegyal Rinpoche
und dem tibetischen Volk

Anne Hubbell Maiden

Ich widme dieses Buch meinen Eltern,
Jean und Frank Farwell,
die mir die beste Kindheit schenkten,
die man sich vorstellen kann,
und meinem Mann, Jay Mead,
für die Freude des gemeinsamen Erlebnisses,
unsere Kinder zu gebären und großzuziehen.

Edie Farwell

Vorwort

Es ist mir eine große Freude, das Vorwort für dieses Buch über tibetische Elternschaft zu schreiben, ein Thema, das bislang außerhalb der tibetischen Gemeinschaft nur selten diskutiert wurde. Während unsere Art und Weise, neues Leben in die Welt zu bringen, einerseits auf wertvollem traditionellen Wissen beruht, enthalten unsere Sitten andrerseits auch einige alte abergläubische Bräuche, die heute wahrscheinlich nicht mehr wünschenswert sind. So glauben zum Beispiel viele Tibeter, dass man ein Baby bis zu einem bestimmten Alter nicht mit aus dem Haus nehmen sollte und es selbst dann noch vor imaginären Geistern geschützt werden muss, indem man die Nase des Kindes mit Ruß bestreicht. Diese einzigartigen tibetischen kulturellen Bräuche sind sicher für andere Gesellschaften nicht empfehlenswert.

Trotz dieses Aberglaubens besitzen wir Tibeter jedoch auch wertvolle Traditionen in Bezug auf das wunderbare Erlebnis der Geburt eines Kindes, die wir mit der Weltgemeinschaft teilen möchten. In einer Ära, in der Menschen rund um den Globus Gedanken austauschen und sich das Wissen anderer wohltuend zunutze machen, erscheint dieses Buch nach meinem Empfinden genau zum richtigen Zeitpunkt und kann für viele Eltern extrem hilfreich sein.

Eine der Traditionen, die ich am meisten schätze, beruht auf dem buddhistischen Glauben, dass die Wiedergeburt als

7

Mensch die kostbarste Errungenschaft überhaupt ist, weil nur der Mensch die Kraft der Vernunft besitzt und damit das Potential, sich von irdischem Leid zu befreien. Für eine tibetische Frau, die beschließt, Mutter zu werden und ein neues menschliches Wesen in diese Welt zu bringen, ist das also die wunderbarste Aufgabe und größte Herausforderung ihres Lebens. In dieser Hinsicht schätze ich auch die unterstützende Rolle, die unsere gesamte Gemeinschaft bei diesem Geschehen spielt, indem sie sowohl der werdenden Mutter als auch dem Kind von der Empfängnis an bis ins Erwachsenenalter ihre besondere Aufmerksamkeit schenkt.

Ein weiterer bewundernswerter Aspekt der tibetischen Mutterschaft ist für mich, dass traditionell eingestellte tibetische Frauen eine sehr natürliche Einstellung zur Geburt haben, ohne praktische medizinische Erwägungen zu vernachlässigen. Meiner Meinung nach sollten wir uns einerseits glücklich schätzen, dass wir Zugang zu den neuesten medizinischen Entdeckungen haben, Schwangerschaft und Geburt andrerseits aber auch als ein ganzheitliches, gesundes Geschehen betrachten und uns von medizinischen und anderen Eingriffen nicht unnötig abhängig machen.

In einer Hinsicht ist es traurig, dass tibetischen Frauen ihr Heimatland genommen wurde und sie über die ganze Welt verstreut sind. Aber aus einem anderen Blickwinkel betrachtet, können wir uns glücklich schätzen, dass wir unsere Stimme in die Weltgemeinschaft der Frauen einbringen und unsere Weisheiten jetzt mit anderen teilen können.

Rinchen Khando Choegyal
Erziehungsministerin der tibetischen Exilregierung
Direktorin des Projektes für tibetische Nonnen, Dharamsala, Indien

Anmerkungen der Autorinnen

Von Anne Hubbell Maiden

Wie ich noch entdecken sollte, stand der Anstoß zu diesem Buch im Einklang mit der tibetischen Einstellung zur Geburt, da er auf einem Traum beruhte. »Es ist Zeit, dass die Welt etwas über die tibetische Geburt erfährt!«, klang es eines Morgens in meinen Ohren, als ich aus dem Traum ins Wachbewusstsein glitt. Meine innere Reaktion auf diese Botschaft war eine Mischung aus Gewissheit, Bereitschaft und Neugierde. Durch meine jahrzehntelange Erfahrung als Psychotherapeutin war mein Vertrauen in Träume gewachsen. Und seit Jahren hatte ich bei jeder sich mir bietenden Gelegenheit Reisen unternommen, um die Geburt in den verschiedensten Kulturen der Welt zu erforschen. Diese Leidenschaft wurde geschürt durch das innere Bedürfnis, meinen eigenen Erfahrungen mit der amerikanischen Krankenhausgeburt im Jahre 1960 Heilsames entgegenzusetzen. Die Praktiken anderer Kulturen, so glaubte ich, konnten Familien, Geburtshelfer und die westliche Medizin um neue Möglichkeiten bereichern. Wie sah mein nächster Schritt aus, um herauszufinden, was die Welt über die tibetische Geburt wissen sollte?

9

Drei Tage später bekam ich per Post die Ankündigung eines Studienseminares über Kulturen, das im Himalaja stattfinden sollte und vom Californian Institute of Integral Studies gefördert wurde. Der Seminarort befand sich nur fünfzehn Minuten Fußweg entfernt von der tibetischen Flüchtlingsgemeinde Tashi Jong in Himachal Pradesh im äußersten Norden von Indien. Eines der Fakultätsmitglieder war Joanna Macy, die den spirituellen Leiter der Gemeinschaft seit 25 Jahren kannte. Da ich Joanna und andere Fakultätsmitgliedern bereits kannte, war jetzt klar, wie ich Tibeter kennen lernen und damit den ersten Schritt machen konnte, etwas von ihrem Umgang mit Geburt zu erfahren und mitzuerleben.

Ich hatte noch sieben Monate Zeit, um mich auf die Reise vorzubereiten. Tibeter, Gelehrte und Übersetzer erzählten mir, dass es nur wenige Hinweise auf die tibetische Geburt gäbe, lediglich ein paar Sätze in den beiden Büchern *Das Tibetische Totenbuch* und *Yang-dschen-ga-wä-lo-drö: Stufen zur Unsterblichkeit. Tod, Zwischenzustand und Wiedergeburt im tibetischen Buddhismus*.[1] Nachdem ich diese Quellen gefunden und gelesen hatte, fuhr ich also fort zu fragen und zu suchen. Und schließlich stieß ich in San Francisco auf einen tibetischen Arzt, Lobsang Rapgay, der mir erzählte, dass es über die tibetischen Geburtsbräuche sehr viel Wissenswertes gäbe. In den nächsten Monaten brachte er mir Bücher, beantwortete meine Fragen, übersetzte Texte aus dem Tibetischen ins Englische, schrieb einen Empfehlungsbrief für einen mit ihm verwandten Bibliothekar in Dharamsala und nahm mich, sehr viel später, mit zu Besuch zu seiner Mutter, die in Tibet als Hebamme gearbeitet hatte.

In Indien stellte mich Joanna, bevor das Seminar begann, Dugu Choegyal Rinpoche aus der benachbarten tibetischen

Gemeinde vor. Er hatte seine Ausbildung, die auf den Lehren seiner spirituellen Linie über die Vorbereitung auf die Geburt beruhte, im Alter von dreizehn Jahren begonnen, noch bevor er Tibet verließ. Er hatte eine wichtige spirituelle Aufgabe von seinen Lehrern übertragen bekommen, nämlich andere zu unterweisen, und bat Joanna, ihm bei dieser Arbeit zu helfen. Von diesem Augenblick an bestanden keinerlei Zweifel mehr, warum ich gekommen war. Choegyal Rinpoches erste Worte setzten den Rahmen für all unsere weiteren Treffen: »Die Geburt stammt aus Zeit ohne Anfang und grenzenlosem Raum.«

In den nächsten Wochen traf ich bei den Unterweisungen der frühen Morgenmeditation, den Seminarstunden, Mahlzeiten, Pilgerfahrten und Spaziergängen nach Tashi Jong immer wieder mit anderen Teilnehmern und Teilnehmerinnen zusammen und führte lange Gespräche mit ihnen. Eine von ihnen war eine Anthropologiestudentin namens Edie Farwell (die 1990 ihren Abschluss machte), die ein starkes Interesse an der tibetischen Kultur entwickelt und beschlossen hatte, länger im Himalaja zu bleiben. Ihre gründliche Neugier und lebhafte Anteilnahme am Leben der Tibeter erweckten meine Aufmerksamkeit. Ich hatte bereits beschlossen, mir Hilfe für meine Forschungen über Geburtssitten zu suchen. Gehend und redend entdeckten wir gemeinsame Interessen, und schon bald zeigte sich, dass ein Buch über tibetische Geburtsbräuche Form anzunehmen begann. Das war der Beginn einer zwanzig Monate langen, fast täglichen Zusammenarbeit und sieben weiterer Jahre des gemeinsamen Wirkens, in denen wir meinen anfänglichen Traum verwirklichten und dieses Buch zur Welt brachten.[2]

Während ich dies schreibe, wächst meine erste Enkelin im Schoß ihrer Mutter heran, und ich freue mich schon darauf, mich an die Juwelen tibetischer Weisheit zu erinnern und sie in sämtlichen Phasen unserer Beziehung anwenden zu können.

Von Edie Farwell

Mehrere Gründe haben mich bewegt, an diesem Buch mitzuschreiben. Ich wollte ein Wissen sammeln und dokumentieren, das in Gefahr war, verloren zu gehen, da die Tibeter nach der chinesischen Invasion aus ihrem Heimatland flohen. Und ich wollte auch untersuchen, wie eine Flüchtlingsbevölkerung sich trotz ihrer geographischen Verstreutheit und der Bedrohung durch kulturelle Auslöschung ihre Überzeugungen und Sitten bewahrt.

Meiner Ansicht nach gelingt es den tibetischen Gemeinschaften im Exil trotz des großen Drucks aufgrund der Besatzung ihres Landes bemerkenswert gut, sich ihre kulturelle Identität zu erhalten. Ich habe mich gefragt, ob die Tibeter als Beispiel für andere Flüchtlingsbevölkerungen dienen könnten, und ob ich herausfinden würde, warum es ihnen so gut gelingt, sich ihre Traditionen zu bewahren. Auf dem Hintergrund des Glaubens der tibetischen Buddhisten an die Reinkarnation und das Weitergeben des Wissens von einem Leben zum anderen vermutete ich, dass das Gebären und Aufziehen von Kindern eine zentrale Rolle bei der Bewahrung überlieferter Gebräuche und der Kontinuität kultureller Identität spielte.

Ich wollte auch eine Sammlung der tibetischen Sitten in Bezug auf die Geburt erstellen, die sowohl für Tibeter als auch für Nicht-Tibeter nützlich sein konnte. Bei der Erfor-

12

schung, Analyse und Dokumentierung dieses universellen Ereignisses aus dem Blickwinkel einer Kultur, die sich von meiner eigenen sehr unterscheidet, hoffte ich eindeutiger bestimmen zu können, welche Aspekte des Geburtsprozesses auch für andere Kulturen Gültigkeit haben können und welche spezifisch sind.

Ein weiterer Grund für mein Interesse an diesem Projekt war mein Wunsch, mein schon lange bestehendes Interesse am tibetischen Buddhismus mit eigenen Erfahrungen zu verbinden. Seit meinem ersten Besuch im Himalaja im Alter von 19 Jahren fühle ich mich zu den tibetischen Menschen sowie ihrer Kultur und Geschichte stark hingezogen und habe große Achtung vor der buddhistischen Philosophie. Als wir mit der Arbeit an diesem Buch anfingen, begann ich gerade, mein eigenes erstes Baby zu planen, und hatte das Gefühl, dass die Erforschung der tibetischen Geburtsweisheit meine eigene Empfängnis und meinen Geburtsprozess sehr bereichern würde – was auch tatsächlich der Fall war.

Da die Tibeter die Einheit des Mentalen, Emotionalen, Spirituellen und Physischen betonen, boten sie mir einen ganzheitlichen Rahmen, in dem die verschiedenen Seiten meines Lebens ins Gleichgewicht kommen und genügend Raum für ein Baby bleibt. Ausgehend von den Ideen, die bei der Arbeit an diesem Buch entstanden, bereitete ich mich darauf vor, ein Baby bewusst und überlegt zu empfangen, zu gebären und großzuziehen. So haben mein Mann und ich zum Beispiel unser eigenes Empfängnisritual entwickelt, mit dem wir unsere Bereitschaft bekundeten, ein Kind in diese Welt zu bringen. Dank dieser Haltung konnten wir uns nicht nur tiefer und umfassender auf den Geburtsprozess einlassen, als es vielleicht sonst der Fall gewesen wäre, sondern sie hat uns beim Austausch mit unserem Kind bei seiner weiteren Entwicklung auch kontinuierlich bereichert.

Ein Kind in diese Welt zu setzen, in der Übervölkerung und übertriebener Konsum eine zentrale Bedrohung für das weitere Wohlergehen unseres Planeten darstellen, ist eine schwerwiegende Entscheidung. Ich habe festgestellt, dass die spirituelle Philosophie und die natürliche Weisheit dieser alten Kultur mir geholfen haben, mich bewusst und bedacht auf die Verantwortung des Gebärens vorzubereiten, und mich auch weiterhin inspirieren, für unsere Kinder eine möglichst gesunde Umgebung zu schaffen. Ich hoffe, dieses Buch wird auch anderen helfen, den Rahmen für eine bewusste Empfängnis, eine gesunde Geburt sowie die Versorgung und Betreuung von Babys zu schaffen, die von Herzen geliebt werden.

Zu diesem Buch

Dieses Buch ist aus Gründen der Klarheit im Folgenden in der Ich-Perspektive geschrieben, gibt aber die Erfahrungen, Erkenntnisse und Einsichten beider Autorinnen wieder. Beide lebten und forschten in Dharamsala und anderen tibetischen Gemeinschaften in Indien, und beide arbeiteten mit Tibetern, tibetischen Gelehrten, Lehrerinnen und Lehrern in den USA zusammen, mit denen sie Interviews machten. Auch haben beide Autorinnen das verfügbare schriftliche Material über die tibetische Geburt gesichtet. Das »Ich« in den folgenden Kapiteln steht also für die Gefühle, Beobachtungen und Überlegungen beider Verfasserinnen.

Die Personen in diesem Buch setzen sich überwiegend aus verschiedenen Menschen zusammen. Außer einigen wenigen Gelehrten und Freunden, die beim Namen genannt werden und leicht zu erkennen sind, sind die erwähnten Personen fiktiv. Sie gehen zurück auf eine Reihe von Tibeterinnen und Tibetern, die beide Autorinnen kennen gelernt und mit denen sie gesprochen haben, und repräsentieren somit die Verschiedenartigkeit der Familien und Lebensstile der tibetischen Flüchtlingskultur von 1989 in Nordindien. Mit Hilfe dieser fiktiven Personen konnten wir ein reiches Bild der verschiedenen Familien zeichnen, mit denen wir am meisten Kontakt hatten, und zugleich die Privatsphäre dieser Menschen schützen. Außer in den seltenen Fällen, wo ein Tibeter als Überset-

15

zer diente, wurden die Interviews in Englisch geführt, eine der offiziellen Sprachen Indiens. Auch bei der Übersetzung der tibetischen Texte haben uns Tibeter geholfen.

Wie in jedem Land variieren die Traditionen und Sitten in Tibet von Region zu Region, von Familie zu Familie und von Individuum zu Individuum. Das gilt auch für die tibetischen Bräuche in den verschiedenen Flüchtlingsgemeinden. Ein Ziel dieses Buches besteht darin, sowohl diese Unterschiede als auch die übergreifende tibetische Haltung zur Geburt darzustellen, die einerseits unterschiedliche Sitten und andrerseits typische tibetische Traditionen umfasst, welche in den tibetischen Flüchtlingsgemeinden immer noch verbreitet sind.

Einleitung

Was dieses Buch möchte

Eine grundlegende Absicht dieses Buches besteht darin, westliche Leserinnen und Leser mit der ganzheitlichen Sicht der Geburt bekannt zu machen, die die tibetische Kultur repräsentiert und in der physische, emotionale, geistige, spirituelle, Beziehungs- und Umweltaspekte ein Ganzes bilden, ein ungebrochenes Kontinuum des Lebens und der damit verbundenen Erfahrung, der mit Achtung begegnet wird. In engem Zusammenhang damit steht das Vorhaben, die Weisheit eines uralten Volkes zu bewahren. Ziel dieses Buches ist, die tibetischen Weisheiten und Praktiken in Bezug auf die Geburt für zukünftige tibetische Generationen zu dokumentieren, die vielleicht nicht das Glück haben, in ihrem Heimatland aufzuwachsen; und für westliche Menschen, damit sie von dieser Einstellung lernen und ihr Verständnis der Geburt erweitern können.

In diesem Vorwort möchten wir tibetische Umgangsweisen mit der Geburt einmal kurz in den größeren Kontext anderer kultureller Geburtsmethoden stellen, um die tibetische Sicht und ihren Beitrag für all diejenigen, die mit Geburt und Kinderbetreuung zu tun haben, deutlicher herauszustellen. Die tibetische Sichtweise ist sowohl durch gesellschaftliche Unterdrückung und Umsiedlung als auch durch die moderne

Vorherrschaft von Medizin und Technologie beim natürlichen Vorgang der Geburt in Familie und Gemeinschaft gefährdet. Für viele Eingeborenenvölker liegt der Sinn von Medizin darin, Harmonie zwischen dem Heiligen und dem Leben hier auf dieser Erde zu schaffen. Medizinisch tätig sein heißt die eigene heilige Macht zum Wohl aller einsetzen.[3] Eine weitere Absicht dieses Buches besteht darin, die Synthese von modernen und traditionellen medizinischen Verfahren zu fördern. Dieses Buch soll als Brücke zwischen östlichen und westlichen Kulturen dienen und sowohl den Austausch des Wissens über dieses Thema als auch die Wertschätzung und das Verständnis der Geburt kulturell übergreifend fördern. Die Erfahrungen vieler Gesellschaften zeigen, dass ein angemessener biomedizinischer Fortschritt integrierte Alternativen im Rahmen einer Geburtshilfe bieten kann, welche mit wenig Kosten und Technologie verbunden ist, die Familie in den Mittelpunkt stellt sowie gesellschaftliche Blickpunkte und Umweltaspekte mit berücksichtigt.

Die Eltern sind bei der Wahl von Geburtspraktiken, bei denen Familie, Kind und inneres Wissen als Einheit – statt getrennt – mitwirken, der wichtigste Einfluss. Ganz gleich jedoch ob wir Eltern, Kinderärzte, Psychologen, Sozialarbeiter, Ehe- und Familienberater, Studenten, Soziologen, medizinische Forscher, in der öffentlichen Gesundheitspolitik, im Rechtsbereich oder als Anthropologen tätig sind, das Wissen über tibetische Geburtspraktiken kann uns inspirieren, Bedingungen zu schaffen, unter denen Gesundheit, Familie, Gemeinschaft, Umgebung und die spirituelle Dimension bei diesem Ereignis ein einheitliches Ganzes bilden. Dieses Buch möchte Eltern mit verschiedensten Hintergründen dahin führen, das tibetische Volk zu schätzen und von ihm zu lernen;

von den praktischen Vorgehensweisen dieser Menschen zu übernehmen, was die Geburtsvorbereitung und Betreuung der eigenen Kinder bereichert und lebendiger macht; einen Teil tibetischer Kultur zu bewahren; Mitgefühl und Weisheit zu entwickeln und die Bedingungen für Geburten überall auf der Welt aktiv mitzugestalten.

Die Geburt eines Kindes ist ein universelles und zeitloses Ereignis, das einen äußerst großen Einfluss auf unser Wohlergehen hat. Es ist nur zu unserem Besten, wenn wir von anderen kulturellen Traditionen und Neuerungen so viel wie möglich lernen, um die Praktiken zu übernehmen, mit denen wir Geburten möglichst positiv gestalten können.

Wie dieses Buch aufgebaut ist

Zentral für dieses Buch ist die umfassende Sicht des Geburtsvorgangs als eines Prozesses, der aus sieben Stadien besteht, vor der Empfängnis beginnt und bis zur frühen Kindheit reicht. Diese sieben Stadien sind die Zeit vor der Empfängnis, Empfängnis, Schwangerschaft, Geburt, Bonding, Kleinkindzeit und frühe Kindheit. Jedes dieser sieben Stadien ist Teil einer kontinuierlichen Betreuung, die in sämtlichen Kulturen für wichtig erachtet wird und zu einer gesunden Geburt sowie einem gesunden Leben für Kind, Mutter und Familie beiträgt. Das berücksichtigend, wird jedem dieser Stadien ein Kapitel gewidmet:

1. Die Zeit vor der Empfängnis
Vor der Geburt beeinflussen familiäre und gesellschaftliche Überzeugungen und Bräuche das physische, soziale und spirituelle Umfeld, in dem ein Paar ein Kind empfängt.

2. Empfängnis

Die Überzeugungen in Bezug auf die Empfängnis und den Vorgang der Empfängnis sowie die dieses Ereignis betreffenden allgemein akzeptierten Bräuche sagen viel über die Werte eines Volkes aus.

3. Schwangerschaft

Die Betreuung des Kindes während seines Heranreifens im Mutterleib (aus seiner Sicht betrachtet) und die Schwangerschaft (wie sie von der Mutter und ihrer Gemeinschaft erlebt wird) geben weitere Aufschlüsse über die Auffassung von der Geburt und die Vorbereitung auf dieses Ereignis.

4. Geburt

Die Ereignisse zur Zeit der Geburt, vom Einsetzen der Wehen bis zum Austreten des Neugeborenen, dem Durchschneiden der Nabelschnur und dem Umgang mit der Nachgeburt eröffnen eine genaue Sicht auf die Beziehungen innerhalb der Familie und der Gemeinschaft sowie den Wert, der jedem Individuum zugesprochen wird.

5. Bonding

Das Bonding ist die Basis für kontinuierliche Beziehungen und erstreckt sich über sämtliche sieben Stadien.

6. Kleinkindzeit

Im Stadium der Kleinkindzeit machen sowohl die Eltern als auch ihr Nachwuchs rasche physische, psychische und soziale Veränderungen durch und entwickeln eine neue Beziehung zur Familie und zur Gesellschaft als ganzer.

7. Frühe Kindheit

Die frühe Kindheit ist das Stadium, in dem ein Kind uns über seine Erfahrungen mit der Geburt und der Zeit vor der Geburt etwas erzählen kann und beginnt, eine bewusste Ausrichtung in Bezug auf die eigene Elternschaft zu entwickeln.

Im siebten Stadium schließt sich der Kreis und knüpft wieder an die Zeit vor der Empfängnis an. Die Ereignisse in all diesen Stadien beeinflussen die Gesundheit und das Wesen des erwarteten Kindes und der nachfolgenden Generationen.

Schätze tibetischer Geburtsweisheit

Gegen Abschluss meiner Untersuchungen – nachdem ich Notizen durchgesehen, Tonbänder abgeschrieben, noch weitere tibetische Gelehrte und Eltern interviewt, geschrieben, über das Wissen nachgedacht hatte, das Gyatso (ein verehrter Lama) und meine anderen Freundinnen und Freunde mit mir geteilt hatten, und dann noch weitergeschrieben hatte – zeichneten sich zahlreiche verschiedene Einsichten über Geburt und Kinderbetreuung ab, die aus dem tibetischen Erbe erwachsen. Beim Lesen dieses Buches lernen Sie diese Einsichten nach und nach kennen, da deren praktische Anwendung in den einzelnen Kapiteln über die sieben Stadien der Geburt untersucht und illustriert wird. Um Ihnen das Lesen zu erleichtern, werden die entsprechenden Einsichten zu Beginn jedes Kapitels zusammengefasst. Da diese Einsichten ein kostbarer Schatz tibetischer Kultur sind, werden sie als »Juwelen« tibetischer Geburtsweisheit bezeichnet.

Sie werden beim Lesen feststellen, dass jedes Kapitel seinen eigenen Schwerpunkt hat. Mit Hilfe von Geschichten, medizinischen Informationen sowie familiären und religiösen Traditionen sammelt und reflektiert das Buch die Weisheit, welche die tibetische Kultur uns zu bieten hat, sollten wir beschließen, uns theoretisch und praktisch mit den Anfängen des Lebens zu beschäftigen. Ein medizinischer Forscher kann zum Beispiel bestimmte Hypothesen entdecken, ein Anthropologe Einsichten in ein bislang unerforschtes kulturelles Ritual gewinnen, während Eltern vielleicht bestimmte Gebräuche zur eigenen familiären Gepflogenheit machen möchten.

Nachdem Gyatso meine Liste von Juwelen tibetischer Geburtsweisheit gelesen hatte, kommentierte er: »Nur wenn ein analytisches Vorgehen mit einer meditativen Betrachtungsweise kombiniert wird, wissen wir, dass es stimmt, denn die Wahrheit ist etwas, was wir in unserem Tiefenbewusstsein erfahren. Die Einsichten, die aus der Beobachtung und dem Studium des tibetischen Erbes gesammelt wurden, können euch in eurem Leben also nur nützlich sein, wenn sie mit eurer eigenen inneren Weisheit im Einklang stehen.« Wie Gyatso nahe legt, können die Leserinnen und Leser aus jedem Kapitel übernehmen, was zu diesem Zeitpunkt für ihr Leben nützlich ist, und dabei die ganzheitliche tibetische Sicht bewahren, welche physische, emotionale, geistige, spirituelle, Beziehungs- und Umweltaspekte der Geburt umfasst.

Von meiner Seite aus schlage ich vor, dass Sie Gyatsos Anleitung befolgen, indem Sie jedes »Juwel« anhand Ihres eigenen Wissens überprüfen. Wenn es »Sie anspricht«, wie die Quäker sagen, dann ist es wahrscheinlich für Sie auch nützlich.

Zu Beginn

Die Welt ist, was die Kommunikation und Grenzen betrifft,
kleiner geworden, und keine Nation kann heute in Isolation
überleben. Es ist in unserem eigenen Interesse, daß wir
eine Welt der Liebe, Gerechtigkeit und Gleichheit
schaffen, denn ohne ein Gefühl von ethisch begründeter,
universeller Verantwortlichkeit stehen wir mit unserer
Existenz und unserem Überleben vor einem gefährlichen
Abgrund. Die Qualitäten, die erforderlich sind,
um eine solche Welt schaffen zu können,
müssen Menschen von Kindheit an eingeprägt werden.
Wir können von unserer Generation oder der neuen
Generation nicht erwarten,
daß sie den Wechsel ohne diese Grundlage
vollziehen können.
Die Zukunft ist unsere Hoffnung.

Seine Heiligkeit der Vierzehnte Dalai Lama von Tibet[4]

Die chinesische Besetzung Tibets
im Jahre 1950

Auf dem Dach der Welt lebend, waren die Tibeter durch die
natürliche Grenze des Himalajas jahrhundertelang von anderen Völkern isoliert. Die wenigen Fremden, die Tibet besuchten, berichteten beeindruckt von der reinen Schönheit des

Landes sowie der Lebendigkeit, Freude, dem Humor und der tiefen Spiritualität seiner Bewohner.

1959 jedoch rief die chinesische Regierung in Tibet das Kriegsrecht aus, bürdete dem Land die Last der militärischen Besetzung auf und beendete damit eine Invasion, die 1950 begonnen hatte. Der Bericht der Internationalen Genfer Kommission kam 1960 zu dem Schluss, »daß in Tibet ein Akt des Völkermords begangen worden sei mit dem Versuch, die Tibeter als religiöse Gruppe zu vernichten«. Vier Jahrzehnte später können wir sagen, dass die sozialen, kulturellen und ökologischen Veränderungen, die die chinesische Regierung und das Militär dem Land aufzwangen, für die uralte und reiche Zivilisation Tibets verheerende Folgen hatten. Bis auf ein Dutzend sind sämtliche sechstausend Klöster sowie ihre unersetzlichen Bücher und religiösen Reliquien zerstört worden. Über eine Million Tibeter (von einer Gesamtbevölkerung von sechs Millionen) sind seit der Invasion getötet und rund sieben Millionen Chinesen nach Tibet umgesiedelt worden. Folglich gibt es jetzt in Tibet mehr Chinesen als Tibeter, und insgesamt versuchen dort doppelt so viele Menschen in einem ökologischen System zu leben, dessen Gleichgewicht bedroht ist.[5]

Das Land selbst ist ebenso in Gefahr, zerstört zu werden, wie die tibetische Kultur. Weitläufige tibetische Wälder sind abgeholzt worden. Ein einstmals reicher Wildbestand ist verschwunden, da das chinesische Militär in Tibet wie auch in China sofort auf in Sicht kommende Tiere schießt. Vor einigen Jahren schlug ein junger Tibeter ein Projekt zur Wiederaufforstung einiger der weitläufigen Flächen vor, die die chinesische Regierung abgeholzt hat. Er wurde zweieinhalb Jahre ins Gefängnis gesperrt.

Die uralte Kultur Tibets ist heute ernsthaft in Gefahr, und für Tibeter ist es schwierig, wenn nicht unmöglich geworden, ihren traditionellen Lebensstil beizubehalten, was auch medizinische Praktiken und den Vorgang der Geburt betrifft. Ein weiterer erschwerender Faktor für das Gebären in Tibet ist, dass viele Frauen und sogar junge Mädchen im chinesisch besetzten Tibet gezwungen werden, sich sterilisieren zu lassen. Viele wurden sterilisiert, bevor sie überhaupt ein Kind geboren hatten. Die Auswirkungen dieser Sterilisationen werden in Indien und Nepal sichtbar, da Mütter aus Tibet in diese Länder fliehen und ihre Töchter zu Verwandten oder in Waisenhäuser bringen in der Hoffnung, dass sie dort ein sichereres Leben finden als in Tibet. Die tibetischen Waisenhäuser und Schulen in Indien berichten auch von einer wachsenden Anzahl schwangerer Frauen, die Tibet verlassen, um in Indien oder Nepal ihr Kind zu gebären, und dann das Baby dort lassen, um zurückzukehren und sich um die Kinder und Familienmitglieder zu kümmern, die in Tibet geblieben sind. Die Tatsache, dass schwangere Frauen eine lange, beschwerliche Reise unternehmen und über hohe Himalaja-Pässe klettern, statt zu Hause zu gebären, legt nahe, dass das Leben einer schwangeren Frau oder eines neugeborenen Kindes in Tibet gelinde gesagt riskant ist.

Viele Tibeter und auch andere Menschen haben das Gefühl, dass die chinesische Regierung versucht, so viele Tibeter wie möglich auszurotten, um mehr Raum für Chinesen in Tibet zu schaffen. Inzwischen übersteigt die Zahl der etwa sieben Millionen chinesischen Einwohner Tibets, die in Tibet angesiedelt wurden, bereits die der eingeborenen Tibeter, die jahrhundertelang mit ihrem Land in Harmonie gelebt haben. Die Tatsache, dass die Tibeter nicht nur dem Verlust ihrer eigenen Kultur, sondern diesem Völkermord gegenüberstehen, macht es noch dringender, dass Tibeter im Exil an ihrer traditionellen Kultur festhalten und das entsprechende Wissen verbreiten.

Die heutige tibetische Kultur

Bei all dieser Unterdrückung besteht die grundlegende buddhistische Lehre darin, der eigenen Person und anderen auch unter widrigsten Umständen mit Mitgefühl zu begegnen. Die Folge ist, dass viele tibetische Buddhisten, die aus ihrem Heimatland vertrieben wurden und als Flüchtlinge verstreut sind wie die Büschel von Wildblumen auf den tibetischen Hochebenen, beschlossen haben, ihre kulturellen Überzeugungen und Praktiken an andere Menschen weiterzugeben, wie auch ich es in vielen Familien erlebte.

Seine Heiligkeit der Vierzehnte Dalai Lama, das spirituelle und weltliche Oberhaupt der Tibeter, betont, dass es nicht das chinesische Volk sei, das Tibet Schaden zugefügt habe. Tatsächlich haben viele Chinesen, insbesondere Minderheiten, unter der Regierungspolitik ihres Landes ebenso gelitten. Die Aktionen der chinesischen Regierung und des chinesischen Militärs sind es, gegen die der Dalai Lama und andere Tibeter protestieren, nicht gegen das chinesische Volk oder die chinesische Kultur. Der Dalai Lama weist immer wieder darauf hin, wie wichtig es ist, dem chinesischen Volk, das ebenfalls gelitten hat, und mehr noch den Chinesen, die anderen Leid zugefügt haben, mit Mitgefühl zu begegnen. Diese erleuchtete Sicht hat dem tibetischen Oberhaupt weltweit enormen Respekt als Friedensstifter eingebracht.

Heute wird global anerkannt, dass die Tibeter der Welt ein Vorbild für Mitgefühl und Weisheit sein können. Ein Zeichen dafür, dass die Welt Tibets einzigartige Kultur und Philosophie schätzt, kann darin gesehen werden, dass Seiner Heiligkeit dem Dalai Lama 1989 der Nobelpreis verliehen und 1991 das Internationale Jahr Tibets gefeiert wurde.

Die augenblickliche chinesische Regierung hat viele Teile Tibets für Fremde unzugänglich gemacht. Sie behindert und kontrolliert kulturelle und medizinische Forschungen drastisch. Deswegen bin ich in die nordindische Stadt Dharamsala gereist, wo viele Tibeter leben, um meine Untersuchung über tibetische Geburtspraktiken durchzuführen. Dort hat die indische Regierung freundlicherweise ein Haus und Land für den Dalai Lama zur Verfügung gestellt, nachdem er 1959 über den Himalaja geflohen war. Um die tibetische Kultur zu erhalten, hat der Dalai Lama im Exil eine tibetische Gemeinde gegründet, bis Tibet wieder frei wird und die Tibeter nach Hause zurückkehren können. Das Warten darauf dauert bereits über vierzig Jahre an. Da inzwischen eine ganze Generation von Tibetern außerhalb ihres Heimatlandes geboren und großgezogen wurde, ist es noch dringender geworden, die traditionellen tibetischen Sitten und kulturellen Bräuche zu erhalten, sodass deren natürliche Weisheit jungen Tibetern und anderen Menschen weiterhin zugänglich ist.

Im Laufe der Jahre ist der obere Teil von Dharamsala zum Herzen der tibetischen Kultur außerhalb Tibets geworden. In Dharamsala hat der Dalai Lama eine tibetische Regierung im Exil gegründet einschließlich einer Verfassung, seines Fünf-Punkte-Friedensplans und seines Vorschlags, Tibet zum internationalen Naturschutzgebiet zu erklären.[6] Außerdem hat er mit anderen Personen zusammen das Tibetan Medical Institute, The Library of Tibetan Works and Archives, das tibetische Kinderdorf und andere Institutionen begründet, die für die Erhaltung der tibetischen Kultur und Religion notwendig sind. Diese Institutionen und die Menschen, die damit verbunden sind, waren für mich eine unschätzbare Informationsquelle. Sie sorgen für den Fortbestand der tibetischen Kultur, die in Teilen Tibets selbst unterdrückt wird. In Dharamsala hat die traditionelle Familienkultur überlebt und zusammen mit ihr vieles an tibetischer Geburtsweisheit.

Dharamsala hat über die tibetische und indische Kultur hinaus ein internationales Flair. Seine Bevölkerung zieht Fremde an, welche die Tibeter besuchen, unter ihnen leben oder hier studieren. Unter den Besuchern befinden sich sowohl Schülerinnen und Schüler des tibetischen Buddhismus als auch neugierige Reisende, die sich von den vielen Tibetern angezogen fühlen, welche die besondere Gabe besitzen, inmitten wechselnder Lebensumstände Zufriedenheit und sogar Freude zu finden, trotz der Tragödien, die durch die Besetzung ihres Landes verursacht wurden.

Viele Menschen glauben, dass diese Fähigkeit auf die tibetische buddhistische Religion, kulturelle Einflüsse oder das Leben hoch über der Welt im Himalaja zurückzuführen ist. Der Dalai Lama schreibt dazu in seinem Buch *My Tibet*, dass »die Tibeter ein auf natürliche Weise glückliches Volk sind, das sich das Leben gut eingerichtet hat und eine ausgeprägte Gemeinschaft bildet. Diese Eigenschaften werden von vernünftigen Menschen überall auf der Welt gelobt und als nachahmenswert betrachtet.« Ich wollte entdecken, wie sich diese Qualitäten im tibetischen Umgang mit der Geburt äußern und durch welche speziellen Sitten sie hier gefördert oder auch behindert werden.

Die heutigen tibetischen Geburtspraktiken beruhen auf einem reichen medizinischen Wissen. Die Einheit der physischen und spirituellen Elemente von Gesundheit – was wir heute als »Verbindung von Körper und Geist« bezeichnen – ist in Tibet seit Jahrhunderten praktisches Wissen. Vom dritten Jahrhundert an haben tibetische Oberhäupter Versammlungen abgehalten, bei denen Heilerinnen und Heiler und Gelehrte aus den umliegenden Ländern zusammenkamen, und es gibt genug Beweise dafür, dass die Tibeter zu den ersten Menschen gehören, welche die Empfängnis und die Entwicklung des Fötus in den 39 Wochen der Schwangerschaft erforscht und illustriert haben.[7] Tibetische praktische Mediziner haben aus chinesischen, indischen und arabisch-griechischen Traditionen übernommen, was für sie auf dem Hintergrund ihrer eigenen Umgebung, Lebensgepflogenheiten und der körperlichen Konstitution tibetischer Menschen am effektivsten wirkte.

Die tibetische Medizin, die bei der Geburtshilfe Anwendung findet, stammt aus diesen kulturell unterschiedlichen Quellen. Die Behandlungsmethoden reichen von der Pulsdiagnose, Akupunktur und Räuchern mit Moxa bis hin zur intensiven Anwendung speziell hergestellter Kombinationen von Kräutern und Gewürzen, der zeitlich abgestimmten Verabreichung von Medikamenten, Diäten und Urinanalyse, zu Visualisierungen, Mantras, Meditation, Gebet, Klängen, Sandgemälden von Mandalas, Gerstenmehlskulpturen und einem raffinierten Behandlungssystem für die Beruhigung chaotischer geistiger und spiritueller innerer Zustände. Und bei all diesen Behandlungsmethoden, einschließlich der für Geburten, gilt die Beziehung zwischen Arzt und Patient als heilig.

Die Familien

Um den Leserinnen und Lesern diesen reichen Wissens-
schatz der tibetischen Geburtspraxis zugänglich zu machen,
habe ich die Geschichten, die ich bei meinem Austausch mit
drei Großfamilien erfahren habe, miteinander verwoben.
Diesen drei Familien bin ich besonders nahe gekommen und
habe viel schöne Zeit mit dem Besuch bei ihnen zu Hause sowie von Schulen, Büchereien, Gesundheitszentren, Mönchs-
und Nonnenklöstern und Tempeln für spezielle Zeremonien,
Rituale und Anlässe verbracht. Ich habe mit ihnen über die
Vorbereitung auf die Geburt, den Geburtsvorgang selbst und
die Betreuung von Säuglingen und kleinen Kindern gesprochen. Jede Familie vermittelte mir eine andere Sicht der tibetischen Geburt, da sie alle in ihrem Leben unterschiedliche
Erfahrungen gemacht hatten und verschiedenen Einflüssen
ausgesetzt waren.

Dorje und Lhamo

Die erste Familie, die ich kennen lernte, bestand aus Dorje
und Lhamo, einem freundlichen, aktiven Paar Ende zwanzig,
und ihren beiden Söhnen, Tenzin und Gyamo, die zwei und
vier Jahre alt waren. Sie alle wurden in Dharamsala geboren,
nachdem ihre Familien Tibet 1959 verlassen hatten, um dem
Dalai Lama ins Exil zu folgen. Da sie immer in einer internationalen Stadt gelebten hatten, haben sie Aspekte anderer
Kulturen für ihr Leben übernommen. Lhamo war schwanger,
als ich sie kennen lernte, und hoffte sehr, diesmal eine Tochter
zur Welt zu bringen. Obwohl Lhamo und Dorje beschlossen

hatten, ihre Kinder in der tibetischen Tradition großzuziehen, haben sie ihre traditionellen kulturellen Überzeugungen sowohl um westliches als auch indisches Gedankengut erweitert. Sie machen sich viele Gedanken und können gut formulieren, wo für sie der Unterschied zwischen einem Leben als Tibeter in Indien und dem Lebensstil liegt, den sie in Tibet verfolgt hätten. Sie nehmen wahr, welchen Einfluss ihr Kontakt mit westlichen und indischen Menschen auf ihren Lebensstil hat, und interessieren sich für diese Fragen. Ihre grundlegende Identität besteht jedoch darin, Tibeter zu sein, und sie und andere in Dharamsala bestärken sich in dieser Identität, indem sie Besuchern die tibetische Lebensweise nahe bringen.

Wie die meisten Tibeter sind auch Dorje und Lhamo Buddhisten. Sie halten sich an die wichtigsten Lehren und führen die grundlegenden Rituale und Zeremonie durch; auch wenn sie diesen Aktivitäten weniger Zeit widmen, als ihre Eltern es taten, eine Tendenz, die für die meisten Tibeter im Exil in Dharamsala gilt.

Lhamo und Dorje leben in einem kleinen, gemütlichen Haus mitten in der Stadt. Sie pflegen lebhaften Kontakt mit ihren vielen Freunden und Nachbarn und nehmen auch teil am Alltagsleben in der Stadt. Beide sind berufstätig. Dorje hat am Tibetan Medical Institute in Dharamsala tibetische Medizin studiert und das Fünf-Jahres-Training abgeschlossen. Er arbeitet jetzt als Arzt der tibetischen Medizin am örtlichen Krankenhaus. Lhamo hilft, die verschriebenen Medikamente herzustellen, und macht im Krankenhaus die Buchhaltung. Beide genießen den Kontakt mit Patienten und Besuchern, die jeden Tag in der Klinik vorbeischauen.

Lhamo und Dorje leben mit Dorjes Mutter Yeshe zusammen, die in Tibet Krankenschwester war und jetzt in der Klinik und bei der Betreuung ihrer Enkelkinder hilft. Ich lernte auch Dorjes Schwester Paldon kennen, die an einer der örtlichen Schulen unterrichtet. Und ich begegnete ihrem Bruder Dhonden und seiner Frau Lhakpa Dolkar bei der Willkommenszeremonie für ihre Nichte.

Palmo und Ngawang

Die zweite Familie, mit der ich viel Zeit verbrachte, bestand aus Palmo und Ngawang, ihren drei Kindern und ihrem Onkel, dem Lama Gyatso. Palmo und Ngawang sind beide Ende dreißig und leben, seit sie Tibet vor neun Jahren verließen, in der Nähe von Dharamsala. Sie legen in ihrem Alltag nach wie vor viel Gewicht auf die tibetischen Traditionen, obwohl sie auch einbeziehen, was sie gelernt haben, seit sie nach Indien kamen. Ihre beiden Jungen sind fünf und neun Jahre alt, und ihre Tochter ist dreizehn. Sie hatten noch ein weiteres Kind, das im Alter von drei Jahren starb. Als diese Tochter im Kleinkindalter war, war das Leben in Tibet besonders hart und unter dem Einfluss der Chinesen herrschte Lebensmittelknappheit. Das Kind war zu klein und schwach, um die schlechte Ernährung und andere Härten zu überstehen.

Ngawang ist Inhaber des einzigen Ladens in seinem kleinen Dorf etwa zwei Meilen über den Berg von Dharamsala entfernt, wo er sowohl Frischprodukte als auch Trockenwaren wie Gerste, Linsen, Reis, Mehl, Kerzen und andere Dinge verkauft, welche die Dorfbewohner regelmäßig benötigen. Die meisten von Ngawangs Kundinnen und Kunden sind Tibeter, obwohl hin und wieder auch ein Inder bei ihm einkauft. Infolgedessen bleibt er in die tibetische Kultur eingebunden.

Nach der Arbeit geht er meistens nach Hause, um mit seiner Familie zusammen zu sein und Nachbarn zu besuchen. Zu bestimmten Anlässen wie Losar, dem Tibetischen Neujahrsfest, beteiligt er sich an öffentlichen Aktivitäten in der Stadt.

Palmo verbringt den größten Teil ihres Tages zu Hause, führt den Haushalt und versorgt die Kinder und strickt Pullover, die sie an einen Ladenbesitzer in Dharamsala verkauft. Auch Palmo war bei unserer ersten Begegnung schwanger, und bevor ich Dharamsala verließ, brachte sie zu Hause einen gesunden Jungen zur Welt. Es war eine leichte Geburt, obwohl die Eltern sich Sorgen gemacht hatten, weil Palmo ein Jahr zuvor einen Jungen geboren hatte, der bei der Entbindung starb. Aufgrund dieses Unglücks war Palmo während ihrer Schwangerschaft und bei der Betreuung ihres Neugeborenen besonders vorsichtig.

Obwohl Palmo und Ngawang nicht viel Kontakt zu Indern und westlichen Menschen haben, sind sie freundlich und offen, wenn jemand sich darum bemüht, sie kennen zu lernen. Ich bin oft in ihr Dorf gefahren und fühlte mich sowohl ihnen als auch ihrer Familie schließlich sehr nahe, was auch ihren Onkel, Lama Gyatso, einschloss.

Tashi und Tsering

Die dritte Familie, die ich gut kennen lernte, war am traditionellsten eingestellt. Tashi und Tsering, beide Mitte dreißig, waren erst kürzlich aus Tibet nach Dharamsala gekommen. Obwohl ihnen ihr Heimatland viel lieber war, flüchteten sie, und zwar hauptsächlich deswegen, weil Tsering schwanger war und sie das Kind unter den augenblicklichen schwierigen

Umständen nicht in Tibet bekommen wollten. Sie konnten nicht viel mitnehmen und waren auf ihre Verwandten in Dharamsala angewiesen, die sie finanziell unterstützten und ihnen halfen, sich in ihrer neuen Umgebung einzurichten. Da sie ziemlich traditionelle Überzeugungen vertraten, mussten sie sich auf die Tatsache einstellen, dass einige Tibeter in Indien sich nicht an die Sitten halten, von denen die beiden glaubten, dass jeder sie ganz selbstverständlich als wahr und notwendig erachtet. Gleichzeitig jedoch freuen sie sich darüber, eine so blühende tibetische Gemeinschaft gefunden zu haben und Teil davon zu werden.

Tashi und Tsering haben fünf Kinder: drei Mädchen im Alter von dreizehn, sieben und zwei Jahren, und zwei Jungen, die elf und vier Jahre alt sind. Die Kinder helfen, gegenseitig aufeinander aufzupassen, und unterstützen ihre Eltern dabei, sich in ihrer neuen Umgebung einzurichten. Zwei weitere Kinder starben vor einigen Jahren in Tibet – der älteste Sohn und eine Tochter, die neun Jahre alt gewesen wäre. Tashis Eltern, Rinchen Lhamo und Lodro Zangpo, sind mit ihnen aus Tibet gekommen und gewöhnen sich allmählich an Dharamsala. Als traditionelle tibetische Buddhisten macht es ihnen sehr zu schaffen, dass sie ihren Lebensabend nicht friedlich in ihrem Land verbringen können.

Tashi ist ein talentierter Maler von Tankas und ein buddhistischer Gelehrter, der in seiner ersten Lebenszeit fünfzehn Jahre in einem Kloster studiert hat, bevor er zu seiner Familie zurückkehrte, um in der Landwirtschaft zu helfen. Einige Jahre nach seinem Abschied aus dem Kloster heiratete er Tsering und sie gründeten eine Familie. Tashi kann als Tanka-Maler in Dharamsala kein Geld verdienen, deswegen hat er eine Stelle in der tibetischen Bücherei angenommen, wo er anderen Tanka-Malern hilft. Er hat wenig Zeit, die alten Schriften, die er liebt, zu studieren oder zu lesen, aber seine Freunde bei der Arbeit sind freundlich zu ihm und er ist fürs Erste zufrieden.

Tsering versorgt die Kinder und Tashis Eltern und hilft manchmal im Restaurant von Freunden, Gemüse zu schneiden. Es gelingt ihr gut, aus dem, was sie haben, das Beste zu machen, und sie hat trotz der finanziellen Schwierigkeiten ein gemütliches und liebevolles Zuhause für ihre Familie geschaffen. Tashis Mutter, Rinchen Lhamo, war in Tibet Hebamme und hat ihr Wissen großzügig mit mir geteilt. Sie assistiert bei Geburten am Ort, wenn man sie darum bittet.

Weitere Bekanntschaften

Bei den Besuchen in diesen Familien lernte ich zahlreiche Geschwister, Kinder, Tanten, Onkels und Großeltern kennen, mit denen ich ebenfalls sprach. Und die Besuche bei diesen Menschen führten zu Interviews mit vielen weiteren Personen, die an dem Thema Geburt interessiert waren oder damit zu tun hatten. Einige von ihnen arbeiteten am Delek Hospital, dem örtlichen tibetischen Krankenhaus für westliche Medizin, andere waren Hebammen oder Ärzte, Nonnen, Rinpoches (reinkarnierte, auf einer hohen Stufe verwirklichte Wesen), Lehrerinnen und Lehrer, Bibliothekare, Gelehrte, Studenten, Ladeninhaber, Regierungsangestellte und Angehörige von Familien, die ein Baby erwarteten oder vor kurzem bekommen hatten. Die Einsichten und persönlichen Erfahrungen, die all diese Menschen großzügig an mich weitergaben, bilden einen Pfeiler für diese Sammlung von tibeti-

35

schen Sitten, Bräuchen und Überzeugungen in Bezug auf die Geburt. Der zweite Pfeiler gründet auf Interviews mit Tibetern und tibetischen Gelehrten, die jetzt in den Vereinigten Staaten oder anderen Ländern leben. Der dritte beruht auf einer intensiven Durchsicht tibetischer Schriften und Lehren über das Thema Geburt von der Zeit vor der Empfängnis bis zur frühen Kindheit. Und den vierten Pfeiler bildet die kontinuierliche Inspiration durch ein mutiges Volk, dessen Kultur in Gefahr ist, ausgelöscht zu werden.

Ich hatte aus verschiedenen Quellen gehört, dass in der tibetischen Gesellschaft nicht so bereitwillig über Geburt gesprochen wird. Deswegen war ich etwas überrascht und auch hoch erfreut darüber, dass Männer und Frauen mir so offen begegneten und ihr Wissen großzügig an mich weitergaben. Ich fand heraus, dass diese Offenheit häufiger vorkommt als das Gegenteil. Auch wenn die Geburt eines Kindes als Privatangelegenheit betrachtet wird, war fast jede Person, mit der ich sprach, überaus bereit, mir ihre Ansichten mitzuteilen. Oft schlug man mir auch vor, bestimmte Aspekte des Themas zu erforschen. Selbst die Mönche waren offen und direkt, obwohl gut bekannt ist, dass sie selten mit Frauen über diese Dinge reden.

Vielleicht fühlten sich Menschen im Austausch mit mir deswegen von sozialen Schranken befreit, weil ich eine Außenseiterin war. Oder sie wollten einer Besucherin helfen. Vielleicht beruhte ein Teil der Bereitschaft, über Geburt zu sprechen, auf dem in den meisten tibetischen Gemeinden verbreiteten Gefühl, dass ihre Kultur in Gefahr ist und jeder Versuch, sie aufzuzeichnen, unterstützt werden muss. Auf jeden Fall zeigten die Menschen im Gespräch und in der Diskussion eine Offenheit, die der üblichen Zurückhaltung bei solchen Themen widersprach.

Leben ist heilig

Die tibetische Sichtweise, die Geburt zu betrachten, bezieht auf eine erfrischende und umfassende Weise physische, emotionale, mentale und spirituelle Aspekte mit ein. Bei dieser Sichtweise liegt die Betonung auf der Einheit der gebärenden Mutter und der gesamten Familie, statt dass den Beteiligten getrennte Rollen und Aufgaben zugewiesen werden. Bei jeder Phase des Geburtsprozesses arbeiten und überlegen die Familienmitglieder gemeinsam, von der Familienplanung vor der Schwangerschaft bis zur Betreuung des Kindes nach der Geburt. Das Rezitieren von Gebeten und Mantras in sämtlichen Phasen der Schwangerschaft ist ebenso entscheidend wie Ernährungsfragen und medizinische Überlegungen.

Diese Praxis beruht auf dem reichen spirituellen Leben des tibetischen Volkes, das alles Leben als heilig achtet. Diese Haltung durchzieht die gesamte tibetische Kultur. Ein tibetischer Freund sagte einmal zu mir: »Das Leben ist eine Fortsetzung anderer Leben und Teil eines Netzes nicht voneinander zu trennender Beziehungen. Die Erschaffung eines Lebens ist kein isoliertes Ereignis, sondern Manifestation einer ununterbrochenen Reihe zusammenhängender Leben und Wesen.« Die tibetische Kultur gründet auf einer Kontinuität sich aneinander reihender Leben und einer gründlichen Einbeziehung sämtlicher Aspekte des Lebens.

Aus tibetischer Sicht ist die Geburt Teil eines fortlaufenden Zusammenhangs, in dem jedes individuelle Leben den vollen Kreis physischer und spiritueller Entwicklung beschreibt, eines Wachsens durch Beziehungen zu anderen und der Verbundenheit mit der Umgebung. »Die Geburt stammt aus Zeit ohne Anfang und grenzenlosem Raum«, sagte mir ein Lama.

37

Mit den Worten des Dalai Lamas: »Unser Glaube an die Reinkarnation ist ein Beispiel für unsere Sorge um die Zukunft. Wenn du glaubst, dass du wiedergeboren wirst, sagst du dir wahrscheinlich: Ich muß mir dies oder jenes bewahren, denn in meiner zukünftigen Inkarnation werde ich damit fortfahren können ... die Idee der Reinkarnation gibt dir einen Grund, dich um diesen Planeten und zukünftige Generationen ganz konkret zu kümmern.« Und weiter heißt es: »Alles hängt von unserem Karma ab. Das bedeutet, unsere Lebenssituation in der Gegenwart beruht auf unseren Taten und Motivationen in der Vergangenheit, und unsere Zukunft wird durch unsere augenblicklichen Taten und Motivationen geprägt.«[8]

Die Qualität jedes Lebens, sei es menschlich, tierisch oder auch nur das einer Fliege, wirkt sich auf alles zukünftige Leben aus. Und so hat auch der Prozess der Geburt von der Zeit vor der Empfängnis, über die Empfängnis, Schwangerschaft, das Gebären, Bonding, Säuglingszeit und frühe Kindheit Auswirkungen auf die Gesundheit und den inneren Frieden des Kindes und sein ganzes weiteres Leben als Mann oder Frau.

Der Dalai Lama bemerkte einmal zur Fotografie eines tibetischen Mannes: »Sein Gesicht repräsentiert das tibetische Volk, es drückt Freundlichkeit und Ernst aus, ohne entmutigt oder niedergeschlagen zu sein.«[9] Die Fähigkeit, diese Wesenszüge an künftige Generationen weiterzugeben, ganz gleich wie die Zukunft aussehen mag, ist für das Bewahren der Integrität der tibetischen Kultur von entscheidender Bedeutung. Die Geburt von Kindern ist ein Signal für die Zukunft des tibetischen Volkes, das für die Kontinuität des heiligen Lebens arbeitet, auf der seine Kultur beruht.[10]

Kapitel 1
Die Zeit vor der Empfängnis

Juwelen tibetischer Weisheit
über die Zeit vor der Empfängnis

*Die Zeit vor der Empfängnis ist eine Zeit, in der Körper, Emotionen,
Geist und Seele darauf vorbereitet werden, ein Kind im Mutterleib und
in der Familie zu empfangen.*

*Um sich auf die Empfängnis vorzubereiten, können Paare ihr Leben
überdenken und körperliche Gewohnheiten ändern, um den Körper von
Giften zu reinigen und sich gesund zu ernähren. Sie können außerdem
einen Astrologen befragen, um zu erfahren, ob sie zusammenpassen.*

*Spirituelle Praktiken – einschließlich bestimmter Gebete und Man-
tras, Niederwerfungen, Pilgerfahrten, Rituale und Segnungen eines
Lamas – sind ebenfalls reinigende Vorbereitungen auf die Empfängnis.*

Durch Träume, inneres Wissen, Körperempfindungen oder bestimmte Gefühle kann mit der Seele des Kindes, das empfangen wird, kommuniziert werden.

Die Lebensausrichtung der Eltern vor der Empfängnis zieht das Kind an, das sich inkarnieren wird, und beeinflusst somit das Wesen und die Eigenschaften des Kindes, das in eine Familie eintritt.

Die Anfänge

In der tibetischen Tradition werden Geburtsbräuche schon lange vor der eigentlichen Geburt und noch vor Eintreten der Schwangerschaft praktiziert. Die Tibeter legen nicht nur auf die Geburt selbst Gewicht – wie es in westlichen Ländern oft der Fall ist –, sondern auf jedes der sieben Stadien und damit auf den gesamten Ablauf von der Zeit vor der Geburt bis zur frühen Kindheit. Paare bereiten sich auf unterschiedliche Weise auf die Empfängnis vor. In dieser wichtigen Zeit stimmen sie sich körperlich, emotional, geistig und seelisch ein, um ein Kind in den Mutterleib einzuladen.

Den meisten Menschen ist klar, dass sich in der Schwangerschaft Emotionen und Empfindungen verstärken. Die Tibeter glauben, dass das gleiche Phänomen in der Phase vor der Empfängnis auftreten kann. Manche Menschen haben starke Vorahnungen in Bezug auf die Empfängnis. Andere können die Seele ihres Kindes spüren, haben bestimmte Träume oder das dringende Bedürfnis, sich körperlich zu pflegen und sich spirituell einzustimmen. Wenn eine Frau oder ein Mann innerlich bereit sind, ein Kind zu empfangen, können ihre Gedanken und Entscheidungen vor der Empfängnis eine besondere Bedeutung und Kraft haben. Viele Menschen nehmen in dieser Zeit wacher wahr, wie sie mit ihrem Körper umgehen und ihr Leben führen. Paare können ihr Leben überdenken und körperliche Gewohnheiten ändern, um ihren Körper von Giften zu reinigen. Vielleicht fangen sie an, sich gesünder und gehaltvoller zu ernähren. Oder sie beten häufiger und zitieren mit größerer Intensität Mantras, da sie ahnen, dass sie ein neues Leben großziehen werden.

Auch wenn viele tibetische Menschen die Geburt als tief greifendes und religiöses Ereignis betrachten, gehen sie grundsätzlich davon aus, dass sie ebenso natürlich ist wie essen und atmen. Empfängnis und Geburt eines Kindes sind für Millionen von Frauen normale Erfahrungen, und die Vorbereitung darauf kann fast völlig unbewusst verlaufen.

Von den Müttern, die ich in Dharamsala interviewte, war Lhamo diejenige, deren Lebensstil und äußere Erscheinung (sie ist, wie bereits an früherer Stelle erwähnt wurde, mit Dorje verheiratet, hat mit ihm zusammen zwei Söhne und arbeitet in der tibetischen medizinischen Klinik) stark durch westliche Einflüsse geprägt war. Trotzdem erzählte sie, dass sie in der Zeit vor der Empfängnis intuitive Ahnungen gehabt habe. »Bei meinem ersten Sohn«, sagte sie, »wusste ich, dass ich bald ein Baby bekomme. Wir hatten gerade geheiratet und wollten beide Kinder, deswegen war ich in gewisser Weise darauf gefasst. Aber da war noch ein anderes Gefühl, als ob mein Körper sich vorbereitete, für uns ein Baby zu empfangen. Mein Geist und meine Emotionen arbeiteten unbewusst zusammen.«

Spirituell betrachtet sind Empfängnis und Geburt Teil des kontinuierlichen, umfassenden Ablaufs von Leben und Wiedergeburt. In der Zeit vor der Empfängnis bereitet eine Frau sich also emotional, geistig, spirituell und körperlich darauf vor, ein neues Wesen in ihrem Schoß zu empfangen, ein »kostbares menschliches Leben«, wie die Buddhisten sagen würden. Ihr Körper und ihre Psyche können auf einer tiefen Ebene bewusst oder unbewusst spüren, dass eine Empfängnis bevorsteht.

Ehe

In der tibetischen Tradition ist die Ehe im Allgemeinen der erste Schritt auf dem Weg, Kinder zu bekommen. In einer Kultur wie der Tibets, in der die meisten Familien Kinder haben, ist die Hochzeit der Anfang einer öffentlichen Verpflichtung, Kinder zu bekommen – eine potentielle Möglichkeit für Schwangerschaft. Wenn ein Paar heiratet, legen die beiden das Fundament für die Empfängnis und bereiten sich oft unbewusst auf Kinder vor. Und wenn Paare sich bewusst auf die Empfängnis einstimmen, wird diese Grundlage intensiviert. Die Energie, die durch überlegte Vorbereitung auf eine Empfängnis entsteht, kann – so glaubt man – ein Bewusstsein anziehen, das wieder geboren werden möchte.

Tibeter führen vor der Eheschließung keine Bluttests oder andere Formalitäten durch. Stattdessen lässt fast jedes Paar sich aus den Sternen lesen. Der Astrologe studiert die Planetenkonstellationen bei der Geburt des Mannes und der Frau, um zu sehen, ob es irgendwelche Konflikte oder Hinweise auf mögliche Schwierigkeiten in Bezug auf das Empfangen von

Kindern oder die Beziehung gibt. Wenn die beiden heiraten möchten und ihre Horoskope nicht zusammenpassen, suchen sie Abhilfe. In diesem Fall werden spezielle Gebete empfohlen, und die Paare überlegen vielleicht auch, ob, wann und wie viele Kinder sie haben wollen, und bereiten sich auf die Empfängnis vor. Die meisten jedoch machen kaum Pläne und nehmen die Schwangerschaften, wie sie kommen.

Aus tibetischer Sicht ist die Lebensführung der Eltern ausschlaggebend dafür, welches Wesen sich in dieser Familie inkarnieren will, und beeinflusst damit direkt, was für ein Kind empfangen wird. Auch wenn es schwierig sein dürfte, diese Hypothese durch Forschungen zu beweisen, liegt die Schlussfolgerung nahe, dass Eltern, die sich sowohl bewusst als auch unbewusst auf die Empfängnis vorbereiten, mit größerer Wahrscheinlichkeit wache, zufriedene und friedliche Kinder gebären.

Familienplanung

Im Allgemeinen heiraten tibetische Männer und Frauen (außer wenn sie in ein Mönchs- oder Nonnenkloster eintreten) entweder durch Familienarrangements oder wählen ihren Partner oder ihre Partnerin selbst. Schon ziemlich bald gründen sie dann eine Familie. Die Tradition erlaubte einer Frau, zwei oder mehr Ehemänner, meistens Brüder, zu haben, und einem Mann, vor allem wenn er reich war, zwei oder mehr Ehefrauen, meistens Schwestern, zu nehmen. Letzteres kam aber seltener vor. Diese Sitte, die das Überleben einer Großfamilie garantieren soll, existiert in bestimmten Teilen Tibets sowie in einigen der Flüchtlingsgemeinden immer noch.

Wenn eine Frau mehr als einen Ehemann hat, betrachten ihre Kinder meistens den älteren der beiden als Vater.

Sowohl in medizinischen als auch in spirituellen tibetischen Texten wird beschrieben, wie ein verheiratetes Paar die Empfängnis seiner Kinder planen kann. Im Allgemeinen jedoch betreiben nur wenige tibetische Paare aktive Familienplanung, es sei denn, sie widmen sich hingebungsvoll ihrer spirituellen Praxis. Auch wenn die meisten Menschen über Empfängnisverhütung und Fruchtbarkeit Bescheid wissen, sind die Beziehungen von Mann und Frau meist durch den tiefen Glauben an die Natürlichkeit der Empfängnis geprägt. Die meisten Paare betrachten eine Schwangerschaft als etwas Positives und bejahen sie als Folge sexueller Intimität. Und für jede Ehe gilt, dass die gesamte Großfamilie um Kinder betet, da die menschliche Geburt als etwas Seltenes und Kostbares gilt.

Selbst wenn ein tibetisches Paar eine Schwangerschaft nicht plant, beginnen die Partner meistens, sich auf die eine oder andere Weise auf die Empfängnis vorzubereiten, und ebnen damit den Weg dafür, dass ein Kind zu ihnen kommen kann. Junge Eltern überall auf der Welt beschreiben mit Ehrfurcht die tiefen Gefühle, die die Geburt ihres ersten Kindes bei ihnen ausgelöst hat. Selbst Menschen, die nicht davon ausgehen, dass sie sich auf die Empfängnis vorbereiten müssen, stellen oft fest, dass sie in dieser Phase neue Verhaltensweisen entwickeln. Vielleicht beschließen sie, sich gesünder zu ernähren, machen regelmäßig Sport oder klären körperliche Symptome ab. Sie möchten körperlich in bester Verfassung sein. In vielen Ländern und Traditionen glauben Menschen, dass die Geburt eines Kindes kein rein biologischer Vorgang sondern auch ein spirituelles Ereignis ist. Die tibetischen Bräuche in Bezug auf die Geburt machen diesen Glauben seit Jahrhunderten deutlich, da sie die psychologische und spirituelle Vorbereitung auf dieses Erlebnis unterstützen. Und wie für sämtliche tibetische Praktiken gilt auch hier, dass die Reinigung von Körper, Rede und Geist untrennbar miteinander verbunden sind.

Im Gegensatz dazu beginnt die Vorbereitung vieler westlicher Menschen auf eine Geburt mit der Familienplanung: mit der Entscheidung, Kinder zu bekommen, und der Überlegung, wann der beste Zeitpunkt wäre, eine Familie zu gründen. Die erste Frage lautet oft, ob und warum Kinder, und selbst wenn sie bejaht wird, bringen Paare nur dann Kinder zur Welt, wenn sie ihnen ein angemessenes Zuhause bieten können. Die Partner planen oft sehr sorgfältig, indem sie sparen und den günstigsten Zeitpunkt bestimmen. Dahinter stehen ganz praktische Erwägungen: Kinder sind teuer, immer mehr Frauen arbeiten außer Haus und viele Eltern sind der Ansicht, dass es besser ist, wenigen Kindern ein gutes Leben zu bieten als vielen ein eingeschränktes.

Aus verschiedenen Gründen, zu denen auch ein wachsender westlicher Einfluss zählt, gehen heute viele Tibeter so vor. Grundsätzlich glauben tibetische Familien, dass Kinderreichtum etwas Gutes ist, und ausgebürgerte Tibeter wollen oft möglichst viele Kinder bekommen, um ihrer Kultur überleben zu helfen. Aber in Dharamsala und anderen Flüchtlingsgemeinden beginnt sich diese Einstellung zu ändern. Der tägliche Lebensunterhalt ist teuer, vor allem die Schulkosten. Die Folge ist, dass viele Paare sorgfältiger planen und weniger Kinder bekommen, als es in Tibet der Fall gewesen wäre. Und da Paaren mehr Möglichkeiten der Empfängnisverhütung offen stehen, können sie die Zahl ihrer Kinder selbst bestimmen.

Dr. Lobsang Dolma, eine Ärztin, die in Tibet praktizierte, hat in der tibetischen Medizin viele Neuerungen eingeführt und auch eine offene Haltung zum Thema Geburt und Empfängnis gefördert. Sie hat in Dharamsala eine Klinik eröffnet, wo sie bedürftige Menschen kostenlos behandelte und Vorträge über tibetische Medizin hielt, die ihre Studentinnen und Studenten gesammelt und veröffentlicht haben.[11]

Dr. Lobsang Dolma

Dr. Dolmas Geschichte zeigt, mit welch ungewöhnlicher Beharrlichkeit und Entschlossenheit viele Tibeter für die Erhaltung ihrer Kultur sorgen. Der folgende Bericht wurde in der amerikanischen Zeitschrift *Women of Power* veröffentlicht:

Dr. Dolma war natürlich nicht die erste Heilerin in Tibet. Frauen sind in diesem Land immer als Heilerinnen tätig gewesen, und sie ist die dreizehnte in einer kontinuierlichen Folge von Menschen, die in ihrer Familie heilend gewirkt haben. Ihr Vater war Chefarzt eines Heilungszentrums im westlichen Tibet, wo Menschen kostenlos behandelt wurden. Lobsang wurde im Alter von vierzehn Jahren zu seiner Nachfolgerin bestimmt. Gerade als sie mit ihrem Praktikum begann, besetzten die Chinesen Tibet. Ihr Vater starb im Verhör unter der Folter, und sie wurde mit 25 Jahren zur Leiterin des Krankenhauses. Als einer der begabtesten und gebildetsten Menschen in ihrem Bezirk wurde sie zur primären Zielscheibe chinesischer Umschulungsversuche, und ein Jahr nach der Besetzung erfuhr sie, dass die Chinesen sie nach Peking umsiedeln wollten. Eines Nachts packte sie eine Tasche mit Arzneimitteln, band sich ihre beiden kleinen

Töchter auf den Rücken und verließ das Land. Nur beim Licht des Mondes und der Sterne reisend und tagsüber in Höhlen schlafend, entkam sie den chinesischen Wachposten und überquerte den Himalaja nach Nepal. In Indien arbeitete sie bei einem indischen Straßenbauprojekt mit. Später, nachdem sie eine Praxis gegründet hatte, wurde sie zur Chefärztin des Medizinischen Zentrums des Dalai Lamas berufen, eine Position, die sie bis 1978 innehatte.[12]

Dr. Dolma starb 1985, aber die Klinik, die sie gründete, ist bis zum heutigen Tag in Betrieb. Die Töchter, die sie über den Himalaja trug, haben diese Tradition des Heilens nach ihrem Tod fortgesetzt: Ihre älteste Tochter führt die Arbeit ihrer Mutter fort und leitet die Klinik in Dharamsala, und Dr. Dolmas jüngere Tochter ist Leiterin einer Klinik in Delhi.

Dr. Dolma entwickelte in ihrer Klinik eine traditionelle Methode der Geburtenkontrolle für die Familienplanung, die aus neun bis zehn verschiedenen Pillen besteht, die aus pflanzlichen, tierischen und mineralischen Extrakten hergestellt werden. Einige der Pillen sollen die Empfängnis mehrere Monate kontrollieren, andere für ein Jahr und wieder andere für längere Zeitspannen und sogar für immer, wie die medizinischen Schriften ausführen. Vielen Menschen – indischen, tibetischen und westlichen – haben ihre Pillen gute Dienste erwiesen, bei manchen haben sie hingegen nicht gewirkt.

Jüngere Tibeterinnen in Indien benutzen auch westliche Methoden der Geburtenkontrolle wie Diaphragmen und spermientötende Cremes. Die religiösen Texte enthalten Rituale und spirituelle Praktiken sowohl für die Geburtenkontrolle als auch für die Empfängnis.

Spirituelle Vorbereitung

In tibetischen Gemeinden ist es Aufgabe des Lamas, des spirituellen Ratgebers und Lehrers, die Verbindung zwischen den
Menschen und ihren Gottheiten in persönlichen Belangen
und Familienangelegenheiten zu fördern. Als Gegenleistung
für die spirituelle Anleitung und den Schutz unterstützen die
Tibeter Lamas mit Gaben von Lebensmitteln und Geld. So ist
es ganz natürlich, dass ein Paar (manchmal auch nur die
Frau) in der Zeit der Vorbereitung auf die Empfängnis einen
Lama aufsucht, um sich seinen Rat und Segen zu holen. Manche zukünftigen Eltern möchten sogar das Geschlecht des
Kindes bestimmen (haben sie zum Beispiel bereits drei Söhne, wünschen sie sich vielleicht eine Tochter). Der Lama
empfiehlt ihnen dann entsprechende Rituale oder Gebete, die
an bestimmte Gottheiten gerichtet werden. Diese Zeremonien sollen dafür sorgen, dass die Wünsche des Paares sich erfüllen.

Für die meisten Paare, die ein Kind empfangen möchten,
wird zum Beispiel eine Grüne-Tara-Zeremonie durchgeführt. Die Grüne Tara ist die meditierende Gottheit mitfühlenden Handelns. Wie viele andere buddhistische Gottheiten
auch, wird sie oft im Lotussitz dargestellt, aber sie streckt den
rechten Fuß vor, was symbolisch darauf hindeutet, dass sie in
die Welt hinausgeht. Es gibt viele Statuen der kraftvollen
Grünen-Tara-Göttin, die eine Lotusblüte, Symbol für Macht
und Reinheit, vor ihrer linken Brust hält. Ihr rechter Fuß
zeigt nach unten und verweist auf ihre Bereitschaft zum Handeln, während ihr linker Fuß in meditativer Haltung unterge-
schlagen ist. Beides zusammen symbolisiert die Einheit von
Weisheit und Handeln. Ihre rechte Hand ruht meistens in ei-

ner Geste des Gebens geöffnet auf ihrem Knie. Tara wird ver-ehrt als wundersame Retterin, die alle Wesen vor Leid bewahrt. Sie gilt auch als Mutter sämtlicher Buddhas und man glaubt, dass sie als solche besonders offen für Menschen ist, die sich auf eine Empfängnis vorbereiten.[13]

Die Meditation eines Paares auf die Grüne Tara kann Lob-gesänge beinhalten, spezielle Visualisierungen sowie die Identifizierung mit ihren Eigenschaften der Weisheit und des mitfühlenden Handelns, um diese in sich selbst zu fördern. Üblich ist auch, dass Paare ein Nonnen- oder Mönchskloster in ihrer Gegend bitten, die Rituale durchzuführen, die der Lama für die Empfängnis vorschlägt. Die Tibeter besitzen hoch entwickelte, raffinierte Rituale und Bräuche und haben diese im Laufe der Jahrhunderte mit ihrer spirituellen Praxis verwoben. Ihr Umgang mit Ritualen ist fast eine Wissen-schaft, die sehr präzise angewandt wird und bei der man mit den verschiedenen Praktiken ganz bestimmte Ergebnisse er-zielen möchte. Mönche oder Nonnen sprechen Gebete und führen Rituale durch, um die Gottheiten zu besänftigen und sie zu bitten, dem Paar ein Kind zu schenken. An Tara wendet man sich oft in dringenden Fällen, in denen unmittelbare Hil-fe benötigt wird. Während des Rituals rezitieren die Nonnen oder Mönche die gesamte Grüne-Tara-Zeremonie – sie sin-gen, läuten Glöckchen, schlagen Zimbeln, trommeln und len-ken dabei ständig Taras Energie auf das Paar, das um besonderen Segen gebeten hat, sowie auf das Baby, das die beiden zu empfangen hoffen.

ༀ་ཏུ་རེ་ཅུ་ཏུ་རེ་ཏུ་རེ་སྭཱ་ཧཱ།

Abbildung der Grünen Tara und des Mantras der Grünen Tara

Reinigung

Zur Vorbereitung auf die Empfängnis gehört auch, dass man sich reinigt, indem man sich von den Folgen sämtlicher Verletzungen zu befreien sucht, die man lebenden Wesen zugefügt haben mag. Im tibetischen Buddhismus ist ein negatives Karma Folge von Handlungen, die auf Gier, Böswilligkeit oder Unwissenheit beruhen. Begehren, Hass, Neid oder andere rachsüchtige Gedanken tragen ebenso zu negativem Karma bei wie die Verletzung fühlender Wesen, einschließlich Insekten und anderer Tiere. Glücklicherweise können Menschen sich von den Auswirkungen der negativen Handlungen, die sie in vergangenen und in diesem Leben begangen haben, läutern und reinigen.

Es gibt viele Wege der Reinigung wie das Rezitieren bestimmter Gebete, Zeremonien oder Pilgerfahrten zu heiligen Plätzen. Grundlegend für all diese Praktiken ist der Schritt, Zuflucht bei Buddha, dem Dharma und der Sangha zu nehmen. Durch das Rezitieren der Zufluchtsformel, die ihren eigenen Rhythmus und ihre eigene Melodie hat, begeben Tibeter sich in die schützende Gegenwart ihres Lehrers, des Buddha, der buddhistischen Lehre, des Dharma, und der buddhistischen spirituellen Gemeinschaft, der Sangha.

Die Niederwerfung, eine traditionelle Geste der Ehrerbietung und zur Überwindung von Eitelkeit, gilt, wenn sie mit aufrichtig empfundenem Bedauern einhergeht, in der Kultur des tibetischen Buddhismus als tief greifende Methode der Reinigung. Niederwerfungen werden oft auch praktiziert, um sich in Vorbereitung auf eine Empfängnis zu reinigen. Frauen und Männer machen sie auf zweierlei Weise: als kurze oder verkürzte Verbeugung, bei der man mit Stirn und

Knien den Boden berührt, oder indem man sich mit dem ganzen Körper zu Boden wirft. Bei der vollen Niederwerfung werden die Hände zusammengelegt und zunächst über den Kopf, von dort zum Kinn und weiter zum Brustkorb geführt, und dann wirft die Person sich der Länge nach zu Boden, wobei Hände und Arme über den Kopf gestreckt sind und die Stirn den Boden berührt. Während der gesamten Übung werden Mantras wiederholt und mit speziellen Visualisierungen kombiniert. Das ist körperlich ziemlich anstrengend.

Rundgänge sind eine weitere Form der Reinigung. Dabei wandert man im Uhrzeigersinn um eine Stupa, ein Kloster oder einen Tempel und spricht Gebete oder wiederholt Mantras, wie zum Beispiel das sechssilbige Mantra von Avalokitesvara (dem Buddha des Mitgefühls, im Tibetischen Chenrezig genannt), OM MANE PADME HUM. Dies ist das bekannteste Mantra des tibetischen Buddhismus, das wörtlich mit »Heil dem Juwel des Lotus« übersetzt werden kann. Es wird rezitiert, um die Kraft des Mitgefühls im eigenen Bewusstsein oder Geist zu aktivieren. Die rezitierten Mantras werden meistens an der Mala abgezählt, Gebetsperlen, einem Rosenkranz ähnlich. Rundgänge mit begleitendem Rezitieren von Mantras gelten als eine Möglichkeit, Verdienste oder Tugenden zu erwerben oder »gute Taten« zu begehen. Die tibetische Sicht von Karma geht davon aus, dass sämtliche Aktionen eines Menschen früher oder später Folgen haben und man falschen Taten, Verletzungen oder Gedankenlosigkeit mit verdienstvollem Handeln entgegenwirken oder sie neutralisieren und sich auf diesem Weg von früheren Missetaten oder Fehlern reinigen kann. Ob bei Niederwerfungen, Rundgängen oder dem Rezitieren des sechssilbigen heiligen Mantras, immer sind Achtsamkeit und die Zahl der Wiederholungen wichtig. Die

Tibeter versuchen täglich ein Minimum dieser Praktiken durchzuführen und zählen sie an ihrer Mala ab.

Diese strenge Form der spirituellen und körperlichen Vorbereitung auf die Empfängnis ist durchaus üblich. Wenn tibetische Buddhisten sich etwas wünschen, wie zum Beispiel ein Kind, gehen sie auf Pilgerreise, beten, besuchen Lamas und arbeiten daran, sich zu reinigen. Der Buddhismus lehrt, dass jeder von uns das Potential besitzt, erleuchtet zu werden, also hegen Buddhisten den natürlichen Glauben, dass wir etwas tun können, um uns zu reinigen. Durch diese Reinigung, so glaubt man, können wir uns unmittelbarer mit spirituellen Ebenen verbinden, auch mit den Seelen im Bardo (dem Zwischenstadium), die darauf warten, wieder geboren zu werden.

Kapitel 2
Empfängnis

Juwelen tibetischer Weisheit für die Empfängnis

Das Leben ist ohne Anfang und Ende, und die Seele, die sich inkarnieren möchte, wird von der speziellen Energie der Eltern und auch von der Art und Weise angezogen, wie diese sich körperlich lieben.

Das Umfeld der Empfängnis ist wichtig. Dem Paar wird empfohlen, auf Liebe, Mitgefühl, Bewusstheit oder Freundlichkeit zu meditieren und Ärger, Anhaftung, Eifersucht, Aggression oder Phantasien zu vermeiden.

Verdienste und Karma sind ebenso ausschlaggebend dafür, welches der zahllosen fühlenden Wesen, das sich reinkarnieren möchte, im Schoß der Mutter empfangen wird, wie gesundes Sperma und eine gesunde Eizelle.

Der Zeitpunkt der Empfängnis kann an einem Gefühl von tiefer Freude oder durch Träume erkannt werden. Die Empfängnis kann gefördert werden, indem das Paar plant, zur Zeit der größten Fruchtbarkeit miteinander zu schlafen.

Zur Zeit der Empfängnis kommt es zu einer enormen spirituellen Öffnung: Sowohl in der Mutter als auch im Vater werden 72 000 energetische Kanäle geöffnet.

Die tibetische Medizin kennt neun oder zehn verschiedene Pillen aus pflanzlichen, tierischen und mineralischen Extrakten, um die Empfängnis für unterschiedliche Zeiträume zu kontrollieren; manche wirken ein paar Monate, manche für Jahre und manche unbegrenzt.

Unfruchtbarkeit kann auf einer Störung des energetischen Systems beruhen, die auf angeborene, psychologische oder karmische Ursachen zurückgeht. Jede dieser Ursachen wird von der tibetischen Medizin anders behandelt.

Ist das Kind erst einmal empfangen worden, vergisst der Fötus bis zu einem späteren Zeitpunkt seines Heranreifens seine früheren Lebenserfahrungen, da die Umstellung, die mit dem Übergang einhergeht, so tief greifend ist.

Genesis

Bei der Empfängnis als zeugender Vereinigung von Eizelle und Samenfaden beginnt der Prozess des Heranreifens eines neuen Babys. In der tibetischen Literatur wird die Eizelle als »roter Same der Mutter« und das Sperma als »weißer Same des Vaters« bezeichnet. Wie für die meisten Menschen gilt auch für die Tibeter, dass sie den Augenblick der Empfängnis im Allgemeinen nicht wissen. Wann es tatsächlich zur Empfängnis gekommen ist, kann eine Frau oft erst einschätzen, nachdem sie entdeckt hat, dass sie schwanger ist. Manche jedoch haben in diesem Augenblick ein ganz bestimmtes Gefühl, das ihnen sagt, dass sie empfangen haben.

Dr. Lobsang Dolma hat in ihren *Lectures on Tibetan Medicine* über diese Phase gesprochen. Sie sagte, dass ein Paar in dieser Zeit oft ein ungewöhnlich tiefes Glück empfindet, an dem die beiden ablesen können, dass sie ein Kind empfangen haben. Andere planen vielleicht, zu einer bestimmten Zeit zu empfangen. Sie beobachten ihren Zyklus sorgfältig, sodass sie wissen, wann sie am fruchtbarsten sind.

Laut tibetischer Sage ist die menschliche Schöpfung anders entstanden. Lati Rinbochays und Jeffrey Hopkins' Übersetzung der *Stufen zur Unsterblichkeit,* eines Textes aus dem achtzehnten Jahrhundert, wirft mit der Beschreibung der Erschaffung der ersten menschlichen Babys Licht auf die Evolution der Geburt, wie sie uns heute geläufig ist. In der tibetischen Sage ist von sieben typischen Eigenschaften der ersten Menschen die Rede: »Spontane Geburt, eine unendliche Lebensspanne, alle Sinnesfähigkeiten, ein Körper, der ganz von seinem eigenen Licht durchdrungen und erfüllt war, Schmuck, der ein Ebenbild der Haupt- und Nebenmerkmale (eines

Buddha) war, Ernährung durch die Speise der Freude, ohne irgendwelche groben Nährstoffe aufnehmen zu müssen, sowie die Fähigkeit, durch den Himmelsraum fliegen zu können.«[14] All das veränderte sich jedoch, als die Menschen anfingen, feste Nahrung zu essen. Daraufhin, so fährt die Sage fort, verwandelten sich die nicht verfeinerten Bestandteile der Nahrung in Fäkalien und Urin, und die männlichen und weiblichen Organe entwickelten sich als Öffnungen für die Ausscheidung. Von der Zeit an haben Männer und Frauen, die zusammen schlafen, diese Organe miteinander verbunden, und die Folge ist, dass sich ein fühlendes Wesen im Schoß heranbildet. Diese Schritte, so die Geschichte, gehen der Geburt aus einem menschlichen Schoß voran.

Zwischen Tod und Wiedergeburt: Das Stadium des Bardo

Die buddhistische Sicht der Geburt ist umfassend. Sie bezieht weitläufige Zyklen von Tod, Bardo (der Zustand zwischen Tod und Wiedergeburt) und Wiedergeburt ein. Wie der Bardo erlebt wird, hängt von den Lebenserfahrungen und Handlungen und damit dem Karma des Wesens ab, das ihn betritt. Er kann beängstigend oder verführerisch angenehm sein. In der letzten Phase des Bardo betritt das Wesen das Reich, in dem es wieder geboren wird. Hoch entwickelte spirituelle Wesen wählen oft den Ort und die Familie, in die sie hineingeboren werden. Diese Entscheidung wird getroffen, um anderen Wesen zu helfen, sich vom Leiden an der wiederkehrenden Existenz (dem endlosen Kreislauf von Tod und Wiedergeburt) zu befreien.[15]

Im tibetischen Buddhismus besteht das höchste Ziel darin, zum Wohle aller fühlenden Wesen erleuchtet oder vom Leiden befreit zu werden. Aus dieser Sicht betrachtet, ermöglicht die Reinkarnation die Kontinuität der Arbeit eines Wesens. Ein Bodhisattva ist jemand, der nach Erleuchtung strebt, um fühlenden Wesen am besten dienen zu können. »Die menschliche Geburt ist etwas so Kostbares«, erläuterte Gyatso einmal, »weil wir in diesem Leben genügend Verdienste erwerben können, um zur Buddhaschaft zu gelangen und darauf hinzuwirken, dass sämtliche fühlenden Wesen vom Leiden befreit werden.«

Um diese Sicht des Lebens zu verdeutlichen, können wir uns einen Kreis vorstellen, der einem mehrfach verwendbaren Logo gleicht, nur dass er zwei Ausgänge hat: Der eine ist die Geburt, der andere der Tod. Das Leben, das wir kennen, folgt auf die Öffnung der Geburt; was die tibetischen Buddhisten Bardo nennen, folgt auf die Öffnung des Todes. Jemand, der gerade gestorben ist, befindet sich also im Bardo und steht vor der wichtigen Aufgabe, herauszufinden, wie die günstigsten Bedingungen für die nächste Wiedergeburt aussehen.[16]

Nach der traditionellen Auffassung vom Stadium des Bardo hat das Wesen im Zwischenzustand viele Fähigkeiten, die westliche Menschen als »übersinnlich« bezeichnen würden, wie Allwissenheit, die Möglichkeit, sich an verschiedenen Orten gleichzeitig aufzuhalten und sich durch Räume wie Türen und feste Gegenstände zu bewegen. Im Zwischenstadium hat das unsichtbare Bewusstsein Sinnesfähigkeiten und eine Art subtile Gestalt, die Ähnlichkeiten mit einem physischen Körper aufweist.

Steht das Wesen kurz vor seiner Wiedergeburt, wandert

es umher und hält Ausschau nach der richtigen Umgebung. Es sieht Paare, die sich körperlich lieben, und fühlt sich aufgrund spezieller energetischer Qualitäten zu bestimmten Eltern hingezogen. Der spezifische Zustand des Paares – sei es Liebe, Lust, Zärtlichkeit, Gewalt, Betrunkenheit oder Ähnliches – bestimmt also, ob das Wesen zu ihnen kommt.

Dr. Lobsang Rapgay ist ein buddhistischer Mönch und Gelehrter, der in tibetischer Medizin und westlicher Psychologie ausgebildet wurde. Sein Fachwissen auf beiden Gebieten wird deutlich, wenn er beschreibt, was aus tibetischer Sicht bei der Empfängnis geschieht: »Die tibetische Kultur geht davon aus, dass ein Zwischenwesen, wenn es in einen Körper eintritt, verschiedene Empfindungen hat, die von seinem Karma und den Taten abhängig sind, welche es in vergangenen Leben begangen hat. Für Wesen mit gutem Karma ist dies eine unglaublich angenehme Erfahrung, vergleichbar dem Besuch in einem schönen Haus, in dem wir friedliche und wohltuende Klänge hören. Bei negativem Karma ist die Erfahrung unangenehm: Man hört viele lärmende Geräusche, hat quälende Empfindungen und ist fauligen Gerüchen ausgesetzt. Vielleicht hat man das Gefühl, einen Sumpf, einen dunklen Wald, ein kleines Loch im Boden oder eine dunkle Höhle zu betreten, aus der es keinen Ausweg gibt. Diese Empfindungen hängen vom Zustand des Wesens bei der Empfängnis, seinem Karma und den Eigenschaften der Eltern ab.«

Wenn das Kind oder das umherwandernde Bewusstsein in den Schoß eintritt, so Dr. Rapgay, wird durch das Trauma, in die physische Existenz einzugehen, die Erinnerung an sämtliche früheren Erfahrungen unterdrückt. Mit der Empfängnis vergisst das Kind sein letztes Leben und damit frühere Erfahrungen und Traumen eine Zeit lang. Später, während seines Heranreifens im Mutterleib und bei der Geburt, wird das Bewusstsein wieder lebendig. Der Schoß als Umgebung, die von der Lebensausrichtung der Mutter geprägt ist, beeinflusst das Bewusstsein des Embryos ebenfalls.

Obwohl die meisten tibetischen Eltern nicht bewusst an die Reise durch den Bardo denken, wenn sie ein Kind empfangen, akzeptieren sie die Existenz von Zwischenstadien und des Bardo als wichtige Phase des Seins. In einem unserer Interviews behauptete Lhamo, sie habe bei ihrem Aufenthalt in Bodh Gaya (in Indien), dem heiligen Platz, an dem Buddha erleuchtet wurde und zu dem sie eine Pilgerreise unternommen hatte, um sich für die Empfängnis zu reinigen, viele Zwischenwesen wahrgenommen, die gestorben waren und sich jetzt nach einem neuen Ort umsahen, um wieder geboren zu werden. »Meine Freundin sagte, ich sollte um ein bestimmtes Baby beten. Aber ich bat nicht um ein besonderes Kind. Ich hatte das Gefühl, dass die Menschen aus verschiedenen Gründen gestorben waren und dass jeder, der darum betete, in einem besseren Leben wieder geboren zu werden, bei mir willkommen war. Sie ist also die Glückliche«, witzelte Lhamo und tätschelte ihren großen Bauch.

Lhamo glaubte, dass ihr zukünftiges Kind ein Karma mit ihr habe, weil sie es in ihrem Schoß empfing. »Der gesamte Geburtsprozess hängt mit Karma zusammen«, fuhr Lhamo fort. »Die Mutter, der Vater und das Baby sind alle durch Karma miteinander verbunden. Täglich sterben so viele Millionen Wesen, die wiederkommen möchten. Wenn sie die Chance haben, ein Mensch zu werden, sind sie um jedes Paar herum. Tausende umgeben uns. Aber nur das Wesen, dessen Karma es ist, von uns geboren zu werden, gelangt zu uns durch.«

61

Lhamo sagte, sie habe über ein Jahr lang versucht zu empfangen. Sie hatte das Gefühl, nicht früher schwanger geworden zu sein, weil sie und ihr Mann nicht ganz vorbereitet waren oder die Zeit noch nicht stimmte. In den zwei Wochen jedoch, die sie in Bodh Gaya ihrer Reinigung widmete, bereitete sie sich körperlich und spirituell darauf vor, zu empfangen und ein bestimmtes menschliches Bewusstsein aufzunehmen, das im Bardo-Stadium wartete.

Der Prozess der Empfängnis

Einige Vorgänge bei der Empfängnis werden ausführlich und prägnant im *Tibetischen Totenbuch* beschrieben, einem fesselnden, grundlegenden tibetischen Text, der uns durch die aufeinander folgenden Stadien und Erfahrungen führt, die Wesen im Bardo nach ihrem Tod und vor ihrer Wiedergeburt durchmachen können. Die erfolgreiche Bewältigung dieser Erlebnisse kann zu tief greifenden spirituellen Erkenntnissen, glücklichen Wiedergeburten oder sogar der Befreiung vom Kreislauf von Tod und Wiedergeburt führen. Im tibetischen Buddhismus sind Tod und Geburt untrennbar miteinander verbunden. Die Geburt als Mensch kann nur stattfinden, wenn der Tod des Zwischen- oder Bardowesens abgeschlossen ist.

In den Lehren finden sich genaue Beschreibungen des Übergangs in das Zwischenstadium. Der Weg der Wiedergeburt und damit der Rückkehr in das materielle Universum verläuft in zahlreichen verschiedenen Schritten. Das Bewusstsein des klaren Lichtes, das beim Tod des Bardo-Wesens einsetzt, beginnt sich in dessen innerer Sicht zu wandeln. Das innerlich wahrgenommene klare Licht weicht einer vollkommenen Dunkelheit, dann folgt ein strahlendes orangerotes Licht und schließlich ein leuchtend weißes. Während das Bewusstsein sich weiter auf die materielle Ebene zubewegt, hat es innere Visionen, die mit einer flackernden Kerze verglichen werden, welche zu verlöschen droht. Dann folgt ein Anblick, der mit Funken im Rauch oder Glühwürmchen verglichen wird. Bald darauf nimmt das Bewusstsein Rauch wahr und schließlich so etwas wie eine Luftspiegelung. Im nächsten Augenblick geht das Bewusstsein in die Ei-Sperma-Verbindung ein, wie sie sich im Moment der Empfängnis darstellt. Die Lehren verweisen darauf, dass der Zeitpunkt der Empfängnis ein vielschichtiges spirituelles Ereignis ist, bei dem sowohl in der Mutter als auch im Vater 72 000 energetische Kanäle kraftvoll aktiviert werden.[17]

Im *Tibetischen Totenbuch* werden Anweisungen gegeben, wie ein Wesen einen Schoß wählen und in ihn eingehen kann. Das Bardo-Wesen solle sich, so heißt es hier, »auf eine Familie (konzentrieren), in der Vater und Mutter dem Glauben folgen; und es soll einen Körper mit Verdiensten annehmen, die sämtlichen fühlenden Wesen zum Wohle gereichen«. Und schließlich solle es bestätigen: »Ich will Gutes tun.« Weiter wird empfohlen, »die Namen der drei Juwelen (den Buddha, das Dharma und die Sangha) anzurufen und Zuflucht bei ihnen zu nehmen«.[18] Während der Äther allmählich der Erde weicht und das Bardo-Wesen die Sinneswahrnehmung zurückerhält, kehrt der materielle Körper zurück. Nachdem es unmittelbar nach dem Tod für kurze Zeit ein Gefühl von Einheit erlebt hat, erfährt es, während die Elemente des Egos sich auszubilden beginnen, erneut die Trennung.

Im Text heißt es, dass die Wiedergeburt als menschliches Wesen im Anschluss an die Erfahrung des Bardo ein großes Glück ist. Ein tibetisches Sprichwort vergleicht die Chancen, als Mensch wieder geboren zu werden, mit denen einer blinden Schildkröte, die ihren Kopf durch einen goldenen Ring steckt, der auf der Oberfläche des Meeres treibt, und die etwa alle fünfhundert Jahre einmal auftaucht. Die Tibeter betrachten das menschliche Leben als seltene und kostbare Möglichkeit, Weisheit und Mitgefühl wachsen zu lassen, anderen zu helfen und die Zeit klug zu nutzen.

Es heißt, dass Empfängnis, Geburt und Tod die wichtigsten Ereignisse in unserem Leben sind. Die traditionellen tibetischen Beschreibungen der Empfängnis benutzen eindringliche und poetische Worte und Bilder, um sowohl die Bedingungen für die Empfängnis als auch das körperliche Ereignis darzustellen. In vieler Hinsicht gleicht die traditionelle Erklärung einer Erzählung, einem Märchen mit dem Titel »Wie beginnt ein menschliches Leben?«. In dieser Erzählung bilden die körperlichen und spirituellen Elemente der Empfängnis eine Einheit, und die Beziehung zwischen männlichen und weiblichen Energien ist entscheidend. Die tibetischen Lehren beschreiben, wie die sexuelle Energie sowohl mit dem materiellen als auch mit dem nichtmateriellen Universum in Beziehung steht und beide auf subtile Weise vereint.

Wie bereits früher erwähnt, wird ein menschliches Wesen laut tibetischer Tradition durch den sexuellen Beischlaf empfangen, bei dem der rote Samen der Mutter mit dem weißen Samen des Vaters verschmilzt und beide in den feinstofflichen Geist und Wind eingehen, die das grundlegende Bewusstsein eines Wesens bilden. Dr. Dolma beschreibt Wind als »eine starke Kraft, die wir nicht sehen können, obwohl sie

eine entscheidende Funktion hat«. Sie führt den Vergleich an, dass ein Feuer aufflammt, wenn wir hineinblasen. »Wir schüren das Feuer mit dem Blasebalg und können die Luft nicht sehen, und trotzdem schlagen die Flammen höher.«

Bedingungen für die Empfängnis

In der tibetischen Tradition heißt es, dass viele physische und spirituelle Bedingungen gegeben sein müssen, damit es zur Empfängnis kommen kann. Wenn all diese Aspekte in einer Person harmonisch ausgeglichen sind, ist die Wahrscheinlichkeit, dass sie ein körperlich und geistig gesundes Baby empfängt, am größten. Fast jeder meiner Gesprächspartnerinnen und -partner betonte, wie wichtig es sei, dass die geistigen, emotionalen, spirituellen und körperlichen Aspekte eines Menschen im Gleichgewicht sind, damit er generell und besonders für die Empfängnis bei guter Gesundheit ist.

Die speziellen Bedingungen für die Empfängnis werden in den tibetischen Texten detailliert beschrieben. Hier heißt es, dass das Wesen nach der endgültigen Auflösung durch den Tod frei ist, im Schoß einer Mutter empfangen zu werden und den Geburtsprozess von neuem zu beginnen. Damit ein Zwischenwesen im Schoß einer Mutter wieder geboren werden kann, müssen drei günstige Bedingungen gegeben sein und drei ungünstige wegfallen.

Die günstigen Bedingungen sind folgende: Erstens muss die Mutter in der Zeit nach der Menstruation frei von Krankheiten sein. (Laut *The Ambrosia Heart Tantra* können fruchtbare Frauen im Alter zwischen zwölf und fünfzig Jahren an drei Tagen in jedem Monat, an denen die Winde die Tür zum weiblichen Schoß öffnen, empfangen.)[19] Zweitens muss ein Zwischenwesen in der Nähe sein und den Wunsch verspüren, in den Schoß einzugehen. Und drittens müssen der Mann und die Frau sich zueinander hingezogen fühlen und miteinander schlafen.

Drei ungünstige Bedingungen müssen ausgeschlossen sein. Erstens darf der Schoß nicht durch Wind, Galle oder Schleim, die jeweils auf Gier, Hass oder Unwissenheit zurückzuführen sind, versperrt sein.[20] Zweitens darf weder der mütterliche noch der väterliche Samen schadhaft sein, denn die Empfängnis findet nur statt, wenn der Samen und das Ei gemeinsam niedergehen und beide rein sind. Drittens darf das Karma des Zwischenwesens diesen bestimmten Mann und diese bestimmte Frau nicht abstoßen, sondern muss mit ihnen harmonieren. Die beiden wiederum müssen ein Karma haben, das ihnen ermöglicht, Vater und Mutter dieses einen Wesens zu werden. Hat die Empfängnis stattgefunden, verschmelzen der weiße und der rote Same im Schoß der Mutter. Aus ihnen entsteht die so genannte »neu schaffende Flüssigkeit«, aus der sich der Fötus im Mutterleib bildet.

Dr. Yeshe Dhonden, ein bekannter tibetischer Arzt und früherer Leibarzt des Dalai Lamas, leitet im Augenblick eine Klinik in Dharamsala und bereist die Welt, um mit Medizinstudenten und Patienten vieler Nationalitäten zusammenzukommen.[21] Er erwähnt ähnliche Bedingungen, die für die Empfängnis und das gesunde Heranwachsen des Fötus notwendig sind, fünf insgesamt. Die erste ist das Sperma und die zweite natürlich die Eizelle. Die dritte ist das Bewusstsein eines Wesens, das im Bardo umherwandert und dessen Zeit für eine Wiedergeburt reif ist. Die vierte besteht im Zusammentreffen der fünf Elemente – Erde, Feuer, Wasser, Luft und

Raum. Und die fünfte ist die karmische Beziehung zwischen dem Wesen, das wieder geboren werden möchte, und seinen zukünftigen Eltern.

Das Sperma und die Eizelle müssen gesund sein, damit der Fötus heranwachsen kann. Gutes Sperma, so heißt es, ist weiß, schwer, süß und schaumig. Die Eizelle sollte rot wie Hasenblut sein und keine schnellen Flecken auf Kleidung hinterlassen. Ist das nicht gegeben, dann ist das Sperma oder die Eizelle ungesund und der Koitus unfruchtbar.

Laut Tradition kann die neu schaffende Flüssigkeit aus Samenfaden und Eizelle den Schoß der Mutter auf drei verschiedenen Wegen erreichen. Das Zwischenwesen kann durch den Mund des Mannes, die Krone seines Kopfes oder durch die Vagina der Frau eintreten. Spirituell hoch entwickelte Wesen können ihre nächste Empfängnis bestimmen, durch den Mund des Vaters eingehen und durch sein Sexualorgan in den Schoß der Mutter hinabsteigen. Für solch ein Wesen gleicht dieser Vorgang dem Betreten eines Palastes oder dem Besteigen eines Thrones. Wie früher bereits erwähnt, glaubt man, dass das Zwischenwesen, das stirbt und sich auf die Wiedergeburt zubewegt, eine Reihe von Visionen hat, die von klarem Licht bis zur Luftspiegelung reichen. In der Mischung aus Samen und Blut – die aus den 72 000 spirituellen Kanälen herabgeflossen ist – bildet es sich zu seinem neuen »Geburtszustand« heran. Geistige Prägungen, die auf in früheren Leben begangenen Taten beruhen, tauchen auf. Die Winde, die Luftströme oder Energien, die im Zwischenstadium die Hinwendung zur Empfängnis bewirkten, lösen sich auf, und die Elemente der Sinneswahrnehmung, des Egos und des materiellen Körpers beginnen Gestalt anzunehmen.

Es gibt mehrere Anzeichen dafür, dass eine Empfängnis stattgefunden hat. Die Eltern erkennen das daran, dass das sexuelle Begehren der Frau befriedigt ist, ihr Herzschlag sich beschleunigt und sie sich körperlich müde, schläfrig und schwer fühlt. Das deutet darauf hin, dass sich der Same der männlichen und auch der weiblichen neu schaffenden Flüssigkeiten im Mutterleib für die Empfängnis eingenistet haben. Wenn Frau und Mann ganz darin aufgehen, miteinander zu schlafen, so heißt es, sind Körper und Geist auf segensreiche Weise befriedigt. Die tibetischen Texte über die Empfängnis sind ausführlich und anrührend, voller starker Metaphern und Bilder. In *The Ambrosia Heart Tantra*, zum Beispiel, wird der Koitus mit dem Vorgang verglichen, Holz aneinander zu reiben, um Feuer zu erzeugen. Das Blut der Mutter entspricht einem Feuerstein, das Sperma des Vaters Eisen. Das Bewusstsein, das in diese Mischung eingeht, so heißt es, sei wie ein Stück Rinde und der Embryo wie das Feuer.

Die tibetischen Schriften beschreiben, wie Sperma und Ei, nachdem Koitus und Empfängnis stattgefunden haben, auf unterschiedliche Weise zum Heranwachsen des Fötus beitragen. Dr. Yeshe Dhonden erklärt, dass nach der tibetischen medizinischen Literatur das Sperma des Vaters zu Knochen, Gehirn, Rückenmark und der markähnlichen Flüssigkeit beiträgt, die vom Gehirn bis zum unteren Ende der Wirbelsäule verläuft.[22] Die Eizelle der Mutter ist die Grundlage für die Entwicklung des Fleisches sowie von Blut, Magen, Darm, Gallenflüssigkeit, Gallenblase, Samenbläschen und der fünf lebenswichtigen Organe: Herz, Lunge, Leber, Milz und Niere.

Auch die Elemente Erde, Wasser, Feuer, Raum und Wind gestalten den Fötus mit. Das Element Erde entspricht den festen Bestandteilen des Körpers wie Knochen, Haut, Nägel und Haar und fördert den Geruchssinn. Das Element Wasser bildet die Körperflüssigkeiten wie Urin, Gallenflüssigkeit und Blut und unterstützt durch seine Aktivitäten den Geschmackssinn. Das Element Feuer liefert die Wärme, die den Körper erhält, verleiht der Haut Glanz und fördert die Sicht. Wind oder Luft, wie es manchmal heißt, entspricht den Energieströmen, die körperliche Funktionen wie Atmen und Schlucken ermöglichen. Außerdem »tragen« sie das Bewusstsein wie das Pferd den Reiter. Sie stehen in Verbindung mit der Haut und dem Tastsinn. Raum beinhaltet alle Räume im Körper und ermöglicht das aktive Zusammenspiel sämtlicher Elemente. Alle fünf Elemente müssen vorhanden sein. Ohne das Element Erde bildet sich die Gestalt nicht aus; ohne das Element Wasser können Sperma und Blut sich nicht verbinden und den Embryo bilden; ohne Feuer kein Reifen; ohne das Element Wind kein Wachstum; und ohne das Element Raum ist kein Platz für das Wachsen.

Einen Jungen oder ein Mädchen empfangen

Die Frage nach dem Geschlecht des empfangenen Kindes ist in jeder Kultur von Wichtigkeit. In einigen uralten tibetischen Lehren heißt es, dass ein Junge empfangen wird, wenn der Koitus am ersten, dritten, fünften, siebten oder neunten Tag der zwölftägigen Phase im Anschluss an die Menstruation erfolgt. Am zweiten, vierten, sechsten, achten, zehnten oder zwölften Tag wird ein Mädchen empfangen. *The Ambrosia Heart Tantra* vergleicht das Ende dieser zwölf Tage mit dem Schließen einer Lotusblüte. Danach, so heißt es, kann das Sperma nicht mehr im Schoß gehalten werden.[23]

Unfruchtbarkeit und Missbildungen

In *The Ambrosia Heart Tantra* werden neun mögliche Schäden von Eizelle und Sperma aufgezählt, welche die Fruchtbarkeit beeinträchtigen können:

Bei folgenden Schäden können Sperma und Blut nicht den Samen für einen Embryo bilden: Eine Störung des Elements Wind bewirkt, dass Sperma und Blut grob, dunkel und dick werden; eine Störung der Gallenflüsigkeit macht sie sauer, gelb und übel riechend; eine Störung des Schleims verleiht ihnen eine gräuliche Farbe und lässt sie klebrig, süß und kühl werden; eine Störung des Blutes macht sie faulig; bei Wind- und Schleimstörung werden sie läufig; eine Störung des Blutes und der Gallenflüssigkeit lässt sie eitrig werden; eine Störung von Wind und Gallenflüssigkeit macht sie trocken und spröde; eine Störung von Wind, Gallenflüssigkeit und Schleim lässt sie nach Exkrementen und Urin riechen.[24]

Es ist interessant zu sehen, wie die tibetische Analyse der Unfruchtbarkeit sich die Sinne zunutze macht. An westlichen Maßstäben gemessen, mag dieses System unorthodox sein, aber die westliche Medizin ist in zunehmendem Maße mit Unfruchtbarkeit und fötalen Missbildungen konfrontiert. Dr. Dhonden wurde von Krankenhäusern in den USA und anderen westlichen Ländern eingeladen, Vorträge zu halten, und hat dabei tibetische Diagnosemethoden vorgestellt. Wenn wir uns für diagnostische Verfahren anderer Kulturen öffnen, kann uns das in der öffentlichen Gesundheitspolitik sowohl bei der Vorsorge als auch bei der Behandlung von Unfruchtbarkeit und der Erkrankung von Föten und Babys weiterhelfen.

Rintschen Taring schreibt in ihrem Buch *Ich bin eine Tochter Tibets:* »Nach meiner Heirat mit Dschigme wurde ich über

drei Jahre nicht schwanger ... und so fragten wir einen heiligen Lama um Rat ... Als wir ihn fragten, ob es unser Schicksal
sei, Kinder zu bekommen, betete er und sagte dann, wir würden einige ungewöhnliche Kinder bekommen. Er schenkte
mir ein Amulett und sagte, ich solle es stets bei mir tragen.
Dazu erhielt ich ein Dokument, in dem stand, wenn alte Leute und Kinder das Amulett trügen, werde es sie vor Bösem beschützen, und eine Frau, die noch nicht empfangen hatte,
würde durch seine Kraft schwanger. Der Lama riet mir noch,
zu Dolma, meiner Karma-Gottheit, zu beten und bestimmte
Riten vorzunehmen.«[25]

Dr. Lobsang Rapgay beschreibt die traditionelle tibetische
Sicht von Empfängnis und Fruchtbarkeit. Zuerst zählt er die
verschiedenen Arten von Fruchtbarkeit auf und macht uns
dabei mit drei Grundvoraussetzungen des tibetischen medizinischen Systems bekannt: »Unfruchtbarkeit kann auf verschiedene Weise beschrieben werden. Einmal kann sie auf
Störungen des energetischen Systems wie Rlung (ausgesprochen: Lung) beruhen, das wir mit Lebensenergie, Luft, Ki
oder Prana übersetzen können. Störungen des Rlung können
zu Unfruchtbarkeit führen. Störungen im Bereich der Gallenflüssigkeit oder des Schleims können erworben sein. Auch
ererbte, angeborene Defekte können uns unfruchtbar machen. Unfruchtbarkeit kann auch auf Nierenerkrankungen
zurückgehen, die dann den Harntrakt in Mitleidenschaft ziehen. Auch schwere Infektionen, Entzündungen oder andere
Schäden können zu Unfruchtbarkeit führen.

Es können aber auch psychologische Ursachen vorliegen.
Wenn wir psychologisch nicht im Einklang mit unserem Körper sind, kann Unfruchtbarkeit die Folge sein. Unfruchtbarkeit kann auch auf karmische Personlichkeitszüge aus

vergangenen Leben zurückgehen. Obwohl es keinerlei Hinweise auf körperliche Störungen gibt, empfangen wir kein Kind«, sagte er und sprach damit auf die Menschen an, die ohne jede greifbare Ursache Schwierigkeiten haben zu empfangen.

Für die Heilung karmisch bedingter Unfruchtbarkeit kennt die tibetische Tradition verschiedene Rituale. Weil solche Rituale oft über den Zuständigkeitsbereich des Arztes hinausgehen, müssen die Eltern einen Lama aufsuchen oder einen Arzt, der zugleich Lama ist, da dieser sich mit rituellen oder spirituellen Heilungen auskennt. Die tibetische Medizin beruht auf zwei Aspekten. Dem materiellen, der sich mit den Elementen Wind, Gallenflüssigkeit, Schleim, Erde und Wasser beschäftigt. Diese Tradition stammt aus China und Indien.

Der zweite Aspekt wird als tantrische Medizin bezeichnet, die auch als ritualistische Medizin beschrieben werden kann. Sie geht über das Körperliche hinaus und wendet sich dem Geistigen zu. Die hier angewendeten Rituale richten sich an bestimmte Gottheiten und beinhalten Riten und diverse Initiationen für praktisch sämtliche Störungen. Für die Heilung karmisch bedingter Unfruchtbarkeit muss ein ritualistischer Heilungsweg beschrieben werden. Mit Hilfe von Gesängen, Mantras, Visualisierungen, Räucherwerk, Musik, Glöckchen und rhythmischen Vokalisierungen erzeugen die Tibeter ein ganzes Spektrum an verschiedenen Bewusstseinszuständen, die für ganz spezifische Zwecke einschließlich der Wiederherstellung der Fruchtbarkeit eingesetzt werden.

Laut Dr. Rapgay gibt es für Unfruchtbarkeit auch traditionelle medizinische Behandlungsmethoden: »Viele Ursachen von Unfruchtbarkeit werden medizinisch behandelt,

besonders wenn sie auf eine Störung des Rlung oder psychologische Ursachen zurückgehen. Oft besteht die Behandlung in einer Kombination von Medikamenten und Ritualen, weil das Problem nicht nur organisch bedingt ist. Ein Mantra wird auf einem Stück Papier verschrieben. Das Mantra wird über tibetischem Papier rezitiert, dieses wird zu kleinen Kugeln zusammengerollt und verkapselt, die der Patient in Pillenform einen Monat lang einmal täglich einnimmt. Ich kenne viele Inder und auch Tibeter, denen diese Behandlung geholfen hat.

Meiner Meinung nach haben Menschen mit psychologisch begründeter Unfruchtbarkeit Rlung-Probleme, die sich als psychologische, neuromuskuläre Ängste und Befürchtungen äußern können, welche die körperlichen Funktionen behindern. Sie haben keine organischen Störungen, sondern werden durch psychische Ängste beeinträchtigt. Diese Pillen helfen ihnen, Ängste und Befürchtungen sowohl psychologisch als auch spirituell aufzulösen.

Und es funktioniert«, schloss er mit einem breiten Lächeln. »Viele indische Frauen nehmen diese Medikamente, und zusätzlich kann ihnen ein Arzt Myrobalan 18 oder Safron 13 verschreiben. Das sind pflanzliche Tabletten, die zunächst einmal die Körpertemperatur der Frau erhöhen sollen. Ist diese ausreichend, kommt es oft zur Empfängnis. Das hängt mit der Körpertemperatur zusammen.

Wir können sowohl bei Männern als auch bei Frauen von heißer und kalter Unfruchtbarkeit sprechen. Bei der kalten Form besteht die Hauptbehandlung darin, Körperhitze zu entfachen. Dadurch wird das Sperma beim Reproduktionsprozess aktiver und kann leichter eindringen. Andernfalls ist seine Mobilität eingeschränkt. Die heiße Form von Unfruchtbarkeit ist schwieriger zu behandeln, denn sie geht oft auf Infektionen und Entzündungen im Genitalbereich zurück. Die Ursache liegt in diesem Fall eher bei mangelnder oder überschüssiger Körperhitze als beim Sperma selbst. Der heißen Form ist schwerer beizukommen; die kalte lässt sich leichter behandeln. Wenn eine Stauung vorliegt und das Sperma unbeweglich ist, müssen wir lediglich für die entsprechende Hitze sorgen. Durch die Hitze wird das Sperma beweglicher. In Bezug auf die Behandlung von Infektionen und Entzündungen und damit die heiße Form von Unfruchtbarkeit ist die westliche Medizin fortgeschrittener als die tibetische.«[26]

Dr. Yeshe beschäftigt sich sowohl mit Missbildungen als auch mit Unfruchtbarkeit. In seinen Artikeln über Embryologie und Geburt hat er über abnorme Geburten von Kindern mit überflüssigen oder beschädigten Sinnesorganen oder Deformierungen geschrieben. Tibetische Ärzte führen solche Missbildungen auf schädliche Winde oder Energien, Blutunreinheiten, das Werk von Geistern und psychische Abnormitäten zurück, die das Kind aus seinem vergangenen Leben mitbringt.

Gyatso: Die Sichtweise eines Lamas

Die spirituelle Sichtweise eines Lamas ist ein wertvoller Beitrag zu diesen Themen, weil sie die traditionellen tibetischen Weisheiten über die Geburt verdeutlicht. Gyatso, der Lama-Onkel von Palmo und Ngawang, lebt in einem kleinen Dorf, das sich einige Täler von Dharamsala entfernt in die Hügel schmiegt. Wenn er sich nicht im Kloster oder im Retreat aufhält oder Unterweisungen hält, lebt Gyatso mit Ngawang und Palmo zusammen und hat eine wunderbare Beziehung zu deren drei Kindern.

Als geachteter Gelehrter hat Gyatso, bevor er nach Indien kam, in einem Kloster in Tibet viele Jahre lang die buddhistischen Schriften studiert. Er ist ein lebhafter, freundlicher Mann, der das Leben liebt und gern mit den unterschiedlichsten Menschen zusammentrifft. Er hat Freude daran, sein Leben mit dem Leben anderer Menschen zu vergleichen, über philosophische Standpunkte und Praktiken zu diskutieren und die Rätselhaftigkeit menschlichen Verhaltens humorvoll zu analysieren. Es macht ihm Spaß, den Menschen, die auf einen Nachmittag zu Besuch kommen, um Geschichten zu hören und sich unterweisen zu lassen, die traditionellen buddhistischen Texte zu erklären. Obwohl man denken könnte, ein Mönch würde sich bei einem Gespräch über Geburt natürlich zurückhalten, zögerte Gyatso keinen Augenblick, dieses Thema zu diskutieren.

Als Mönch sprach Gyatso über Empfängnis aus einem spirituellen Blickwinkel, da es sich hier um ein Ereignis handelt, das den Übergang in das nächste Leben bildet und ein wichtiges Stadium der Wiedergeburt sowie eine Fortsetzung des Karmas darstellt. Gyatso erzählte, wie ein Leben, ein spirituelles Wesen in einen Schoß eingeht, da das ein wichtiger Teil dieses Prozesses ist.

»Das nächste Leben ist bereits aufgezeichnet«, erklärte Gyatso. »Mein nächstes Leben wird schon in diesem Leben vorgebucht. Der Beginn meines nächsten Lebens beruht auf diesen Aufzeichnungen. Das Leben kann seine Gestalt vor und zurück verändern, so wie auch Situationen sich wandeln. Es gibt viele Millionen von Leben, und die Eintragungen für das nächste Leben werden in verschiedenen Bereichen des

Bewusstseinsstroms gespeichert. Bestimmte Abschnitte dieses Verzeichnisses weisen auf eine günstige Wiedergeburt hin, andere auf einen weniger glücklichen Lebensbeginn. Auch wenn meine Aufzeichnungen durchweg positiv sind, wächst mein Negativverzeichnis sofort an, wenn ich plötzlich etwas sehr, sehr Schlechtes tue. Meine nächste Wiedergeburt könnte dann die übelste werden.«

Aber laut Gyatso kann dieses »Übel« abgewendet werden. Es gibt viele Lehren, Methoden und Praktiken, die entsprechende Anweisungen enthalten. Einige machen präzise Angaben, wie wir in diesem Leben Verdienste sammeln können.

»Sie wissen doch sicher«, fuhr Gyatso mit neckendem Unterton fort, »dass die Christen ›Himmel‹ mit einem großen ›H‹ schreiben. Aber wir Buddhisten tun das nicht, denn für uns ist das letzte und höchste Ziel nicht der Himmel, sondern die Erleuchtung.

Bei der Empfängnis, wenn die Eizelle der Mutter sich mit dem Samenfaden des Vaters vereint, versammeln sich viele Wesen, denn sämtliche Wesen auf diesem Planeten versuchen in einen Schoß zu gelangen. Das ist aber kein Wettkampf. Die Idee der Konkurrenz geht auf westliches Denken zurück. Wir Buddhisten sehen es vielmehr so, dass all diese Wesen umherschweifen. Ihre karmische Prägung beeinflusst sie bei der Wahl des Schoßes, in den sie eingehen. Und von all diesen Wesen hat nur eines das Karma, aufgrund dessen es zu dieser einen Mutter und diesem einem Vater hingezogen wird; bei Zwillingen oder Mehrgeburten sind es natürlich mehr Wesen.«

Gyatso streckte seine Hand aus und wedelte damit herum, um die Wesen nachzuahmen, die sich um den offenen Schoß versammeln.

»Das Sperma hat zu diesem Zeitpunkt kein Bewusstsein. Das Wesen mit den höchsten Verdiensten tritt in einen Samenfaden ein; all die anderen Samenfäden verlieren dann die Chance, Bewusstsein zu erlangen. Buddha sagte, bei jeder Vereinigung eines Vaters und einer Mutter seien so viele fühlende Wesen zugegen, wie Grashalme auf dem Planeten wachsen, und sie alle versuchen, in dieses Leben zu gelangen. Das ist keine Frage von Glück. Verdienste und Karma bestimmen, welches fühlende Wesen in diesen Schoß eingeht, um ein neues Leben zu beginnen. Die restlichen Wesen müssen die Wiedergeburt woanders suchen.

Welches Wesen zu welchen Eltern kommt, hängt von vielen verschiedenen Faktoren hab. Vielleicht meidet ein Wesen diesen einen Schoß, weil diese Eltern ein Kind zeugen, dem ein gutes Leben bevorsteht. Dieses Wesen hingegen muss aufgrund seiner karmischen Prädisposition bestimmte leidvolle Erfahrungen machen und sich deshalb einen anderen Schoß suchen. Dieses Leiden ist vorgezeichnet und Teil seines Erbes. Natürlich kann man leiden und trotzdem eine Person mit großen Verdiensten sein. Einige der Menschen, die am meisten leiden, gehören zu den größten Bodhisattvas. Bodhisattvas sind trotz ihres eigenen Leidens oft höchst bereit, anderen zu dienen und zu helfen.

Zum Thema Eltern passt die Geschichte, die man sich über Meister Nyima Senge erzählt. Vor seiner Geburt rieten einige Lehrer seinem Vater zur Heirat mit einer bestimmten Frau. ›Wenn du eine andere heiratest, wirst du dieses Kind nicht bekommen‹, sagten sie zu ihm. ›Aber mit dieser Frau wirst du ein ganz besonderes Kind zeugen.‹ Der Grund dafür ist, dass diese Mutter und dieses Kind eine Verbindung haben.«

Nach tibetischer Tradition kann sich diese spirituelle Verbindung von Mutter und Kind in Träumen zeigen. Es gibt viele Geschichten über Mütter, die, wenn sie zustimmen, dass ein Wesen durch sie wieder geboren wird, entsprechende Träume haben. In manchen dieser Träume wird die Frau besucht und jemand sagt zu ihr: »Lass mich deinen Raum betreten.« Oder sie lädt im Traum jemanden in ihr Haus ein, was symbolisch dafür steht, dass sie jemanden in ihren Schoß bittet. Ist das Wesen erst einmal in den Schoß eingegangen, hängt der nächste Schritt davon ab, wie intelligent und folglich auch wach es ist.

Gyatso bestätigte die Aussagen anderer Tibeter, als er behauptete, dass die Menschen sich früher nicht auf die Empfängnis vorbereiteten, weil Geburtenkontrolle kaum üblich war. Die Eltern akzeptierten die Kinder, wie sie kamen. Auch wenn einige verheiratete Lamas bestimmte körperliche Praktiken zur Geburtenkontrolle ausüben, weil sie bewusst entscheiden wollen, wann und ob sie ein Kind empfangen, praktizieren die meisten Menschen diese Techniken für Fortgeschrittene nicht. Es gilt als völlig natürlich, wenn ein verheiratetes Paar Kinder haben möchte. Für die Tibeter sind Kinder eine Freude, der Schatz der Familie.

Gyatso äußerte sich auch ausführlich über die spirituelle Einstimmung auf die Empfängnis: »Das Umfeld ist bei der Empfängnis ebenso wichtig wie die Tatsache, ob die Empfängnis zufällig geschieht oder bewusst geplant wird. Gebete sind eine große Hilfe. Aus buddhistischer Sicht ist die Qualität der Vereinigung von männlich und weiblich ausschlaggebend. Das Paar sollte Ärger, zu starkes Hängen an bestimmten Dingen, Eifersucht, Täuschungen und andere Unreinheiten vermeiden. Die Vereinigung von Mutter und Vater als solche ist ein neutraler Akt, auch wenn er positiv sein oder sogar sehr viel Gutes bewirken kann. Hat das Paar ein gesundes Mitgefühl, kann die Vereinigung zur geistigen Verwirklichung beitragen. Aber die Befruchtung kann auch voreilig sein, wenn die beiden noch nicht bereit sind. Beide Partner müssen wachsam sein, um negative Folgen zu vermeiden.

Im Idealfall kommen männliche und weibliche Energien in einem warmherzigen, mitfühlenden, liebevollen und ruhigen Umfeld freundlich und mit Achtsamkeit zusammen. Es ist wichtig, dass Körper und Geist nicht gespalten sind, dass der Geist keinen Phantasien nachhängt und der Körper keine Aggressivität ausdrückt. Wenn Körper und Geist von Freundlichkeit durchdrungen sind, entsteht ein gutes Umfeld für das Kind. Ist das Ei befruchtet, geht der Bewusstseinsstrom in die Eizelle ein, die bei der Empfängnis zum fühlenden Wesen wird. Die Wahl der Eltern beruht nicht immer auf einer freien Entscheidung. Aber im Zwischenstadium reifen Prägungen und Karma und üben Anziehung auf uns aus. Wenn im Leben und im Tod geistige Klarheit herrschen, dann ist auch die Wahl der Eltern eine klare Entscheidung.«

In der tibetischen Tradition gelten Ehe und Fortpflanzung nicht als heilig wie im Hinduismus und im Christentum. Die Vereinigung von Mutter und Vater wird weder als sakral noch als anstößig betrachtet. Doch bestimmten tantrischen Ritualen, bei denen der Koitus wichtiger Teil der spirituellen Praxis ist, wird diese Heiligkeit zugeschrieben. Diese ganz spezielle Praxis üben nur gründlich geschulte Tantriker aus. In diesem Fall soll das Paar nicht empfangen, und der Mann ejakuliert kein Sperma in die Frau. Und auch seine Gefährtin kontrolliert ihre Eiflüssigkeiten. Diese Form des Koitus kann nach tibetischer Sicht ein Ausdruck höchster spiritueller Integrität und Erleuchtung sein. Aber zwischen tantrischem und gewöhnlichem Koitus besteht ein grundlegender Unterschied.

Von diesen tantrischen Praktiken einmal abgesehen, gibt es weder Mythen und Märchen über die Heiligkeit des Koitus, noch gilt er als profan. Er wird einfach als natürliche, biologische, irdische Funktion erlebt, die für den tibetischen Menschen wie alles andere auch mit den psychologischen und spirituellen Aspekten des Lebens untrennbar verbunden ist.

Kapitel 3

Schwangerschaft

Juwelen tibetischer Weisheit
über das Heranreifen des Kindes

In der Zeit, in der ein Kind in seiner Mutter heranreift, wächst die Spiritualität auf natürliche Weise, und die spirituelle Praxis ist wichtig, um die Gesundheit von Mutter und Kind sicherzustellen.

Die tibetische Medizin stellt eine Schwangerschaft sowohl durch Pulsdiagnose und tibetische Urinanalyse als auch durch Befragung und körperliche Untersuchungen fest.

Die Tibeter geben der schwangeren Mutter gezielte Ernährungsempfehlungen, die auf ihr individuelles biologisches System und das jeweilige Entwicklungsstadium des Fötus abgestimmt sind.

Die tibetische Medizin warnt vor Alkohol, Nikotin und Koffein in der Schwangerschaft und empfiehlt dringend, den Verzehr von raffiniertem Zucker zu reduzieren.

Tibetische Frauen fahren in der Schwangerschaft fort, hart zu arbeiten, vermeiden aber zu anstrengende oder nervlich belastende Aktivitäten. Der Vater und der weitere Familienkreis sind eng am Reifungsprozess beteiligt.

Kräuter, Massage und Bäder gelten als Versorgung mit erforderlicher Nahrung; bei Übelkeit werden spezielle Kräuter verabreicht.

Die Träume in der Schwangerschaft werden als bedeutsam betrachtet und können auf spätere Lebenserfahrungen verweisen. Mit Hilfe dieser Träume können auch Lamas entdeckt werden, die sich neu inkarnieren.

Die Zeit des Heranreifens des Kindes im Mutterleib geht Woche für Woche einher mit bestimmten evolutionären Entwicklungsschritten, welche, wenn sie beachtet werden, den Eltern die Richtung für Entscheidungen weisen, mit denen sie die Entfaltung des Lebens im Schoß unterstützen können, statt sie zu behindern.

Ist die Schwangerschaft problematisch, kann ein Lama gebeten werden, eine Weissagung vorzunehmen, Rituale zu verschreiben, eine spezielle Zeremonie durchzuführen, gesegnete Pillen zu verabreichen oder andere Schritte zu unternehmen, um die Bedrohung des Wohlergehens von Kind oder Mutter abzuwenden.

Tsering

Als Tsering zum Tempel ging, verbarg ihr dickes Wolltuch fast gänzlich, dass sie im siebten Monat schwanger war. Tsering und ihr Mann Tashi waren erst kürzlich in Dharamsala eingetroffen und hielten sich eng an den traditionellen Glauben und die entsprechenden Vorbereitungen auf die Geburt. An diesem Morgen ging Tsering wie immer in den Tempel, um ihre Morgengebete zu sprechen und ihren täglichen Rundgang zu machen. Sie zog ihre Mala hervor und begann, die Gebete aufzusagen, die ihr ein Lama für die Gesundheit ihres ungeborenen Kindes empfohlen hatte. Dann drehte sie die Gebetsmühlen, die den Tempel umgaben – große, hohle, mit Ornamenten geschmückte Zylinder, in denen sich hunderte von handgeschriebenen Gebeten befinden. Ihre rechte Hand bewegte sich wie ein Schaufelrad, so dass in der Mühle Gebet auf Gebet entstand.

Als sie den Tempel betrat, kam sie in einen Raum, in dem sich Dutzende von Mönchen in kastanienbraunen Roben aufgereiht hatten und mit großer Andacht und Intensität ihre

Gesänge sangen. Sie blieb stehen und lauschte ihren tiefen, rhythmischen Stimmen, die Wellen von hallenden Klängen erzeugten. Die Mönche saßen mit gekreuzten Beinen in Reihen auf roten Kissen vor niedrigen Gebetstischen, sangen unter der Anleitung eines Gesangmeisters und wiegten sich leicht dazu. Das plötzliche metallische Klirren von Handzimbeln mischte sich unter den Gesang. Der schwere Geruch von Räucherwerk durchzog Holz, Wolle, Wände und die religiösen Gegenstände: Tankas, Statuen von Gottheiten und tibetische Texte.

Tsering fühlte sich von den Gesängen, dem Rhythmus und dem Klang der Glöckchen, Hörner, Gongs und Trommeln gestärkt und getröstet. Die verschlungenen Klangmuster gaben ihr ein Gefühl von Kraft, das sie sowohl fühlen als auch hören konnte. Die Hand schützend auf ihren Bauch gelegt, spürte sie, dass die Klänge auch ihr Baby erreichten. Sie wusste, dass sie sich in Dharamsala befand, konnte sich aber für einen Augenblick vorstellen, wieder zu Hause in Tibet zu sein. Draußen setzte sie ihren Rundgang fort und fühlte sich dabei beschützt und zutiefst wohl. Sie spürte ganz sicher, dass das Singen der Mönche und ihre eigenen Gebete eine starke positive Kraft waren und die Gesundheit ihres Babys förderten.

Die Schwangerschaft ist die reiche Zeit, in der ein Kind im Schoß seiner Mutter heranwächst. In den neun Monaten seines Heranreifens wandelt der Fötus sich, beginnend mit der Vereinigung von Ei und Samenzelle, zu einem vollständigen Wesen mit einem Geist und einem physischen Körper, der außerhalb des Schoßes leben kann. Die Verbindung zwischen Mutter und Kind verstärkt und vertieft sich, da sie täglich vierundzwanzig Stunden zusammen sind. Das Baby gewöhnt sich an die Bewegungen der Mutter, ihre Stimme, ihre Gefühle und die Liebe, die sie ihrem Schoß schickt. Umgekehrt gewöhnt auch die Mutter sich daran, das Baby zu tragen, sich um es zu kümmern, es in ihr Leben hineinzunehmen. In der tibetischen Tradition geht diese Zeit einher mit wachsender Spiritualität und besonderer Achtsamkeit für die physische Gesundheit und das Wohlergehen von Mutter und Kind.

Spirituelle Praxis in der Schwangerschaft

Als Lama beobachtete Gyatso, dass Frauen in der Schwangerschaft ein tieferes Verhältnis zur Spiritualität entwickeln. »In Zeiten innerer Zurückgezogenheit wie beim Wachsen der inneren Wahrnehmung in der Schwangerschaft«, bemerkte Gyatso, »besteht die Tendenz, sich der Spiritualität zuzuwenden. Frauen wissen, dass sie letztlich allein gebären müssen, auch wenn sie von Familie und Freunden umgeben sind. In der tibetischen Tradition gilt die spirituelle Praxis als sehr wichtig für die Gewährleistung der Sicherheit und Gesundheit der schwangeren Mutter und ihres Kindes. Wenn eine Frau schwanger ist, wird kontinuierlich spirituell praktiziert – man führt Riten und Rituale durch und rezitiert Mantras.«

Tibetische Paare bitten in dieser Zeit wie auch in jeder anderen Phase des Geburtsprozesses ihre spirituellen Leiter um Anweisung. Manchmal bringen sie Mönchen oder Nonnen Gaben dar, damit diese für sie Mantras und Gebete sprechen. Ein bekanntes Mantra ist das von Padmasambhava, das Vajra-Guru-Mantra: OM AH HUM VAJRA GURU PADMA SIDDHI HUM, (oder OM AH HUNG BENZA GURU PEMA SIDDHI HUNG, wie die Tibeter es aussprechen). Die Bedeutung eines Mantras ist komplex und es wirkt auf vielen Ebenen. Das gerade zitierte steht für den transformativen Segen des Körpers, der Rede und des Geistes sämtlicher Buddhas: diamantene Reinheit und Stärke, Weisheit, Wissen, Mitgefühl, fähige Mittel, erleuchtete Rede und die Verwirklichung der Erleuchtung.[27]

Diese Gebete kann das Paar zu Hause sprechen oder im Tempel rezitieren lassen. Die Anzahl der Mönche oder Nonnen, welche die Gebete aufsagen, ist weniger wichtig als die Tatsache, wie achtsam, innig und häufig sie gesprochen werden. Die Mönche und Nonnen singen den Text, das Mantra oder Gebet wieder und wieder, bis die Worte durch ihre Vibration ein Gefühl von Schutz und Wohlbefinden vermitteln. Wenn das Paar Schwierigkeiten hat oder die Schwangerschaft problematisch verläuft, kann es einen Lama um eine Weissagung und die Anleitung zu bestimmten Ritualen bitten. Diese Rituale gelten als Teil des Reinigungsprozesses, und man glaubt, dass sie helfen, sowohl das persönliche Karma der Mutter als auch das ihres ungeborenen Kindes zu klären. Oft richten sich die Gebete und Rituale, die den zukünftigen Eltern empfohlen werden, an die Göttin Tara: die Grüne Tara, die bereits im Kapitel über die Empfängnis vorgestellt wurde, oder die Weiße Tara, ein erleuchtetes weibliches Wesen, das Kraft und Unterstützung schenkt. Die Gebete und Rituale, die im Mönchs- oder Nonnenkloster praktiziert werden, sind länger und komplexer und erfordern eine langjährige Schulung in zahlreichen verschiedenen Fähigkeiten und Methoden, mit denen spirituelle Energie gebündelt wird.

Oft werden auch Rituale für ein langes Leben empfohlen, die meistens ein hoch verehrter durchreisender Rinpoche durchführt. Diese Zeremonien, bei der sich die Mantras auf

Klärung, Gesundheit und Langlebigkeit konzentrieren, finden meistens im größten Raum des Tempels statt, der üppig und farbenfroh mit vielen verschiedenen Brokatfahnen geschmückt wird. Auch wenn die Zeremonien von Ort zu Ort anders aussehen können, singen der Rinpoche, die Lamas und Mönche dabei jedes Mal heilige Texte, begleitet von Hörnern, Glöckchen und Trommeln. Die Besucher sämtlicher Altersstufen tragen ihre besten Kleider, und jeder Anwesende bringt eine Kata, einen weißen Seidenschal, um ihn einer nach dem anderen dem Rinpoche zu übergeben. Der Rinpoche segnet diesen Schal und vielleicht auch die Mala mit einer Berührung und einem freundlichen Lächeln und legt dem Besucher die Kata wieder um den vorgebeugten Hals, so dass sie vorne über seinem Herzen hängt. Außerdem erhält jeder Gast vom Lama oder Rinpoche ein farbenreiches gesegnetes Schutzbändchen, das um den Hals oder um den Arm getragen wird, und ein Mönch gießt gesegnetes Wasser zum Trinken in die geöffnet Hand jedes Anwesenden.

Bei tibetischen Heilungsritualen werden Skulpturen schädlicher Geister weggeworfen, damit diese keinen Schaden anrichten. Im Falle eines ungeborenen Kindes formt der Lama eine Figur des Geistes, der das Baby stört oder ihm schadet. Zuerst findet der Lama heraus, welcher Geist Probleme macht. Dann formt er, meistens aus Gerstenteig, eine kleine Statue, die ein Abbild dieses Geistes darstellen soll. Im Anschluss an das Ritual, bei dem sowohl bestimmte stilisierte Bewegungen durchgeführt als auch Schutzgesänge gesungen werden können, wird die Skulptur weggeworfen, weil man glaubt, damit das Kind oder den Patienten vor den gefährlichen Eigenschaften des Geistes schützen zu können. Bei Schwangerschaft und Geburt wird dieses Ritual manchmal in jeder einzelnen Entwicklungsphase durchgeführt, um Geister fern zu halten, die das natürliche Wachstum des Kindes stören könnten.

In manchmal Fällen kann das Familienorakel, das als göttlicher Seher oder Seherin bezeichnet werden könnte, Fragen nach dem Kind beantworten, indem es in Trance geht. Das Orakel wird von einem Klosterkomitee berufen, das prüft, ob die betreffende Person die Wahrheit kennt und anhand ihrer Zukunftsvisionen Rat geben kann.

Es ist üblich, dass ein Lama werdende Eltern anweist, Opfer zu bringen und gute Taten zu begehen, wie Tiere zu füttern oder den Armen und besonders bedürftigen Kindern Lebensmittel zu bringen. Eine Frau kann dann Lebensmittel, Süßigkeiten oder Schokolade kaufen und einen Ort aufsuchen, wo viele arme Kinder leben, um an diesem Tag für deren Mahlzeiten zu sorgen. Viele Eltern werden auch angewiesen, Vögel zu füttern. Diese Aufträge können sich in den neun Monaten immer wieder ändern, nicht um den Phasen der Schwangerschaft zu folgen, sondern um auftauchende Schwierigkeiten, astrologische Weissagungen oder andere Prophezeiungen für das Kind zu berücksichtigen, was besonders für hohe Lamas oder, in früheren Zeiten, königliche Familien galt. In diesem Falle können im Kloster spezielle Gebete gesprochen werden. Mutter und Vater wird geraten, die Rituale gemeinsam durchzuführen, weil man glaubt, dass das Kind die ihm gewidmete Aufmerksamkeit im Schoß bereits spürt. Auch der Vater wird aufgefordert, Mutter und Kind viel Liebe, Mitgefühl und Fürsorge zukommen zu lassen.

Ernährung in der Schwangerschaft

Wie bei der Geburtsvorsorge in westlichen Ländern legen auch die Tibeter wert auf die richtige Ernährung der werdenden Mutter in der Schwangerschaft. Die westliche Medizinwelt entdeckt in zunehmendem Maße, wie entscheidend die Ernährung der Frau in der Schwangerschaft für die lebenslange Gesundheit des ungeborenen Kindes ist.[28] Da Mutter und Kind über die Nabelschnur miteinander verbunden sind, ist es nur logisch, dass alles, was die Mutter zu sich nimmt, auf direktem Weg auch das Kind erreicht: ein klarer Fall von Ursache und Wirkung. Diese Auffassung ist in der tibetischen Tradition und Literatur seit Jahrhunderten reflektiert worden, und moderne westliche Warnungen vor Alkohol, Koffein, Nikotin und Zucker zeigen verblüffende Parallelen zu dieser tibetischen Weisheit.

Die tibetische Einstellung zur Ernährung in der Schwangerschaft beruht auf der Überzeugung, dass die Vorbereitung auf die Geburt ein natürlicher Prozess ist und keine spezielle medizinische Versorgung erfordert. Meistens geben tibetische Hebammen und Ärzte aber grundlegende Anweisungen für die Ernährung, die in der Mehrzahl tibetischer Haushalte Allgemeinwissen sind. Die tibetischen Ernährungsempfehlungen sind auf das jeweilige Reifestadium des Kindes abgestimmt. In den ersten sechs Wochen werden sämtliche Lebensmittel reduziert, die eine abführende Wirkung haben können. Frauen werden gewarnt, nichts zu essen, was sehr säurehaltig, gegoren oder stark gewürzt ist. Joghurt zum Beispiel wird empfohlen, aber von fermentiertem Käse wird abgeraten.

Von Alkohol oder anderen fermentierten Lebensmitteln

soll die werdende Mutter sich fern halten. Diese Nahrungsmittel gelten als giftig, weil sie zu Gärung führen und damit
ungesunde Bakterien erzeugen können. Selbst in uralten tibetischen Texten wird warnend darauf hingewiesen, dass
Schnaps schädlich für einen heranwachsenden Fötus ist. Hier
heißt es, eine schwangere Frau solle überhaupt keinen Alkohol trinken, da das den empfindsamen Entwicklungsprozess
des Kindes negativ beeinflussen könne.

Einige alte tibetische Traditionen raten der werdenden
Mutter, kleinere Mengen von Alkohol zu trinken. Manche
Frauen trinken vom Beginn ihrer Schwangerschaft an bis
kurz nach der Geburt regelmäßig kleine Mengen Whiskey
oder Rum, manchmal mit heißer Butter vermischt, weil sie
glauben, dass dadurch der Uterus schneller heilt. Aber für die
meisten heutigen tibetischen Frauen sind die potentiellen
Vorteile dieses Brauches für die Heilung des Uterus nicht so
stark, dass sie ihr Baby Risiken aussetzen.

Auch von Koffein wird abgeraten. Interessant ist hier wiederum die Parallele zu modernen Untersuchungen, welche
belegen, dass die schädlichen Auswirkungen von Koffein auf
ungeborene Babys doppelt so stark sind wie bei Erwachsenen. Auch von einem übermäßigem Verzehr von raffiniertem
Zucker wird abgeraten. Süßes soll in Form von Obst und Honig zu sich genommen werden. Ganz kalte Nahrung sowie
unbearbeitete Lebensmittel mit zu viel Ballaststoffen sind
ebenfalls ungünstig, da beides sehr schwer verdaulich ist. Der
werdenden Mutter wird außerdem geraten, schweres, fetti-
ges Essen wie Schweinefleisch und Würstchen, die aus dem
Darm von Tieren hergestellt werden, zu meiden.

Dr. Dolma schreibt über die 18. Schwangerschaftswoche:
»Die Mutter hält sich an eine bestimmte Diät, damit das Kind

eine schöne äußere Gestalt bekommt. Gewürze, die im Mund brennen, wie Chili und schwarzen Pfeffer, sollte sie nur wenig oder gar nicht zu sich nehmen, was auch für weitere Nahrungsmittel gilt, die Hitze erzeugen. Von den kalten Speisen sollte sie auf Buttermilch und Molke verzichten. Sie sollte keinerlei künstlich produzierte Lebensmittel zu sich nehmen. In dieser Zeit bilden sich Fleisch und Fett des Kindes heraus, es ist also sehr wichtig, was die Mutter isst. Viele Babys werden mit schuppiger Haut geboren, die der Haut von Schlangen oder Fischen gleicht; der Grund dafür ist, dass die Mutter in dieser für das Heranreifen des Kindes wichtigen Zeit nicht auf richtige Ernährung geachtet hat.« Es heißt, dass die Haut die Muskeln, das Lymphsystem, die Sehnen und Gelenke in den ersten 20 Wochen überzieht, und dass das Haar in der 23. Woche zu wachsen beginnt.

In den späteren Wochen der Schwangerschaft kann es sein, dass der Körper einer Frau bestimmte Nahrungsmittel instinktiv zurückweist. Frisch zubereitete Nahrungsmittel werden empfohlen, aber die Tibeter verarbeiten sie meistens zu Suppen. Von schweren Getreide- und Bohnensorten wird abgeraten. Diese sind sehr fest und deswegen schwer zu verdauen oder aufzuschlüsseln. Wenn die Mutter schweres Essen verzehrt, so glaubt man, nimmt die zusätzliche Anstrengung beim Verdauen dem Fötus Energie. Folglich besteht die tibetische Diät in den letzten Monaten der Schwangerschaft aus vielen herzhaften Suppen mit Huhn, Gemüse und leichtem Getreide wie Gerste.

Die tibetische Tradition beschäftigt sich auch damit, dass Frauen in der Schwangerschaft oft ein heftiges Verlangen nach bestimmten Speisen haben. Zu Beginn der Schwangerschaft haben sie oft Appetit auf bittere, saure Speisen, und man ermutigt sie darin, dem nachzugeben. Man glaubt, dass bitter schmeckende Lebensmittel und Kräuter in den ersten Monaten der Schwangerschaft eine wohltuende Wirkung haben. Diese Tradition hat eine biologische Grundlage. Was die Tibeter als (auf der Gallenflüssigkeit beruhendes) System der Hitze betrachten, ist ihrer Meinung nach in den ersten Phasen der Schwangerschaft aktiver. Das kann zu Kopfschmerzen oder Übelkeit führen, so dass Nahrungsmittel, die einen kühlenden Effekt haben, wie Saures oder Bitteres, ausgleichend wirken und das morgendliche Erbrechen in den ersten drei Monaten vermindern oder ganz unterbinden können.

Körperliche Aktivität während der Schwangerschaft

Auch wenn körperliche Bewegung in der Schwangerschaft empfohlen wird, rät man von Aktivitäten ab, die zu anstrengend oder belastend sind. Wenn das Kind sich heranbildet und die Frau das Gewicht des Fötus zu spüren beginnt, wird Massage empfohlen, vor allem mit Sesamöl. Massage gilt ebenso als Nahrung wie regelmäßige Bäder. Auch Sauberkeit als eine Form von Reinigung wird für wichtig gehalten und man rät der Frau, sich so sauber wie möglich zu halten und häufig zu baden.

Die werdende Mutter, so heißt es, solle sich in der ganzen Schwangerschaft mäßig bewegen und vor allem viel gehen. Wie oft in der tibetischen Tradition, vereint auch diese Aktivität körperliche, emotionale und spirituelle Aspekte. Werdende Mütter verschaffen sich oft bei ihren Rundgängen um einen Tempel körperliche Bewegung. Und selbst eine Warnung wie die, schwere Gegenstände zu heben, wird mit dem Hinweis verbunden, negative Gedanken und Gespräche sowie Ärger oder starke Erregung zu vermeiden.

Entwicklungsstadien des Fötus

Alte und moderne tibetische Texte beschreiben spezifische Stadien in der Entwicklung des Fötus. Es gibt verblüffende Übereinstimmungen zwischen diesen uralten medizinischen Lehren und den westlichen medizinischen Definitionen dieser Phasen.

Das Buch *Illustrated Principles and Practices of Tibetan Medicine,* das aus dem elften Jahrhundert stammt, ist wahrscheinlich der älteste Text der Welt, in dem das Heranreifen des Kindes mit medizinischen Begriffen beschrieben wird.[29] In typisch tibetischem Stil sind die Blätter dieses Buches lose und nicht gebunden. Die Illustrationen sind wie Tankas gemalt, bis ins kleines Detail ausgeführt und hoch stilisiert. Das Buch wurde in tibetischer Schrift geschrieben, und Lobsang Rapgay hat den Text für mich übersetzt.

Die drei Wachstumsstadien

Der Text über menschliche Embryologie beginnt mit einer Beschreibung der drei Stadien menschlichen Wachstums im Mutterleib: der Fischphase, der Schildkrötenphase und der Schweinphase. Historiker sagen, dieser Text zeige, dass die Existenz dieser drei Evolutionsprozesse bereits im elften Jahrhundert nachgewiesen wurde. Interessanterweise sprechen auch die westlichen Geburtshelfer des zwanzigsten Jahrhunderts von der ersten, zweiten und dritten Dreimonatsphase der Schwangerschaft.

Spätere tibetische Texte stimmen damit überein. Dr. Dolma greift in ihren *Lectures on Tibetan Medicine* den Gedanken auf, dass das Heranwachsen des Fötus' in drei grundlegenden evolutionären Stadien verlaufe. Und Namkhai Norbu beschreibt diese drei Phasen in seinem Buch *On Birth and Life: A Treatise on Tibetan Medicine* ebenfalls.

Norbu stellt diese drei Phasen präzise dar, indem er die physischen und spirituellen Aspekte der Übergänge als Synthese beschreibt. In seinem Text heißt es, dass sich Samenfaden und Eizelle in der ersten Nacht nach der Empfängnis zwar vereinen, aber noch nicht miteinander verschmolzen sind. Sie gleichen zwei Erbsen in einer Schote. Zwischen den beiden finden die Lebensenergie und der Geist des ungeborenen Kindes sicheren Halt. Kurz darauf verweben die Lebensenergie und der Geist sich mit ihren männlichen und weiblichen Ursprüngen. Diese Vereinigung zeigt sich als feines Lebensnetz oder -faden, das die Grundlage für das weitere Wachstum bildet. Ist dieser Lebensfaden straff gespannt, weist er auf ein langes Leben hin; hängt er nach rechts oder links durch, kann das Leben schnell abbrechen. Hängt er nach unten, lebt das Kind nur kurz. In den ersten sechs Tagen wird die Entwicklung des Embryos durch die Verschmelzung der männlichen und weiblichen Elemente gefördert. Insgesamt braucht der Embryo vier Wochen, um Gestalt anzunehmen, und weitere neun Wochen, um das erste Stadium seiner Entwicklung abzuschließen.[30] Diese ersten dreizehn Wochen des Heranreifens, in denen der Embryo einem Fisch gleicht, werden als Fischphase bezeichnet.

Nach drei Monaten, so Namkhai Norbu, hat der Bauch der Mutter an Umfang zugenommen. Etwa im fünften Monat befindet sich der untere Teil des Uterus ungefähr einen Finger breit unter dem Nabel. In dieser Phase formen sich die Öffnungen des sich entwickelnden kindlichen Körpers und die Gliedmaßen strecken sich wie die einer Schildkröte. Deswegen spricht man hier von der Schildkrötenphase.

Ungefähr sechs Monate nach der Empfängnis befindet sich der untere Bereich des Uterus etwa einen Finger breit über dem Nabel und schiebt sich Monat für Monat höher. Etwa im neunten Monat ist der Uterus zwei Finger breit unter dem Brustbein angekommen. Im neunten Monat senkt sich der Uterus einen oder zwei Finger breit und scheint sich etwas zu vergrößern. In dieser Phase hat der Fötus seine endgültige Gestalt angenommen und an Kopf und Körper sind ihm Haare gewachsen. Diese letzte Phase bezeichnet man als Schweinphase.

39 Wochen der Entwicklung: Die traditionelle Version

Das Buch *Illustrated Principles and Practices* vermittelt präzise, wie sich der Fötus nach tibetischer Sicht Woche für Woche entwickelt.

Die Entwicklung in der ersten Woche wird auf einer Tanka dargestellt, auf der die Elementarkräfte abgebildet sind, die den Fötus formen: Gallenflüssigkeit, Wasser und die Elemente – Erde, Wasser, Feuer, Luft und Raum. Mutter und Vater, Eizelle und Samenfaden verschmelzen in dieser Zeit und wirken aufeinander ein.

In der zweiten Woche hat der Embryo eine runde Form, und etwa in der fünften Woche verbindet sich sein Nabel deutlich wahrnehmbar mit dem Nabel der Mutter, und der Fötus beginnt sichtbar zu werden. In der sechsten Woche bildet sich das Rückenmark. Auf der entsprechenden Tanka sind die Sinnesorgane, die Augen und der Kopf kaum zu sehen.

In der achten Woche nimmt der Kopf Gestalt an. Und in der neunten Woche formen sich Magen und Oberkörper. Hier handelt es sich immer noch um die Fischphase oder auch erste Phase der Evolution, in der der Fötus einem Meeresgeschöpf gleicht. Etwa in der zehnten Woche haben sich Schultern und Hüften ausbildet. Und in der elften Woche haben sich die neun Körperöffnungen – Augen, Ohren, Nase, Genitalien und Mund – entwickelt.

In der zwölften Woche beginnen sich die fünf Organe zu formen: das Herz, die Lungen, die Leber, die Milz und die beiden Nieren. Ab der dreizehnten Woche wachsen die sechs Hohlorgane heran: Magen, Dickdarm und Dünndarm, Gallenblase, Uterus beim Mädchen oder Hoden beim Jungen und die Blase.

Zu Beginn der Schildkrötenphase in der vierzehnten Woche beginnen sich Oberschenkel, Unterschenkel und die anderen Extremitäten auszubilden. In der fünfzehnten Woche zeigen sich allmählich Finger und Fingernägel. In der sechzehnten Woche beginnt das Nervensystem Form anzunehmen. Dadurch wird es dem Fötus möglich, die innere Arbeit seiner Organe mit dem äußeren Körpererleben zu verbinden. Die Muskeln bilden sich in der achtzehnten Woche. Und in der neunzehnten Woche wachsen das Lymphsystem sowie Sehnen und Bänder.

In der 21. Woche wird die Haut so kräftig, dass sie den Körper schützen kann; davor ist sie sehr zart. Zu diesem Zeitpunkt sind auch Ohren und Nase, die sich schon vorher entwickelt haben, ganz offen. Und die Poren beginnen sich ebenfalls zu öffnen.

Die letzte Phase in der Evolution des Fötus ist die Schweinphase. Die 25. Woche ist besonders wichtig, weil jetzt die Atmung einsetzt. An diesem Punkt warnt der Text werdende Mütter, sich nicht auf den Bauch zu legen, da dadurch Nase und Mund des Kindes eingedrückt werden können. Wenn die Mutter auf den Knien ruht und sich dann nach vorne beugt, können die Sinnesorgane des Babys verletzt werden. Und wenn die Mutter ihre Beine ungeschickt beugt, drückt das auf die Arme des Kindes, so dass diese brechen oder seinen Mund oder seine Nase verschließen können.

In der 26. und 27. Woche setzt das Denken ein, und das Baby kann bis zu einem gewissen Grad Dinge spüren und interpretieren. Von der 27. bis zur 30. Woche werden die Sinnesorgane schärfer. Zwischen der 31. und der 35. Woche beginnen sämtliche Funktionen zu arbeiten.

Ungefähr in der 36. Woche erlebt der Organismus Emotionen wie Kummer und Unzufriedenheit, und in der 37. Woche empfindet er so etwas wie Abstoßung. An diesem Punkt beginnt das Baby den Wunsch zu spüren, dem Schoß zu entkommen. Die 37. bis 39. Woche sind die letzte Phase. Der Fötus bereitet sich darauf vor, den Mutterleib zu verlassen.

39 Wochen der Entwicklung:
Die moderne Version

Dr. Lobsang Dolma beschreibt in ihrer Sammlung von Essays mit dem Titel *Lectures on Tibetan Medicine* ebenfalls die Entwicklungsphasen des Fötus. Es ist interessant, dass die moderne tibetische Sicht viele Ähnlichkeiten mit den Beschreibungen der alten tibetischen Texte aufweist.

Dr. Dolma schreibt, dass in der ersten Woche nach der Empfängnis das Rlung – der Wind, die Luft oder der Atem, welche Lebensenergie enthalten – auf den Fötus einwirkt.[31] Das Rlung ist der lebenserhaltende energetische Strom, der für sämtliche natürlichen Abläufe in menschlichen Wesen verantwortlich ist. Die Funktion des Rlung besteht darin, die fünf Elemente, die subtilen Energien der Mutter in der Eizelle und die des Vaters im Samen vollständig zu vereinen und dem heranwachsenden Körper des Embryos Festigkeit zu verleihen.

Ungefähr in der dritten Woche tritt ein Rlung mit dem Namen »Schatzkammer der Lebensenergie« in Aktion, und der Körper des Embryos wird noch fester. In der vierten Woche setzt sich dieser Prozess der Kräftigung fort. Zu diesem Zeitpunkt beginnt der Bauch der Mutter, der bereits stark angewachsen ist, wieder kleiner zu werden. Hier wirkt dasselbe Rlung wie zuvor, jetzt aber intensiver. Der Bauch der Mutter wölbt sich in der Mitte und weicht an den Seiten zurück. Der Grund dafür ist, das der Embryo in die Länge gewachsen ist und vertikal im Uterus liegt.

In der fünften Woche ist der Embryo noch fester geworden, der Prozess gleicht dem Wachsen von Holz. Er krümmt sich nicht mehr so stark zusammen. Auch wenn seine Geschlechtsorgane noch nicht ausgebildet sind, existiert an diesem Punkt bereits die sexuelle Kraft oder Energie, die ihm ein männliches oder weibliches Geschlechtsorgan verleiht. Diese Phase heißt »Die Festigkeit verändert sich jetzt«, denn jetzt bilden sich die Kanäle, Venen und verschiedenen Hohlräume im Organismus.

Von jetzt an entwickeln sich Woche für Woche neue Elemente wie zum Beispiel neue Kanäle, neue Venen und verschiedene Rlung-Kräfte. Dr. Dolma erklärt, das Erste, was sich vom Körper entwickelt, sei der Nabel. Vom Nabel ausgehend wachsen drei Hauptkanäle. Dabei handelt es sich um den Kanal des Lebens (die Grundlage des Bewusstseins), den Kanal der Luft oder des Atems und den Kanal der Stärke.

In der siebten Woche wächst der Hauptkanal oder zentrale Kanal nach oben, und sechzehn Fötusfinger breit oberhalb des Nabels nimmt das Herz Gestalt an. Auf der Ebene des Herzens bildet sich dann ein Zentrum von Kanälen, welches als »Dharmachakra« oder »Rad des Dharma« bezeichnet wird. Dieses entspricht dem achten Rückenwirbel des Kindes.

Der zentrale Kanal wächst weiter nach oben, und auf der Höhe des ersten Wirbels erreicht er die Kehle. Hier entwickelt sich dann ein Zentrum von Kanälen, das als »Rad der Freude« bezeichnet wird. Der zentrale Kanal fährt fort, nach oben zu wachsen, bis er die Krone des Kopfes erreicht. Hier formt er ein weiteres Rad von Kanälen, das »Rad der großen Glückseligkeit«. Sobald dieses Rad existiert, beginnen die fünf Sinnesorgane Gestalt anzunehmen.

In der neunten und zehnten Woche können Oberkörper und Unterkörper allmählich unterschieden werden, auch wenn die Gliedmaßen noch nicht entwickelt sind. In der neunten Woche bilden sich die Schultern und sind ebenso ausgeprägt wie die Hüften. Schulter- und Hüftknochen nehmen ihre typische Form an. Zu diesem Zeitpunkt sieht der Fötus immer noch wie ein Fisch aus. In der elften Woche beginnen sich die Öffnungen der Organe herauszubilden.

An diesem Punkt formen sich sämtliche Venen und Nerven, die sowohl die inneren Organe als auch die Organe, die sich am dichtesten unter der Körperoberfläche befinden, miteinander verbinden. Bislang hat der Fötus noch kein Bewusstsein von seinem Körper. Aber in der 17. Woche wird das Nabel-Rlung aktiv, und damit beginnt das Kind seinen eigenen Körper zu erleben. Das Rlung bewirkt das Wachsen von Venen, die Magen und Leber verbinden, so dass die Leber Grundnahrungsmittel verarbeiten kann. Dann bilden sich die Milz und andere Gefäße, die der Blutreinigung dienen. Jetzt gleicht das Gesicht des Kindes dem einer Schildkröte.

In der 18. Woche beginnt das Rlung zu arbeiten, das als »Makellose Lebenskraft« bezeichnet wird. Dieses Rlung ist absolut rein und enthält keinerlei Gifte. Etwa um diese Zeit sollte die Mutter – wie bereits früher erwähnt wurde – besonders darauf achten, mit ihrer Ernährung positiv auf die Entwicklung von Fleisch, Haut und Haar des Kindes einzuwirken.

Das Rlung, das in der 19. Wochen in Aktion tritt, heißt »Extreme Lebensenergie«. Es ist nicht stofflich und damit auch nicht greifbar. Dank seiner Existenz sind die verschiedenen Körperteile imstande, spezielle Aufgaben zu erfüllen, wie die Zunge zu bewegen, Speichel zu produzieren und anderes mehr.

In der 20. Woche beginnt die »Extrem feste Energie« die Knochen zu festigen, die bislang relativ weich waren. In den

Knochen beginnt sich das Knochenmark zu bilden. Vier Arten von Knochen entwickeln sich: die langen Knochen wie Oberschenkel- und Armknochen, die Rippen, die runden Gelenkknochen und die runden Knochen im Körperraum wie der Schädel, die Schulterblätter und die Kniescheiben.

In der 22. Woche beginnt der Wind mit dem Namen »Unbesiegbare Lebensenergie« zu arbeiten. Blut und Wasser beginnen zu zirkulieren und beim weiblichen Fötus tritt Menstruationsblut aus. Die Sinnesorgane, wie zum Beispiel die Augen, nehmen ihre endgültige Form an. Wir können jetzt die Augäpfel, die Farbe der Augen und die Iris sehen. In der 23. Woche tritt dann die »Lebensenergie des festen Zugreifens« in Aktion. Das Haar beginnt überall zu wachsen und die Nägel werden hart.

Zu dieser Zeit kann es sein, dass die Mutter zu viel Magensäure hat und an Sodbrennen leidet. Aber das ist kein krankhaftes Phänomen, sondern lediglich eine Folge des Wachstums des Fötus. Sucht die Mutter in dieser Phase einen Arzt auf, kann er ihr sagen, dass ihr Schleim nicht in Ordnung ist, und ihr ein Mittel verschreiben, das die Körpertemperatur erhöhen soll. Das wäre für das Kind jedoch schädlich, da dadurch das Wachstum seiner Haare gehemmt wird.

In der 24. Woche bewirkt das Rlung mit dem Namen »Ständig wandernde Lebensenergie«, dass der Fötus zu sämtlichen inneren Organen Gefühle entwickelt. Er nimmt die Auswirkungen des mütterlichen Verhaltens deutlicher wahr. Wenn die Mutter heftig auf die Füße springt, kann der Fötus Angst bekommen. Liegt sie auf dem Bauch oder drückt zu heftig in die Seiten des Bauches, kann das Kind an bestimmten Organen Schmerzen empfinden. Die Mutter sollte sich achtsam verhalten, damit der Fötus nicht verletzt wird oder seine Leber und die Augen keinen Schaden erleiden. An diesem Punkt ist es besonders wichtig, dass sie keine Drogen wie Wein, Bier oder Schnaps zu sich nimmt.

In der 26. Woche beginnt die »Energie aus früheren Leben« zu wirken. Die Wahrnehmung des Kindes wird klarer und es kann sich an frühere Leben erinnern. Es kann sehen, ob es ein reines oder ein gewöhnliches Wesen war und wie seine früheren Geburten verliefen. Und von der 27. zur 30. Woche entwickeln sich sämtliche Sinnesorgane, die bereits arbeiten, weiter und bilden sich vollständig aus.

In diesen vier Wochen arbeiten drei unterschiedliche Rlungs zusammen: die Lebensenergie, die Blumengirlanden-Lebensenergie und die Eisentor-Lebensenergie. Das Zusammenspiel dieser drei Kräfte fördert das weitere Wachstum der Körperkanäle – Venen, Nerven und Arterien, vor allem der fünf Hauptvenen im Herzen. Deswegen wird das Kind auch beweglicher und kann Arme und Beine strecken.

Von der 30. bis zur 35. Woche beginnen das Befinden von Mutter und Kind voneinander abzuweichen. Manchmal ist die Mutter gesund und das Kind krank, oder dem Kind geht es gut, und die Mutter fühlt sich nicht wohl. Mutter und Kind beginnen, verschiedene Erfahrungen zu machen.[32] Zu diesem Zeitpunkt ist das Kind bereits ganz ausgewachsen.

In der 36. Woche fängt das Kind an, den Schoß eher als schmutzige Umgebung statt als nährendes Zuhause zu empfinden. An diesem Punkt nimmt das Kind fünf Dinge wahr, die es in seinem Wunsch bestärken, geboren zu werden und damit seiner Umgebung zu entkommen: erstens die Schmutzigkeit seiner Umgebung; zweitens einen fauligen Geruch; drittens die Dunkelheit, die es umgibt und ihm das Gefühl vermittelt, eingesperrt zu sein; und viertens ein Gefühl von

Unwohlsein. Als fünftes empfindet es Unzufriedenheit; das Kind fühlt sich nicht glücklich. Das ungeborene Baby bringt den Wunsch, den Schoß verlassen zu wollen, zum Ausdruck, indem es mit den Armen rudert und den ganzen Körper bewegt. Zu dieser Zeit sollte sich die Mutter regelmäßig von einer Hebamme oder einem Arzt untersuchen lassen.

Das wachsende Bedürfnis des Kindes, dem Mutterleib zu entkommen, bereitet den Weg dafür, den Ort, an dem es so viele Wochen gewachsen ist und sich entwickelt hat, hinter sich zu lassen. Die Geburt ist der nächste natürliche Schritt für das Kind und nicht die schmerzliche Trennung von der Wärme und Sicherheit des Schoßes, als die sie so oft beschrieben wird.

Es gibt einige Unterschiede zwischen *Illustrated Principles and Practices* aus dem elften Jahrhundert und Dr. Dolmas Buch aus dem zwanzigsten Jahrhundert: In den alten Texten finden wir Illustrationen, die die schriftlichen Darstellungen ergänzen, während Dr. Dolmas Text keine Abbildungen enthält. Trotzdem gleichen sich beide Darstellungen des Woche um Woche fortschreitenden Wachstums des Kindes sehr stark. In beiden Texten werden die Umstände zu dem Zeitpunkt, an dem das Kind den Schoß verlassen möchte, ähnlich geschildert. Zu dieser Zeit spürt der Fötus bereits, dass er den Mutterleib hinter sich lassen will und mehr Bewegungsspielraum braucht. Die Trennung ist leicht. Sowohl die Mutter als auch das Baby wünschen die Geburt und den Beginn der nächsten Phase herbei.

Bestimmung des Geschlechtes

Laut tibetischer Tradition gibt es bestimmte Anzeichen, die auf das Geschlecht des Babys hinweisen. Liegt die linke Seite des Magens der Mutter in der Schwangerschaft höher, weist das auf ein Mädchen hin. Ist das Baby ein Junge, verlagert sich die rechte Magenseite nach oben, die Milch kommt aus der rechten Brust und die Mutter lehnt sich im Sitzen oder Stehen gern rechts an. Auch wenn die Ausbuchtung des mütterlichen Magens ziemlich hoch liegt und stark ausgeprägt ist, ihr Körper sich leicht anfühlt und sie von der Geburt eines Jungen träumt, heißt es, dass sie einen Sohn bekommen wird. Träume von Pferden und Elefanten oder Begegnungen mit Männern weisen ebenfalls darauf hin, dass das Kind ein Junge ist.

Die Tankas in *Illustrated Principles and Practices* zeigen, dass der Fötus, wenn er überwiegend rechts liegt, ein Junge ist, liegt er dagegen links, ein Mädchen. Liegt er in der Mitte, werden Zwillinge erwartet.

Volkskundliche Geschichten über die Geburt

Der Buchladen in der Library of Tibetan Works and Archives in Dharamsala ist eine gute Bezugsquelle für neu erschienene Bücher, die sich mit den verschiedenen Aspekten tibetischer Kultur und Philosophie beschäftigen. Als ich Dharamsala besuchte, führte Norbu Chophel Kharitsang den Laden, ein Volkskundler und Gelehrter der alten Kultur, der zwei Bücher über traditionelle Sitten, Volkskunde und Aberglauben veröffentlicht hat. Er hat viele ältere Tibeter in der

Umgebung und in tibetischen Siedlungen interviewt, um die alten Anschauungen festzuhalten, bevor sie verloren gehen oder verblassen. Norbu fand heraus, dass das Ereignis der Geburt eines Kindes ein Licht auf viele tibetische Einstellungen und Sitten und damit auf die gesamte Kultur wirft. Einige der wichtigsten und am meisten verbreiteten tibetischen Überzeugungen kreisen um das zentrale Ereignis der Kindsgeburt.[33]

»In der tibetischen Tradition existiert, was Geburten betrifft, viel Aberglauben«, berichtete er. »So braucht das Kind im Normalfall neun Monate und zehn Tage, um heranzureifen. Manche Tibeter glauben aber, dass eine schwangere Frau, die unter ein Pferd oder auch nur den Schatten eines Pferdes gerät, Ta-dip erlebt, rTa-Grib ausgesprochen: rTa bedeutet Pferd und Grib ist eine Art Vergiftung, eine unsichtbare Dunkelheit. Solch eine Frau ist zwölf Monate schwanger, so lange, wie ein Fohlen im Mutterleib reift.«

Norbu kann eine ganze Reihe von traditionellen Anschauungen und abergläubischen Geschichten erzählen. Er hat von Fällen gelesen, in denen das Kind nach einem Donnerschlag im Mutterleib verschwunden ist. Einige Tibeter glauben, dass Donner für die Schreie eines Drachens steht, der das Kind aus dem Schoß raubt. Manche sind davon überzeugt, dass es verschiedene Möglichkeiten gibt, das Geschlecht des Kindes im Mutterleib zu bestimmen. Ein Weg ist, die Hilfe eines reinkarnierten Lamas zu suchen und dessen Hellsichtigkeit und Weissagekräfte in Anspruch zu nehmen. Oder die Mutter kann das Geschlecht daran ablesen, ob und wann sie Blut verliert. Geschieht das vor der Entbindung, ist der Fötus ein Junge. Verliert sie vorher kein Blut, trägt sie ein Mädchen aus. Das Blut, das sie ausstößt, heißt gDung-Khrag, was so viel bedeutet wie Abstammungsblut. Dieses Wort besagt, dass die Abstammungslinie einer Familie abbricht, wenn es keine männlichen Nachfolger gibt. (Wie in vielen anderen Kulturen auch, ist der Familienstammbaum in der tibetischen Gesellschaft patrilinear und wird durch die Söhne weitergegeben.) Die traditionelle Volkskunde geht davon aus, dass eine Schwangerschaft in Träumen vorausgesagt werden kann. Träumt eine Frau von Schlangen oder Fröschen, ist sie schwanger. Schlangen sind eindeutige Symbole für Fruchtbarkeit. Eine Frau, die von einer Schlange träumt, träumt also von ihrer eigenen Fruchtbarkeit und speziell von ihrer Schwangerschaft.

Träume in der Schwangerschaft

Die tibetische Tradition geht davon aus, dass Träume in der Schwangerschaft wichtige Hinweise auf die Gesundheit und die Persönlichkeit des Babys geben können. Es ist jedoch oft schwierig, diese Träume zu interpretieren und herauszufinden, ob sie sich wirklich auf das Baby beziehen. Bei vielen Träumen glaubt man, dass sie mit dem ungeborenen Kind zusammenhängen. Steht dem Kind ein gutes Schicksal bevor, so heißt es, haben die Eltern, vor allem die Mutter, häufig in der zweiten Hälfte der Nacht viel versprechende Träume, und die Mutter empfindet eine bislang unbekannte Freude. Meistens handeln diese Träume vom Ernten und Essen von Früchten; von bestimmten glücksverheißenden Gegenständen wie weißen Muscheln; vom Tragen schöner Juwelen oder Kleider; vom Sehen und Empfangen von Darstellungen des Körpers, der Rede und des Geistes erleuchteter Menschen, Buddhas und Bodhisattvas; von Sonnenaufgängen oder Tagesanbrüchen; und vom Spielen von Musikinstrumenten.

Laut tibetischer Tradition kann man diese Träume oft ganz einfach als günstig oder ungünstig deuten. Trägt eine Frau zum Beispiel ein besonderes Baby wie einen reinkarnierten Lehrer oder Rinpoche aus, kann sie verheißungsvolle Träume haben. Steht dem Kind kein glückliches Leben bevor, haben die Eltern schlechte Träume: Vielleicht träumen sie vom Sturz von einer Klippe, von Sonnenuntergang, von Dunkelheit, vom Wandern ohne Zierrat und Schmuck in einer öden, wüstenähnlichen Ebene, von Streitereien, vom Weinen oder von Wasser, das sie fortträgt. Auch kann die Mutter ohne jeden äußeren Anlass unglücklich oder deprimiert sein. Im Falle ungünstiger Träume können die Eltern oder die Mutter einen Lama aufsuchen, der dann eine Weissagung macht und Anweisungen für bestimmte Rituale oder Gebete gibt. Damit kann potentiell negativen Kräften entgegengewirkt werden.

Der Glaube an die Bedeutung von Träumen ist in der tibetischen Gemeinde in Dharamsala stark verbreitet. Lhamo, Palmo und Tsering können sich an viele Träume in der Schwangerschaft genau erinnern, und zwar sowohl viel versprechende als auch ungünstige.

Lhamo hatte beim Austragen zweier ihrer Kinder ungewöhnliche, prophetische Träume. »Bei diesem Kleinen hier, Lhakpa, träumte ich oft von meinem spirituellen Lehrer. Meistens fragte er mich: ›Wie geht es dir? Rezitierst du deine Mantras und praktizierst?‹ Ich bejahte, und er ermutigte mich, weiterzumachen. Dieses Thema tauchte in meinen Träumen immer wieder auf. Und als meine Schwester schwanger war, träumte ich oft von Früchten. Ich wusste gar nicht, dass sie schwanger war, aber als ich diesen Traum hatte, in dem ich anderen Früchte anbot, wachte ich auf und erzählte meinem Mann, meine Schwester sei sicher schwanger. Wenn du im Traum anderen Früchte oder Eier anbietest, steht das für Besitz, und du weißt, dass ein Baby unterwegs ist, das eine Beziehung zu dir hat. Kurz darauf erhielt ich einen Brief von meiner Schwester, in dem sie mir schrieb, sie sei schwanger. Da dachte ich, vielleicht stimmen diese Träume. Oft ist das der Fall.

Bei meinem ersten Baby träumte ich, ich hätte zwei Ehemänner, zwei Dorjes. Ich wachte auf und erzählte meinem Mann, dass jemand zu uns kommen würde, weil ich ihn doppelt geträumt hatte. Und ich glaubte, ich würde einen Jungen bekommen. Noch einen Dorje. Trotzdem war ich überrascht, als das auch eintraf! Bis zu diesem Punkt hatte ich gedacht, das Kind sei ein Mädchen. Tatsächlich hatte Dorje von Schlangen geträumt, und deshalb wusste ich, dass ich mit diesem Baby schwanger war. Dorje träumte, dass zwischen uns eine große Schlange lag, und ihm wurde ganz warm. Eines Nachts versuchte er, die Schlange in seinem Traum zu erschlagen, und dabei streifte er mich versehentlich. Ich wachte auf, und er sagte, er habe versucht, die Schlange zu töten, von der er geträumt habe. Diesen Traum hatte er zweimal. In einem der Träume biss die Schlange ihn in den Zeh. Ich sagte zu Dorje, wahrscheinlich sind Geister unterwegs oder ich bin schwanger. Und etwas später ging ich ins Delek Hospital, um einen Test zu machen. Dort sagte man mir, ich sei im dritten Monat schwanger. Das hieß, als ich den Traum hatte, war ich im zweiten Monat schwanger. Aufgrund des Traumes kam ich überhaupt erst auf die Idee, ich könnte schwanger sein – vor allem, weil die Schlange ihn biss und ihm ganz warm wurde.«

Auch Tsering hatte in ihrer Schwangerschaft aufschlussreiche Träume: »Als ich in Tibet mit meiner Tochter schwanger war, dem Kind, das in Lhasa im Kreuzfeuer umkam, hatte ich vorher entsprechende Träume. Und später, sie war gerade sieben, befand sie sich genau zur falschen Zeit auf dem Hauptplatz in Lhasa und wurde von einer chinesischen Kugel getroffen. Wir glaubten an einen bösen Unfall und fragten uns, welches Karma dafür verantwortlich sei, dass ihr das passierte. Aber heute kann ich mich daran erinnern, dass ich schlecht geträumt habe, als ich mit ihr schwanger war. Zu der Zeit dachte ich, das seien einfach Alpträume, aber wenn ich jetzt zurückdenke, waren es schlechte Vorzeichen.

Aber mit diesem Baby«, sagte Tsering und ließ die Hand auf ihrem gewölbten Bauch ruhen, »habe ich die vielversprechendsten Träume! Letzte Woche habe ich von einer ganzen Tafel voller Früchte geträumt! Und als ich erfuhr, dass ich schwanger bin, hatte ich einen sehr lebhaften Traum, in dem ich mich in einem wundervollen Raum befand, schön eingerichtet und warm. Ich wurde da richtig reingelockt. Und ich lud jemanden ein, mich in diesem schönen Raum zu besuchen: Ich weiß nicht, wer es war, aber nach meinem Gefühl stand mir diese Person sehr nahe. Kurz darauf wurde mir klar, dass ich schwanger bin. Das ist ein sehr typischer Traum, jemanden in einen Raum einladen. Er steht symbolisch dafür, dass du jemanden in deinen Schoß einlädst. Und es ist ja klar, dass ich dieses Baby zu mir eingeladen habe.«

Die Interpretationen dieser Träume werden an die junge tibetische Generation auf verschiedenen Wegen weitergegeben. Oft begleiten sie das Aufwachsen und Leben in der Gemeinschaft ganz selbstverständlich. Bereits in der Schule wird den Kindern die Bedeutung von Träumen beigebracht.

Und die Interpretation von Träumen wird auch von anderen Lehrern und den Ältesten der Gemeinschaft vermittelt. Es gibt viele tibetische Bücher über Träume und ihre Bedeutung. Und auch in vielen Geschichten, Gedichten und Sagen über Gottheiten und Geister findet sich diese Form des Umgangs mit Träumen.

Reinkarnation

In der tibetischen Tradition gelten Träume als Möglichkeit, eine Brücke zwischen dem Leben in dieser Welt und anderen Leben zu schlagen. So glaubt man zum Beispiel, dass der Fötus in der 26. Woche der Schwangerschaft beginnt, sich an vergangene Leben zu erinnern. Zu diesem Zeitpunkt kann die Mutter ungewöhnliche Träume haben, die sich anfühlen, als habe ein anderer Mensch sie geträumt. Vielleicht tauchen in diesen Träumen fremde Umgebungen auf, die wichtig zu sein scheinen. Eine Mutter, die sich mit diesen Träumen beschäftigt, kann auf diesem Weg Hinweise auf die früheren Leben ihres Kindes und seinen Beruf oder seine Aufgabe in diesem Leben bekommen.

Wenn eine Frau einen Lama austrägt, hat sie meistens einen entsprechenden Traum, wie auch Königin Mayadevi, die Mutter Buddhas, ihn hatte. Sie hatte in einem früheren Leben darum gebetet, Mutter eines Buddhas zu werden. Als Buddha entschied, dass es Zeit sei, aus dem Schoß von Königin Mayadevi geboren zu werden, träumte diese von einem weißen Elefanten mit sechs Stoßzähnen, der um Mitternacht durch ihre rechte Seite in ihren Schoß eintrat. Als sie die brahmanischen Wahrsager über diesen Traum befragte, prophezeiten sie ihr, sie würde einen Sohn gebären, der einmal ein großer weltlicher Herrscher werden würde, wenn er das Leben eines sesshaften Familienvorstands führte. Wenn er aber als Wandermönch leben würde, dann würde er ein Vollkommener werden, ein Buddha.[34]

Träume sind nach wie vor ein wichtiges Werkzeug für Lamas, um herauszufinden, wo ein geliebter Rinpoche sich in seinem nächsten Leben reinkarniert hat. Ein großer Rinpoche hat vor seinem Tod oft einen Traum, der Hinweise gibt, wo seine Nachfolger Ausschau nach seiner Reinkarnation halten können. Nicht nur in Tibet oder Asien werden Träume benutzt, um Reinkarnationen zu entdecken. Vicki MacKenzie beschreibt in ihrem Buch *Die Wiedergeburt. Ein tibetischer Lama kehrt zurück* die ungewöhnliche Geschichte eines tibetischen Mönches, Lama Yeshe, der in der westlichen Welt gut bekannt war, und seiner Wiedergeburt als spanischer Junge, Lama Ösel. Als Lama Zopa, Lama Yeshes wichtigster Schüler, intensiv nach Lama Yeshes Reinkarnation suchte, benutzte er Träume als wichtige Wegweiser, die ihn zu dem richtigen Kind führten.

In einem lebhaften Traum erklärte Lama Yeshe Lama Zopa, dass er sich auf den Weg mache, wieder menschliche Gestalt anzunehmen. In einem späteren Traum sah Lama Zopa ein kleines Kind mit strahlenden, eindringlichen Augen auf dem Fußboden eines Meditationsraumes herumkrabbeln. Das Kind war männlich und westlich. Als Lama Zopa Lama Ösel zum ersten Mal begegnete, zeigte sich ihm genau die gleiche Szene, die er in seinem Traum gesehen hatte.

Zutiefst neugierig geworden, forschte er nach der Mutter des Kindes, fand sie und befragte sie gründlich nach ihren Träumen in der Schwangerschaft mit diesem Kind. Sie sagte, sie habe einen Traum gehabt, in dem sie sich in einer großen Kathedrale befand, in der Lama Yeshe einer riesigen Menge Unterweisungen gab. Viele der Anwesenden waren Christen und die meisten Menschen knieten, statt im tibetischen Stil mit gekreuzten Beinen zu sitzen. Wie alle anderen auch, näherte sie sich Lama Yeshe, um seinen Segen zu empfangen, und als er sie berührte, hatte sie das Gefühl, von reinem Wasser, segensreichem, weißgoldenen Wasser durchspült und gereinigt zu werden. Es stellte sich auch heraus, dass sie das Baby genau an dem Tag empfing, an dem Lama Zopa zum ersten Mal träumte, dass Lama Yeshe seine Wiedergeburt verkündete.[35]

Eine britische Frau namens Greta Jensen hatte einen Traum, der ihr half, die Reinkarnation von Zong Rinpoche im Kulu-Manali-Gebiet im indischen Himalaja zu finden. Sie war eine enge Schülerin der früheren Inkarnation des Rinpoche gewesen. Sie träumte von einem kleinen Kind, das ein reiches goldenes Licht verströmte. Das Kind spielte vor einem weiß gekalkten Steinhaus, hinter dem ein Fluss vorbeifloss, und in der Ferne war der Himalaja zu sehen. Es stellte sich heraus, dass das Haus, in dem der reinkarnierte Junge gefunden wurde, genau dem Haus in ihrem Traum entsprach. Die Mutter des Jungen, Tashi Yangdzom, träumte in ihrer Schwangerschaft oft, dass der Dalai Lama sie segnete. Vor der Geburt suchte sie auch einen Lama auf, der ihr sagte, das Kind werde eine wichtige Person sein.[36]

Der vierzehnte und augenblickliche Dalai Lama wurde auf ähnliche Weise gefunden, obwohl bei seiner Suche eher Visionen als Träume eine Rolle spielten. Wie er in seinem Buch *Mein Leben und mein Volk* beschreibt, suchte der Regent, der die Aufgabe hatte, ihn zu finden, einen heiligen See in Ti-

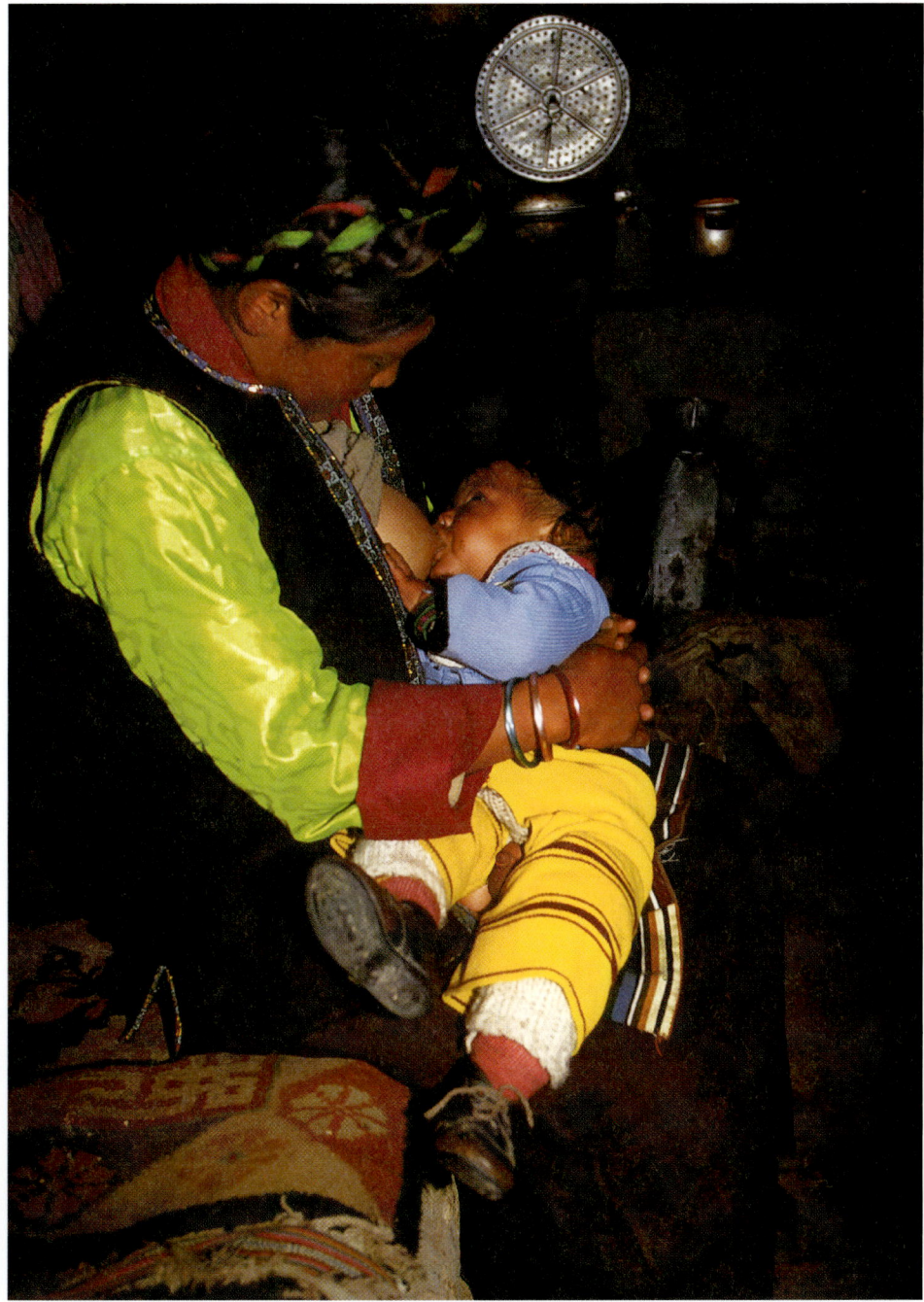

bet auf, um eine Vision zu empfangen, die ihm sagen sollte, wo er mit seiner Suche anfangen könne. 1935, im tibetischen Jahr des Wildschweins, begab sich der Regent zum heiligen See von Lhamoi Latso in Chokhorgyal, etwa neunzig Meilen südwestlich von Lhasa. Die Menschen in Tibet glauben, dass man im Wasser dieses Sees Zukunftsvisionen haben kann. Es gibt viele solcher heiligen Seen in Tibet, aber der Lhamoi Latso gilt als der berühmteste. Manchmal, so heißt es, erscheinen die Visionen in Form von Buchstaben und manchmal als Bilder von Orten und zukünftigen Ereignissen.

Nachdem er mehrere Tage im Gebet und in Meditation verbrachte hatte, empfing der Regent eine Vision von drei tibetischen Buchstaben – Ah, Ka und Ma –, gefolgt vom Bild eines Klosters mit Dächern in Gold und Jadegrün und einem Haus mit türkisen Ziegeln. Diese Visionen wurden sorgfältig aufgezeichnet und strikt geheim gehalten.[37] Der Regent folgte diesen Zeichen, und sie führten ihn auf direktem Wege zum Haus des Dalai Lamas in der kleinen Stadt Taktser im östlichen Tibet. Eine Reihe von Tests, die man durchführte, bewiesen, dass man tatsächlich den richtigen kleinen Jungen gefunden hatte.[38]

Es gibt viele solche mündlich und schriftlich überlieferten Berichte von Tibetern, die mit Hilfe von Träumen und Visionen herausfanden, wo Reinkarnationen von Lamas, Rinpoches und anderen besonderen Menschen sich aufhielten. Auch westliche Anhänger des tibetischen Buddhismus haben in zunehmendem Maße Träume und Visionen, die das Auffinden von Reinkarnationen ermöglichen. Wenn man davon ausgeht, dass Schwangerschaft und Geburt Zeiten vertiefter spiritueller Achtsamkeit sind, kommt den Informationen, die diese Träume enthalten, eine erhöhte Bedeutung zu.

Kapitel 4
Geburt

Juwelen tibetischer Weisheit über die Geburt

Jede Geburt verbindet Leben auf Leben aus einer Zeit ohne Anfang und in grenzenlosem Raum.

Als menschliches Wesen geboren zu werden ist ein kostbares Privileg, das die einzigartige Gelegenheit birgt, die Wirklichkeit zu erfahren, Wissen zu erwerben, sich spirituell zu entwickeln und eine umfassende Verantwortung für alles Leben zum Ausdruck zu bringen.

Die Geburt ist ein natürlicher Prozess, und die Wehen und die Entbindung können mit Hilfe natürlicher Mittel erleichtert werden.

Die ganze Großfamilie beteiligt sich daran, Mutter und Kind bei der Geburt zu unterstützen.

Mit gezielten Ritualen wird dem Ereignis der Geburt Achtung erwiesen und das Kind dabei unterstützt, die Eigenschaften zu entwickeln, die von der Kultur geschätzt werden.

Alles hat eine Ursache, und jede Geburt ist Teil einer ununterbroche-nen Kontinuität im Zyklus der Erfahrung durch die Äonen hinweg; es gibt unendlich viele Wiedergeburten.

Palmo

Wie üblich widmete Palmo den ersten Teil des Morgens dem Rundgang um den Tempel und den Gebeten für die Gesund-heit ihres Babys. Ihre Mutter hatte ihr von Frauen in Tibet er-zählt, die bis kurz vor der Geburt ihres Kindes sämtliche Hausarbeiten verrichteten und auch die schweren Milchei-mer weiter zum Markt trugen. Sie hatte Palmo auch gesagt, Gehen sei eine gute Vorbereitung auf eine schnelle, leichte Geburt und das Kind bekäme dadurch Bewegung, so dass sein Körper geschmeidig, fest und aufrecht würde. Obwohl Palmo im neunten Monat schwanger war und die Geburt un-mittelbar bevorstand, hielt sie sich an die Ratschläge ihrer Mutter und hatte vor, ihren täglichen Aufgaben bis zum Ein-treffen des Babys nachzukommen.

Sie ging einmal im Uhrzeigersinn um den Tempel herum, der Bahn der Sonne folgend, wie es Sitte ist, und drehte im Vorbeigehen die Gebetsmühlen. Dann zog sie ihre Schuhe aus und betrat still den Tempel. Sie zündete Räucherwerk an und hinterließ mehrere Rupies als Gabe. Beim Beten konzentrierte sie sich darauf, ihr Kind sicher und gesund zu entbinden. Sie hatte auch dem Tempelwächter etwas Geld gegeben, damit er um Glück für sie betete. Dann zog sie ihr Tuch um sich und machte sich auf den Heimweg.

Palmo hatte sich in ihrer Schwangerschaft sorgfältig an die traditionellen tibetischen Sitten gehalten. Sie hatte nicht nur täglich gebetet und ihre Rundgänge gemacht, sondern auch keine Kleidung aus zweiter Hand getragen, keine Nahrungsmittel zu sich genommen, die zu heiß oder zu kalt, zu stark gewürzt oder zu sauer waren. Sie hatte meistens nahrhafte Speisen gegessen, darauf geachtet, nicht zu viel zu essen, und weder starken Schnaps noch größere Mengen Chang, tibetisches Gerstenbier, getrunken. Einmal im Monat hatte sie geweihtes Wasser, das von einem spirituellen Meister gesegnet worden war, getrunken. Sie hoffte auch, von einem hohen Lama in Dharamsala eine Initiation für ein langes Leben zu empfangen. Das wäre die höchste Segnung für die Geburt. Am glücklichsten aber war sie darüber, dass sie in den letzten Monaten ihrer Schwangerschaft einen verheißungsvollen Traum gehabt hatte, einen reichen, lebendigen Traum von einem Baby mit klaren Augen, das Palmo in Zukunft ganz vertraut werden würde. Dann verblasste das Kind, bevor sie sich näher kommen konnten, aber Palmo hatte das Gefühl, dass das Kind zum richtigen Zeitpunkt wiederkehren würde.

Während sie sich in die Stadt und nach Hause aufmachte, nahm sie einen kleinen Umweg, der durch den Wald führte. Sie ging langsam und genoss es, allein hier draußen zu sein. Sie wusste, dass sie kaum noch freie Zeit haben würde, wenn das Baby erst einmal da war und all ihre Kraft und Aufmerksamkeit verlangte. Der Tag war sonnig und warm, nur eine leichte Brise strich durch die oberen Zweige der Pinien, die am Weg standen. Nach einer halben Stunde begann sich ihr Bauch sehr schwer anzufühlen. Sie schob ihre Hände unter ihren reifen Leib, um sein Gewicht zu stützen, und seufzte. Ihre Augen waren müde. Das Gehen und Stehen war anstrengender, als es sein sollte. Rücken, Nacken, Oberschenkel und selbst ihr Herz begannen zu schmerzen.

Als die Schmerzen zunahmen, wurde ihr klar, dass die Wehen eingesetzt hatten. Trotz der Kontraktionen, die offensichtlich stärker wurden, beschleunigte sie ihre Schritte. Sie kannte die Anzeichen, die darauf hinwiesen, dass das Baby sich bereitmachte zu kommen. Sie wusste, dass ihre Zeit nahte, hatte aber nicht gedacht, dass die Geburt so unmittelbar bevorstand. Sie musste ihrem Mann Ngawang und der Hebamme Rinchen Lhamo Nachricht geben.

Als sie sich ihrem Haus näherte, schaute ihre Nachbarin Sangmo durch den Vorhang, der vor ihrer Eingangstür hing, band sich schnell die Schürze um und folgte Palmo. Sie hatte gesehen, wie Palmo das Haus verließ, um zum Tempel zu gehen, und überlegt, wie lange sie weg sein würde. In den letzten Tagen hatte Sangmo es sich zur Gewohnheit gemacht, wenn Ngawang nicht da war, alle paar Stunden nach Palmo zu sehen, damit diese nicht allein entbinden musste. In diesem Augenblick platzte Palmos Fruchtblase, nässte ihre Beine und Füße und bildete eine große Pfütze auf dem Pfad vor der Tür zu ihrem Haus.

»Ah, Zeit dich ins sauberste und ruhigste Zimmer zu bringen«, sagte Sangmo mit einem Lachen, während sie Palmo am Ellenbogen stützte. Sie wusste natürlich, dass das Haus nur zwei Räume hatte und das Geburtszimmer nur zum Teil ruhig und sauber sein würde. Sangmo schickte eine ihrer Töchter los, um Rinchen Lhamo zu finden, die Palmo als Hebamme beistehen würde, und eine andere Tochter, um Ngawang Bescheid zu sagen. Dann zog sie ein Streichholz aus der Schärpe, die sie um ihre Taille trug, und zündete das heilende Räucherwerk an, das Ngawang vor ein paar Tagen auf dem Markt gekauft hatte. Das Räuchern sollte böse Geister vertreiben und das Haus, vorbereitend auf die Geburt, reinigen. Und als die Kontraktionen stärker wurden, wussten Sangmo und Palmo, dass die Zeit für die Geburt des Babys gekommen war.

Tibetische Geburt

Das vierte Stadium des Geburtsprozesses, wie wir ihn bis jetzt verfolgt haben, ist die Geburt selbst. Geboren werden und gebären gelten in praktisch jeder Kultur als zwei der wichtigsten Übergänge im Leben. Beides sind tief greifende, eindrucksvolle und zutiefst persönliche Ereignisse. In den Vereinigten Staaten und anderen westlichen Ländern scheint man das Gebären als medizinischen Vorgang zu betrachten. In der tibetischen Tradition hingegen sieht man darin einen sehr wichtigen, aber völlig natürlichen Prozess. Vielleicht ist diese Einstellung – die Geburt als natürlichen Prozess und nicht als medizinischen Vorgang zu betrachten – der Grund dafür, dass die meisten tibetischen Mütter ziemlich leicht und ohne größere Umstände gebären. Natürlich gibt es auch bei ihnen manchmal Komplikationen oder Todesfälle; aber wenn die Mutter gesund ist und die Schwangerschaft normal verlief, geht meistens auch die Geburt gut, vor allem wenn die Frau ermutigt wird, ihrem natürlichen Rhythmus zu folgen.

Die tibetische Kultur bereitet eine Frau auf vielerlei Weise auf die Geburt vor. Erstens lernt eine Tochter alles über die

119

Geburtserfahrung, indem sie an den Geburten der eigenen Mutter teilhat. Da es in tibetischen Familien viele Hausgeburten gibt, sind die Kinder bei der Geburt oft in der Nähe oder helfen bei der Entbindung ihrer eigenen Brüder und Schwestern mit. Zweitens feiert die tibetische Kultur das gesamte Geburtserlebnis – die Vorbereitungen auf die Wehen, die Erfahrungen während der Entbindung und die Zeit unmittelbar nach der Geburt – mit zahlreichen verschiedenen Ritualen und Gebräuchen, um das Ereignis hervorzuheben.

In Dharamsala stellte ich fest, dass Geburten von Familie zu Familie anders verliefen. Während viele Frauen dem traditionellen Weg folgen und ihre Kinder zu Hause bekommen, gehen andere ins Delek Hospital in Dharamsala oder, bei schwierigeren Geburten, in die modernere Klinik in Kangra, einer indischen Stadt, elf Meilen entfernt. Ich sprach auch mit tibetischen Frauen, die ihre Kinder in amerikanischen Krankenhäusern bekamen, was eine völlig andere Erfahrung als die traditionelle tibetische Geburt eines Kindes darstellt. Sämtliche Geburten zeigten jedoch einen gemeinsamen roten Faden, der darin bestand, dass die Gebärende während des gesamten Ereignisses von der Gemeinschaft nachhaltig unterstützt wird. Familie und Freunde kommen zusammen, um Frauen, die gebären, beizustehen und das kostbare neue Leben in der Welt willkommen zu heißen.

Wichtig ist auch zu wissen, dass es in der tibetischen Kultur viele Sitten und Rituale für die Zeit vor, während und nach der Geburt gibt – so viele, dass es den Rahmen dieses Buches sprengen würde, sie alle aufzuführen. Je nach Gegend, individuellen spirituellen Praktiken und Familientraditionen sehen diese Sitten anders aus. Die Menschen in Dharamsala zum Beispiel, deren Gebräuche in diesem Buch primär beschrieben werden, repräsentieren viele verschiedene Regionen Tibets. Die Traditionen ändern sich auch entsprechend der verschiedenen Zweige des tibetischen Buddhismus: Sakya, Nyingma, Gelugpa und Kargyu.

Die medizinische Literatur widmet sich dem Thema Geburt nur am Rande. Ngawang wies mich einmal darauf hin, dass während der fünfjährigen Ausbildung am Medical Institute in Dharamsala nur zwei oder drei Tage auf das Thema Geburt verwendet werden. Da die Geburt für Tibeter als natürliches Ereignis zum Leben gehört, hält man es gar nicht für nötig, sich schriftlich damit zu beschäftigen. Nicht die mangelnde Sorge um die Gesundheit der Frauen ist Grund für dieses Versäumnis, sondern es ist einfach üblich, dass das Nötige innerhalb der Familien und Gemeinschaften gelernt wird. Die Informationen jedoch, die in den traditionellen Schriften stehen, werden aufmerksam und sorgfältig studiert. Die Tibeter kombinieren ihre persönliche Erfahrung und das Wissen ihrer Kultur mit dem Studium von Büchern und Werken von Gelehrten – was tatsächlich eine reiche und wertvolle Mischung ergibt.

Vorbereitung auf die Geburt

Ähnlich wie in anderen westlichen Ländern auch bereiten sich tibetische Eltern auf die Ankunft des Babys vor, indem sie neue Dinge für das Kind anschaffen oder selbst anfertigen. Trotzdem gilt es in der tibetischen Kultur als ungut, zu viele Vorbereitungen zu treffen – jedenfalls nicht, bevor man sicher ist, dass das Kind am Leben bleiben wird. Manchmal werden neue Kleider und Decken nur zugeschnitten und erst nach der Geburt zusammengenäht. In den meisten tibetischen Kulturen sind natürlich Freundinnen, Großmütter, Tanten und selbst Nichten oder Schwestern bereit, gleich nach der Geburt für das Baby zu nähen und zu stricken.

In westlichen Ländern sind Menschen aufgrund ihres hektischen Alltags oft im Stress und müssen meistens ohne die Unterstützung von weiteren Familienmitgliedern auskommen, da diese nicht in der Nähe leben. Vielleicht ist das der Grund dafür, dass die Vorbereitungen auf die Geburt hier so intensiv betrieben werden. Samten, eine tibetische Frau, die ihre Kinder in den Vereinigten Staaten großgezogen hat, bemühte sich sehr, der tibetischen Tradition zu folgen und dafür zu sorgen, dass die Kleidung ihres Babys mit der Hand von Familienangehörigen genäht wurde, die ihre Arbeit mit liebevollen Gedanken verrichteten, welche das Neugeborene über das Kleidungsstück erreichen, wärmen und schützen würden. Diese Einstellung ist auch im Westen üblich. »Mit Liebe genäht«, heißt es oft von einer Decke oder einem Kleidungsstück, das Freunde oder Familienangehörige dem neuen Baby schenken.

»Ich machte aus weichem Flanell alles selbst«, erzählte mir Samten. »Mütze, Hosen, Söckchen – ich nähte alles mit der Hand. In Indien oder Tibet hätte meine Familie das für mich getan. Vor der Geburt meiner Tochter fertigte ich eine spezielle Grüne-Tara-Tanka für sie an. Ich kaufte eine Grüne-Tara-Tanka im tibetischen Laden in der Stadt und säumte sie dann mit einer Seidenborte. Meistens werden diese Tankas von Schneidern genäht, die sich darauf spezialisiert haben, aber da ich in den Vereinigten Staaten lebte, musste ich das selbst machen. Mit dem restlichen Stoff nähte ich meiner Tochter eine Puppe im traditionellen Stil Zentraltibets mit dem entsprechenden Schmuck. Ich machte alles selbst – den Schmuck, die Schürze, das Hemd –, um ihr etwas Besonderes zu schenken. Als Bett für die Puppe nahmen wir einen kleinen Korb und polsterten ihn mit einem weißen Schal, einer Kata, aus. Ein Lama gab seinen Segen für die Grüne Tara, also gehen wir davon aus, dass die Grüne Tara die Göttin unserer Tochter ist. Und dann gab ihr Jetsun Kusho, ein weiblicher Lama aus Vancouver, den Namen Dolkar, was Weiße Tara heißt.« (Jetsun Kusho ist die Schwester von Seiner Heiligkeit Sakya Trizin, dem Oberhaupt des Sakya-Zweiges des tibetischen Buddhismus. Sie ist eine der qualifiziertesten Lehrerinnen des heutigen tibetischen Buddhismus und Hauptvertreterin der Sakya-Linie. Es gilt als Ehre, wenn ein Kind seinen Namen von ihr erhält.)

Es gibt mehrere tibetische Gebräuche, die Negatives und »Unglück« vor der Geburt abwenden sollen. So lautet zum Beispiel ein traditioneller Aberglaube, dass, wenn ein Reisender unmittelbar vor der Geburt im Haus eintrifft, und sei es ein Mönch oder eine Nonne, später böse Geister Übel bringen können. Um dieses Übel abzuwehren, werden Gebete gesprochen oder bestimmte Rituale durchgeführt. Ein anderer Brauch in Bezug auf die Geburt besteht darin, fünf verschiedenfarbige Fäden durch eine Nadel zu ziehen und an der Haustür zu befestigen. Das soll vor Gefahr schützen. Zum gleichen Zweck kann auch eine Glücks-Swastika aus Gerstenmehl auf ein Stück schwarzen Stoff gemalt und draußen vor dem Haus ausgeschüttet werden. Man glaubt seit alters her, dass damit böse Geister beruhigt und vertrieben werden. Heute jedoch schenkt man den alten Überlieferungen nicht mehr so viel Glauben und praktiziert die entsprechenden Bräuche sehr viel seltener als früher.

Vor Einsetzen der Wehen wird Butter gesegnet, indem man ein Mantra darüber spricht. Ein Familienmitglied bringt ein Stück Butter zu einem Lama und bittet ihn, dieses zu segnen. Der Lama hält die Butter unter sein Kinn, rezitiert ein Mantra und bläst auf die Butter; auf diese Weise wird die Energie des Mantras auf die Butter übertragen. Die Butter wird für die Geburt bereitgehalten, bei der sie von der Mutter eingenommen oder auf ihrem Körper verrieben wird, um die Wehen zu mildern. Manchmal wird sie auch für die Rituale nach der Geburt verwendet.

Geburtshelfer

Wenn die Geburt näher rückt, gerät die ganze Familie in Erwartungsfreude und alle beteiligen sich. Vater, Töchter, Söhne, Nachbarn, alle helfen in der einen oder anderen Phase bei der Geburt. Alle wollen die Mutter darin unterstützen, so leicht wie möglich zu entbinden. Es ist Tradition, dass zu dieser Zeit die ganze Familie zusammenkommt und so weit wie möglich an dem Ereignis teilhat, wobei die Frauen meistens eine zentrale Rolle spielen.

Auch wenn die Tibeter bekanntermaßen ein Volk von Händlern sind, die mit Yak-Karawanen hunderte von Meilen monatelang über die tibetische Hochebene und durch den Himalaja reisen, wird es für wichtig gehalten, dass ein Ehemann alles versucht, um bei der Geburt anwesend zu sein. Sämtliche Familienangehörigen tragen Sorge für die Geburt und treffen entsprechende Vorkehrungen. Dabei achtet man darauf, dem Vater bei der Geburt einen besonderen Platz einzuräumen, damit er bei der Mutter und den anderen Kindern sein kann. Das Kind in der Welt willkommen zu heißen ist seine heilige Pflicht.

Die Söhne kümmern sich um anfallende Tätigkeiten wie Küchenarbeit, die Benachrichtigung von Freunden und Verwandten, Vorkehrungen für Riten und Rituale und die Einladung von Mönchen, welche spezielle Gebete sprechen. Die Söhne betreten während der Geburt das Geburtszimmer meistens nicht, um die Intimsphäre zu wahren. Die Töchter, vor allem die älteren, gehören zu den Hauptverantwortlichen bei der Geburt. Sie bleiben bei ihrer Mutter oder ihrem Vater und lernen von der Familie und der Hebamme aus der Nachbarschaft viel über den Geburtsverlauf, den sie eines Tages selbst erleben werden.

Die Hebamme oder der Vater nehmen das Baby in Empfang. (Das steht in starkem Gegensatz zu früheren amerikanischen Sitten, die Vätern bis 1970 verboten, das Entbindungszimmer auch nur zu betreten. Heute hat sich das geändert, und der Vater bekommt frei, um bei der Geburt anwesend zu sein und sich um die Familie kümmern zu können.) Normalerweise steht eine Hebamme der Mutter während der gesamten Geburt bei, unterstützt von den Familienmitgliedern. Einige Frauen arbeiten hauptberuflich als Hebamme, aber in kleineren Dörfern mit einer niedrigen Geburtenrate können Frauen von dieser Arbeit oft nicht leben. Diese Frauen arbeiten auch auf dem Feld oder anderswo. Wenn eine Frau gebiert, werden sie geholt und bekommen für ihre Dienste meistens Geschenke statt Geld.

Wenn keine Hebamme zugegen ist, übernehmen die Mutter, die Schwiegermutter, der Vater, die Töchter oder – in wohlhabenderen Familien – eine vertraute Dienstkraft die Rolle der primären Helferin. Ist weder eine Hebamme noch ein Familienmitglied anwesend, gebiert die Frau allein, wie es ihr von Kindheit an beigebracht wurde. In einigen Gegenden Tibets ist es Sitte, dass der Vater sich von der Geburt fern hält. Es heißt, das Baby könne sich, wenn er anwesend ist, vor Scham weigern, herauszukommen. Dadurch würde sich die Geburt verzögern, vor allem, wenn das Baby ein Junge ist. In diesen Gegenden Tibets muss der Vater sich also tatsächlich bei der Geburt verstecken.

Obwohl bei sämtlichen anderen Phasen des Geburtsprozesses religiöse Personen für Segnungen und Rituale hinzugezogen werden, ist es nicht üblich, dass bei der Entbindung selbst ein Mönch anwesend ist. In der alten Tradition galt die Entbindung als »unrein« und konnte einen Mönch »vergiften«.

Die Wehen fördern

Die tibetische Tradition kennt viele Rituale, um die Wehen zu fördern und den Wehenschmerz zu mildern. Wie schwer oder leicht eine Geburt verläuft, hängt laut Tradition auch davon ab, wie die Eltern zusammenpassen. Sind Mann und Frau aus ähnlichem Holz geschnitzt, so glaubt man, kommt das Kind meistens ohne Schwierigkeiten zur Welt. So ist Palmo zum Beispiel klein und schmächtig, während Ngawang groß und breitschultrig ist. Rinchen Lhamo vermutete, dass die Geburt bei Palmo schwierig sein könne, sollte das Baby nach Ngawang schlagen. Man glaubt jedoch, dass Kinder von Eltern aus »gutem Holz« ganz unabhängig von ihrer Größe geschmeidige Knochen haben.

Um die Entbindung zu beschleunigen und zu erleichtern, führt man ein Ritual durch, bei dem ein kleines Stück Butter zu einem Fisch mit zwei Augen geformt wird. Ein Mönch oder ein geachtetes Familienmitglied rezitiert zweitausendmal ein Mantra über diesen Fisch und bläst die Energie des Gebets in die Butter. Dann muss die Mutter den Fisch mit dem Kopf zuerst herunterschlucken, ohne hineinzubeißen. (Wie bereits an früherer Stelle erwähnt, wird die Butter, die bei der Geburt verwendet wird, meistens vorher entsprechend präpariert.) Ein anderes traditionelles Ritual besteht darin, eine Pfauenfeder zusammen mit acht Haarsträhnen eines Bären zu verbrennen. Die Asche wird in eine Tasse gegeben und ein Mantra hundertmal darüber gesprochen. Wenn die werdende Mutter diese Lösung trinkt, so glaubt man, wird sie bald darauf gebären.

Die Hebamme stellt manchmal eine Kräutermischung mit Zitrone her, die die Gebärende alle fünfzehn Minuten als Tee trinkt, sobald die Wehen eingesetzt haben. Diese Mischung hilft, die Wehen zu mildern und die Geburt zu erleichtern.

In den meisten Kulturen gilt die erste Geburt als die schwerste und das erste Kind als besonders wichtiges Kind. In manchen Teilen Tibets existiert der Aberglaube, dass eine Frau ihr erstes Kind nicht im zweiten oder dritten Stock des Hauses zur Welt bringen solle. Also werden Erstgeborene oft im Keller entbunden. Es heißt, die erste Geburt gehe mit »so viel Schmerz einher, dass das Haus einstürzen könne. Der Schmerz erstreckt sich von sämtlichen Gelenken der Mutter bis in ihre Zehen, und sie ist am ganzen Körper wie betäubt.«

Eine traditionelle Geburt:
Die Fortsetzung von Palmos Geschichte

Rinchen Lhamo eilte den von Bäumen gesäumten Pfad zu Palmos Haus entlang. Sie war in Tibet lange Jahre Hebamme gewesen, half jetzt in Dharamsala jedoch nur gelegentlich bei Geburten. Aber ihr zuversichtlicher Schritt zeigte, dass sie erfahren war. Rinchen Lhamo war ruhig, friedlich und völlig wach, und ihr starkes Gesicht hatte einen entschlossenen Ausdruck. Beim Eintreffen stellte sie fest, dass Sangmo Palmo überredet hatte, eine kräftige Brühe zu löffeln, um sich zu stärken. Bald darauf kam Palmos Mann Ngawang angerannt.

»Ist es schon so weit?«, fragte er eilig, ohne seine Frage an jemanden Bestimmten zu richten. »Geht's dir gut? Hast du sehr starke Schmerzen? Kommt jetzt gerade eine Wehe? Soll ich dir etwas zu essen bringen?« Er stellte Palmo tausend Fragen, während er schnell seine Last abstellte und in das andere Zimmer eilte, um Decken und Kissen für ihr Bett zu holen.

Ngawang würde bei der Geburt anwesend sein und falls nötig helfen, auch wenn Rinchen Lhamo als Hebamme und Sangmo bei den Wehen und der Geburt die Hauptarbeit übernahmen. Einen der alten Bände der Sammlung von Mantras, Gebeten und Lobsagungen Buddhas (gZungs bsDus) aufschlagend, begann Ngawang ein Gebet zu rezitieren, das speziell während der Wehen gesprochen werden sollte und das er während der ganzen Geburt in Abständen wiederholte.

Palmo fühlte sich zu der Zeit sichtbar unwohl und war etwas gereizt. Sie lag schon seit Stunden in den Wehen und hätte am liebsten längst entbunden. Sie wechselte zwischen Liegen und Herumlaufen in dem kleinen Haus, manchmal

saß sie auch, hockte oder ruhte auf Händen und Knien, damit das Baby kam. Ngawang und Rinchen Lhamo zogen sich kurz zurück und besprachen sich im Hauptraum, dann ging Ngawang in die Küche und brachte von dort ein quadratisches Stück Butter. Sie beschlossen, die Rituale durchzuführen, zu denen die medizinischen Schriften raten, wenn sich die Wehen hinziehen und die Geburt schwierig ist.

Ngawang machte neun kleine Kerben in das Stück Butter. Zweihundert Mal sprach er das Mantra OM SHA-SHA-LAM-PHYE SHU-SHU-LAM-PHYE über der Butter und beendete die Weihung, indem er auf die Butter blies. Dann brachte er sie Palmo, damit sie sie aß. Laut Tradition würde ihr das helfen, schnell zu gebären. Am besten ist, wenn ein Tantriker die Mantren spricht und das Ritual durchführt, aber ein Arzt, Onkel, Vater oder eine andere »ehrbare« Person kann die Aufgabe ebenfalls übernehmen.

»Was hat Palmo zuletzt gegessen?«, fragte Ngawang. »Hat sie Bier getrunken? Knoblauch oder Zwiebeln zu sich genommen?« Man glaubt, dass solche Nahrungsmittel aufgrund ihrer Hitze und Säure Benommenheit hervorrufen. Sie machen das Baby träge, so dass es nicht stark genug ist, bei der Geburt mitzuhelfen, und die Kontraktionen sich verzögern.

»Sie hat mir gesagt, sie habe nicht viel gegessen«, sagte Rinchen Lhamo. »Sie habe den ganzen Tag lang keinen Hunger gehabt. Die gesegnete Butter, die du ihr gerade gegeben hast, sollte aber helfen. Das klappt fast immer.«

Wie auf ein Stichwort stöhnte Palmo laut und erhob sich von ihrem Bett. Sangmo und Rinchen Lhamo eilten ihr zur Seite und stützten sie, während sie langsam im Zimmer umherging und ein letztes Mal ihre Muskeln bewegte, um die Geburt zu beschleunigen.

Palmo blieb stehen, weil sie eine besonders starke Wehe hatte. Sie hockte sich hin, während Blut und Schleim ausgestoßen wurden. »Kann sein, dass das Baby sich dreht, um sich bereitzumachen, mit dem Kopf zuerst rauszukommen«, tröstete Rinchen Lhamo sie, während sie Palmos Beine und ihren Unterleib mit Sesamöl massierte. Sangmo trug zwei Decken über dem Arm, um Palmo darin einzuhüllen, falls ihr kalt wurde. Ngawang hatte gerade eine Tasse heißen Buttertee zubereitet, der die Geburt beschleunigen helfen sollte. Er stellte ihn schnell auf den Tisch und eilte zurück in die Küche, um etwas Butter zu schmelzen. Diese gab er Rinchen Lhamo, welche sie auf Palmos Magen verrieb, damit der Uterus sich nicht verschob.

Palmo erhob sich wieder aus ihrer Hocke und stolperte langsam zurück zum Bett. Sie kletterte unbeholfen hinauf und kniete auf allen vieren, während sie richtig zu pressen begann. Sangmo legte ihr behutsam die Decken über. »Nicht zu stark pressen«, warnte Rinchen Lhamo, weil sie wusste, dass dadurch der Unterleib verletzt werden konnte. »Denk an das Geräusch, das entsteht, wenn ein Teeziegel im Mörser zerstoßen wird«, riet sie, »und presse in diesem Rhythmus.«

Während Palmo sich darauf konzentrierte, im Teeziegel-Rhythmus zu pressen, war es, als ob sie in einen anderen Bewusstseinszustand überginge. Sie atmete schwer, aber regelmäßig. Unmittelbar bevor der Kopf plötzlich erschien, ein glänzender schwarzer Kopf, der immer größer wurde, schienen der Atem und der Rhythmus sanfter zu werden. »Noch einmal pressen, noch einmal pressen«, sagte Rinchen Lhamo mehrmals, während sie behutsam den Kopf ergriff, dann die winzigen Schultern und den Rücken, bis sie schließlich das ganze Baby in ihren Händen hielt.

Palmo fiel auf die Seite, um auszuruhen, während Ngawang und Sangmo sie auffingen und behutsam auf die Kissen betteten. Sangmo stopfte noch weitere Decken um sie herum. »Das Baby ist da!«, flüsterte Rinchen Lhamo Palmo glücklich zu und sprenkelte ihr etwas kühlendes Wasser auf das Gesicht, um sie zu reinigen und zu erfrischen. »Ruhe dich jetzt aus und freue dich. Du hast einen gesunden, schönen Jungen.«

Rinchen Lhamo hob vorsichtig die Beine des Babys, so dass sein Kopf niedriger lag, und reinigte seine Nase dreimal von Schleim. Sie fuhr mit dem Finger über seine Zunge und in seinem Mund herum, wiederum dreimal. Dann hielt sie vorsichtig den Ring, den sie von Palmos Finger gezogen hatte, über den Penis des Neugeborenen, während Ngawang das Geschlecht seines Sohnes mit einem symbolischen Stück Ruß aus dem Feuer bestrich.

»Das sorgt dafür, dass er auch wirklich ein Junge bleibt und sich nicht in ein Mädchen verwandelt«, sagte Rinchen Lhamo und legte den Säugling bäuchlings neben Palmo. Bei dieser Bewegung ließ das Kind seinen ersten Schrei los, laut und klar und für so einen kleinen Jungen erstaunlich stark.

Palmo stützte sich auf ihren Ellenbogen und lächelte breit. Die Farbe kehrte schnell in ihr kräftiges Gesicht zurück. Trotz ihrer Angst, auch dieses Baby zu verlieren, streckte sie die Hand aus und legte sie forschend auf seinen Kopf, dann auf seinen Brustkorb. So viel Wärme und Lebendigkeit in diesem kleinen Körper spürend, wusste sie in diesem Augenblick im Herzen ganz sicher, dass das Kind gesund und stark war und sie für das tote Baby entschädigen würde, das sie ein Jahr zuvor entbunden hatte.

131

Liebevoll drückte Palmo das Baby an sich. Neben ihr stehend, begrüßte Ngawang den gemeinsamen neuen Sohn mit den glücksverheißenden Worten: »Mein Kind, du wurdest aus unserem Herzen geboren. Mögest du hundert Jahre leben und hundert Herbste erleben. Mögest du ein langes, wunderbares Leben haben, alle Krankheiten überwinden und in vollkommenem Glück und Reichtum leben.« Ngawang schaute seinen neuen Sohn aufmerksam an, während er diesen Segen für ihn sprach, und drückte dann sanft Palmos Hand.

Rinchen Lhamo wickelte sorgfältig die Nabelschnur von den Füßen des Babys, wo sie sich verfangen hatte. Sie drückte die Schnur mit ihren Fingern dreimal zusammen, um das Baby ein letztes Mal mit der bekömmlichen, reichhaltigen Nahrung der Plazenta zu versorgen.

Mit Sangmos Hilfe band Rinchen Lhamo einen starken Faden um die Nabelschnur und machte einen festen Knoten, einmal dort, wo Schnur und Nabel zusammentreffen und noch einmal vier Finger breit höher. Sie vergewisserte sich, dass kein Blut ausfloss, setzte das Messer an und schnitt die Schnur mit einer schnellen Abwärtsbewegung zwischen den beiden Knoten durch. Ngawang merkte sich den genauen Zeitpunkt, an dem die Schnur durchgeschnitten wurde, um ihn später für das Horoskop angeben zu können. Er hatte etwas medizinischen Puder mit Butter vermischt, den er Rinchen Lhamo jetzt gab, damit sie ihn auf den Nabel auftrug. Ngawang würde dafür sorgen, dass Palmo diese Mischung auch in der folgenden Zeit täglich auftrug, bis der Nabel ganz abgeheilt war. Wenn die Nabelschnur ein paar Tage später abfiel, würde Palmo sie in Stoff wickeln und an der Schulter des Babys befestigen, indem sie sie an seine Kleidung heftete.

Nachdem das Baby eine Weile auf Palmos Bauch geruht hatte, nahm Rinchen Lhamo, »eine weibliche Helferin, mit Glück gesegnet« (wie medizinische Texte eine gute Hebamme beschreiben), es hoch und badete es in lauwarmem Wasser, dem Safran aus Kaschmir beigegeben war, das Ngawang für diesen Anlass gekauft hatte. Der Safran würde dem Kind eine schöne Gesichtsfarbe verleihen; das Wasser für das Bad war in alter Tradition aus einem klaren, fließenden Gewässer geholt worden.

Gleich nach dem Bad wickelten Rinchen Lhamo und Sangmo das Baby in weiche, saubere Kleidung, die mit speziell gesegneten Kräutern geräuchert worden war, um böse Kräfte abzuwehren. Rinchen Lhamo, »die Helferin mit den sauberen Händen und den gut geschnittenen Nägeln«, wie es in der traditionellen Beschreibung und den medizinischen Texten heißt, tränkte Baumwolle in Öl und tupfte sie auf den Gaumen des Babys, damit es gesundes Zahnfleisch haben möge. Bevor ihm erlaubte wurde, zum ersten Mal an Palmos Brust zu saugen, öffnete Ngawang den Mund des Babys und zeichnete mit Safranwasser die Silbe DHIH auf seine Zunge, um ihm die Macht der weisen Rede zu verleihen. Er überprüfte auch, ob das Baby mit Zähnen geboren worden war, und würde sorgfältig beobachten, ob die oberen Zähne zuerst wuchsen. Beides galt als schlechtes Omen, das auf ein Unglück für die Familie hinwies. Um das zu vermeiden, würde man Feueropfer darbringen und der sechsköpfigen Kumara (Gzhon-nu gdong drug) Gaben schenken. Dieses Baby jedoch hatte elastisches Zahnfleisch und nichts wies darauf hin, dass ihm schon bald Zähne wachsen würden. Damit entfielen die entsprechenden Vorkehrungen.

Rinchen Lhamo gab dem Baby einen Teelöffel Moschuswasser, das Ngawang vorbereitet hatte, um das Neugeborene vor den Erdgöttern zu schützen, die es zurückverlangen könnten, und fütterte es dann mit einer Mischung aus Butter und Honig. Als Palmo sich auf einen Ellenbogen stützte, um all diese Vorkehrungen zu beobachten, legte Rinchen Lhamo ihr das Baby an die Brust, wo es schnell lernte, seine erste Mahlzeit zu sich zu nehmen. »Ah, schaut mal, wie kräftig er saugt«, sagte Ngawang stolz. »Das ist ein Zeichen dafür, dass er ganz gesund ist.« In früheren Zeiten hätte man mit dem Stillen des Babys zwei Tage gewartet. Man hätte ihm mit dem Finger Butter von einem weiblichen Yak, Dri genannt, auf die Zunge gegeben, bis die Milch nach der Vormilch einschoss. Heute wissen Eltern, wie wertvoll diese erste Milch ist, die das Immunsystem des Kindes auf gesunde und natürliche Weise stärkt.

Sangmo hatte eine Medizin vorbereitet, die mit der Milch einer weißen Ziege vermischt worden war. Sowie sie hörte, dass bei Palmo die Wehen einsetzten, hatte sie ihre Tochter losgeschickt, die Milch zu besorgen. Laut Tradition musste diese Milch von einem Mädchen gebracht werden, das sich dem Haus von Süden näherte. Diese Anweisung hatte Sangmo ihrer Tochter schnell zugerufen, als diese loslief, um der Bitte der Mutter nachzukommen. Nach der Sage sollte das Mädchen aus einer guten Familie stammen, in der beide Eltern noch am Leben waren, wie Saraswati, die am südlichen Ozean als Tochter von Brahma geboren wurde. Dieses Ritual würde Glück bringen und dem Kind Weisheit, Intelligenz, eine schöne Stimme und ein gutes Gedächtnis schenken.[39]

Sangmo hatte in der Küche Fleischbrühe gekocht, die sie Palmo brachte, damit diese sich stärkte, bevor die Plazenta kam. Palmo hatte das Neugeborene nach der Geburt eine ganze Weile gehalten. Jetzt nahm Rinchen Lhamo das Kind und reichte es weiter an Ngawang, der es halten sollte, während Palmo sich bereitmachte, die Plazenta auszustoßen. Die älteren Kinder waren bei einer Nachbarin untergebracht, doch die älteste Tochter, Khando, hatte immer wieder einmal hereingeschaut, um zu sehen, ob das Baby noch nicht da war. Zum Zeitpunkt der Geburt hatte Ngawang die Kinder, die inzwischen vor dem Haus hockten, hereingeholt. Aufgeregt und neugierig kamen sie herein, um ihren neuen Bruder anzuschauen. Nach eifrigen Fragen und Küssen für das neue Baby machten sie sich davon, um mit den Nachbarskindern zu spielen; ihre Aufregung hatte sich erst einmal gelegt. Rinchen Lhamo hatte Palmos Bauch mit den Händen zu beiden Seiten nach unten gedrückt, und schon bald glitt die Plazenta heraus. Ngawang fing sie in einer Schale auf, um sie ein paar Tage später zu vergraben.

Inzwischen hatte Sangmo die traditionelle Brühe zubereitet, die die Mutter zur Stärkung nach der Geburt zu sich nimmt. Sie hatte einjährigen Reiswein erhitzt und gekochten Tsampa und etwas Dri-Butter hinzugegeben. Der einjährige Wein, so heißt es, hilft den Blutfluss im Körper anzuregen, schenkt der Mutter neue Kraft und hilft ihr zu ruhen. Bei all der Pflege und Zuwendung nahm Palmos Gesicht bereits wieder Farbe an.

Nach dem Aufräumen untersuchte Rinchen Lhamo Palmo, um sicherzugehen, dass alles in Ordnung war, und kochte etwas Suppe und Reis, die Ngawang und Palmo später essen konnten. Dann verabschiedete sie sich zusammen mit Sangmo und ließ die beiden allein, damit Palmo schlief, während Ngawang sich um das Baby kümmerte. Sangmo würde in ein, zwei Stunden wiederkommen, um beim Kochen und

Putzen und all den anderen Arbeiten zu helfen, die getan werden mussten. Sie war eine gute Nachbarin und der Mensch, der Palmo und Ngawang in den nächsten Wochen am häufigsten zur Seite stehen würde.

Traditionelle Geburtsrituale

Es gibt zahlreiche Rituale rund um die Geburt, vor allem für den Fall, dass diese schwierig verläuft. Ist eine Entbindung sehr kompliziert, kann ein Lama gebeten werden, im Kloster speziell für diesen Zweck geeignete Gebete zu sprechen. Der Vater oder eine andere Person, die von der Familie respektiert wird, sucht einen Rinpoche auf und gibt ihm einen zeremoniellen Schal und etwas Geld dafür, dass er ein geeignetes Ritual weissagt. Dann sucht ein Familienmitglied oder ein Freund der Familie einen Mönch oder ein Kloster auf, um das Ritual durchführen zu lassen.

Ist der Zustand der Gebärenden ernst, können ihr Mann oder andere Familienmitglieder einen Lama um eine Weissagung bitten. Diese wird mit Hilfe von Zahlen durchgeführt, die mit einer Art Würfel ermittelt werden. Ähnlich wie bei der Numerologie schüttelt und wirft der Lama den Würfel, und jede Zahl verweist auf einen Text. Der Lama würfelt mehrmals und spricht dabei viele Gebete, damit seine Weissagung präzise wird. Dann teilt er mit, was er sieht und was geschehen wird. Steht das Leben eines Menschen auf dem Spiel, führt der Lama spezielle Lebensrituale durch.

Um besonders heftige Wehen zu mildern, bekommen Mütter außer der gesegneten Butter auch eine bestimmte Fischsorte vorgesetzt, die getrocknet wird und aus Seen stammt, die in Tibet als heilig gelten, vor allem dem See Manasarovar.[40] Eine kleine Menge des getrockneten Fisches ist in den meisten Haushalten vorrätig und wird den Müttern zu essen gegeben, wenn die Schmerzen zunehmen. Das Stück Fisch, so glaubt man, schenkt der Frau Segen und spirituelle Gnade. Bereits ein kleiner Happen beruhigt das Denken und hilft der Frau zu entspannen, da sie weiß, dass sie Segen vom heiligen See empfangen hat. Allein dadurch, dass die Frau die Butter oder den Fisch zu sich nimmt, wird sie, psychologisch gesehen, gestärkt. Ihr Glaube daran, gesegnet zu werden, und das Gefühl, Unterstützung zu bekommen, nehmen ihr die Sorge und verschaffen ihr Erleichterung bei den Wehen.

Der moderne Verstand mag die Wirksamkeit all dieser tibetischen Rituale und Sitten rund um die Geburt anzweifeln. Helfen sie Mutter und Kind tatsächlich? Man könnte annehmen, dass die Hilfe eher psychologischer als spiritueller oder »mystischer« Natur ist. In Jamyang Sakyas Buch *Princess in the Land of Snows* wird beschrieben, wie eine enge Freundin von Jamyang Sakyas Mutter in den Wehen liegt. Die Mutter sucht einen Onkel auf, der Lama ist, um ihn zu bitten, für die Freundin zu beten. Er nimmt die Butter, die sie ihm bringt, segnet sie und legt sie in ein Gefäß. Dann läuft sie die zwei Meilen zurück und gibt ihrer Freundin die Butter. Daraufhin bekommt diese ihr Baby so schnell, dass die beiden Frauen lachend sagen, die Butter befände sich noch auf dem Kopf des Babys!

Rituale nach der Geburt

Die tibetische Tradition kennt mehrere Rituale, die unmittelbar nach der Geburt durchgeführt werden. Diese Praktiken werden bereits in den ältesten tibetischen Texten beschrieben und sind in *Illustrated Principles und Procedures* abgebildet. Noch heute halten sich viele moderne tibetische Familien daran.

Unmittelbar nach der Geburt eines Kindes soll die Mutter laut Tradition weder Familieneigentum noch ihr eigenes Haar berühren, solange dies nicht gewaschen wurde. Tut sie es doch, so glaubt man, wird alles, was sie anfasst, schnell verschleißen oder verloren gehen. Um sich zu reinigen, wäscht die Mutter ihr Gesicht und ihr Haar mit warmem Wasser und zieht saubere Kleidung an. Obwohl die Geburt als natürliches und spirituelles Ereignis betrachtet wird, gilt sie in gewisser Weise auch als unrein. Deswegen wird das Entbindungszimmer ebenso gründlich gereinigt wie die Menschen, die an der Geburt beteiligt waren.

Die Position, in der das Kind geboren wird, gilt als sehr wichtig und wird sorgfältig auf ihre zukunftsweisenden Zeichen hin analysiert. Günstig ist, wenn der Kopf als Erstes erscheint und die Nabelschnur sich um den oberen Teil des Körpers wickelt. Und als glücklicher Umstand gilt auch, wenn das Kind gleich nach der Geburt laut schreit. Auch in westlichen Ländern hält man es für ein gutes Zeichen, wenn das Neugeborene einen lauten, gesunden Schrei von sich gibt. Laut tibetischer Tradition ist es günstig, wenn die Fontanelle ein wenig verlängert und weich ist, die Stirn eher schmal und der Haaransatz sehr hoch. Gut ist auch, wenn die Haut eine gesunde Farbe hat und das Kind kräftig saugen kann. All diese Anzeichen werden als günstig betrachtet und weisen darauf hin, dass das Kind leicht und mühelos heranwachsen wird.

Weist das Kind aber entgegengesetzte Merkmale auf, so glaubt man, dass es beim Aufwachsen Schwierigkeiten haben wird. Ganz gleich aber, was die Zeichen sagen, immer werden gleich nach der Geburt segnende Worte gesprochen. Man zählt dabei Eigenschaften auf, welche die Kultur schätzt, wie zum Beispiel guter verbaler Ausdruck, lebenslanges spirituelles Wachstum und Treue gegenüber der eigenen Familie. Ganz unabhängig davon, ob das Kind die günstigen Eigenschaften zu entwickeln verspricht oder nicht, man führt eine Glückszeremonie durch, bei der man entsprechende Worte rezitiert. Eine Version lautet: »Mein Kind, du entspringst meinem Herzen und dem Strom meines Bewusstseins.« In einer anderen Segnung heißt es: »Mein Sohn, du wurdest aus dem Strom meines Geistes geboren. Mögest du hundert Jahre leben. Mögest du großes Glück und Wohlbefinden erfahren. Mögest du frei sein von den drei Giften (Gier, Hass und Unwissenheit). Und mögest du gute Verdienste und Wohlstand anhäufen.«

Erst nach dem Verlesen dieser glücksbringenden Worte wird die Nabelschnur durchgeschnitten. Dazu nimmt die Hebamme ein Stück Wolle, zwirbelt es zu einem Faden zusammen, bindet ihn dicht am mütterlichen Körper um die Nabelschnur und schneidet diese dann mit einer Schere oder einem Messer durch. Anschließend wird die Nabelschnur dicht am Nabel des Babys auf die gleiche Weise abgetrennt. Bald darauf wird der Mutter das Baby an die Brust gelegt. Dann mischen die Eltern oder die Hebamme bestimmte Kräuter und Wurzeln, darunter auch blauen Enzian, mit Öl oder Butter und tragen die Mischung auf den Nabel auf, um Entzündungen vorzubeugen. Das Baby wird mit einem weichen Lappen und warmem Wasser gewaschen, dem Auszüge von Kräutern oder Räucherwerk beigegeben sind. Nach dem Bad wickelt man es fest in Baumwollkleidung und Wolle, um es warm zu halten. Das flüssige Räucherwerk im Badewasser ist wichtig, denn das Räuchern spielt in sämtlichen Bereichen der tibetischen Kultur eine Rolle und selbst Kleidung und Gebäude sind davon durchdrungen. So wie die Tibeter göttlichen Wesen Gebete und Räucherwerk darbringen, verweist auch das Räucherwerk im Bad für das Baby auf die heilige Natur des Neugeborenen und das Andachtsvolle der menschlichen Geburt.

Unmittelbar nach der Geburt wird mit Safran die Silbe DHIH auf die Zunge des Babys gestempelt, um dem Kind zu einer klaren Sprache und einem guten Gedächtnis zu verhelfen. Das DHIH ist die Stammsilbe für Manjushri, die Göttin der Weisheit, die meistens mit einem Schwert in der Hand abgebildet wird. So wie das Schwert ein Symbol für das Durchschneiden von Unwissenheit ist, verhelfen Eltern ihrem Kind symbolisch zu Weisheit, wenn sie die Silbe DHIH auf seine Zunge stempeln. Für die Tibeter ist diese Stempelung der kindlichen Zunge mit dem DHIH der erste Schritt zur Entwicklung der Fähigkeit, klar zu sprechen und zu kommunizieren, die in dieser Kultur außerordentlich geschätzt wird.

In einigen Gegenden Tibets gibt ein Familienmitglied oder die Hebamme etwas gesegnete Dri-Butter auf die Nasenspitze des Babys. Die Butter ist ein Symbol für Nahrung und gute Gesundheit, ein langes Leben und dafür, immer genug zu essen zu haben. Dann wird die gesegnete Butter dem Kind auch auf die Zunge gestrichen. Die reichhaltige Yak-Butter ist Hauptbestandteil der tibetischen Ernährung. Mit Wurzelpulver vermischt, wird die Butter dem Kind gegeben, um den Nabel zu kräftigen und zu verhindern, dass er sich entzündet.

Für ein langes Leben und Gesundheit wird auch Moschus in Wasser gegeben und der rechte Zeigefinger des Babys in dieser Flüssigkeit gebadet. Dann wird geklärte Butter oder Öl auf den Nabel, die Ohren und die Nase gestrichen. Der Kopf des Kindes wird mit einem Stück Baumwolle massiert, das mit Sesamöl oder geklärter Butter getränkt wurde. Die Hände, so glaubt man, seien zu rau für die Haut des Babys, deswegen die Baumwolle. Man fertigt eine Baumwollmütze für das Baby an und setzt sie ihm auf, weil man glaubt, dass dadurch sein Gehirn gut durchblutet wird, so dass es zu einem intelligenten, strahlenden und lebendigen Kind heranwächst.

Um die Intelligenz des Kindes noch weiter zu fördern, wird ihm eine kleine Portion Gassia auf die Zunge gegeben. Dieses Kraut wird mit Moschus, Myrobalane-Frucht, Gurkensamen und Gelbwurz sowie Honig oder Butter vermischt.

Babys werden nicht an den Füßen hochgehoben, wie man es bei vielen westlichen Geburten erlebt. Die Tibeter glauben, dass die inneren Organe eines Neugeborenen zart und weich sind, und achten darauf, sie nicht zu verletzen. Man hält es auch für sehr wichtig, dass ein Baby bei seiner Mutter bleibt. Auch in westlichen Ländern achtet man zunehmend auf ein gesundes »Bonding«.

Yeshe beschreibt, wie man in ihrer Klinik in Tashi Jong nach einer Geburt vorgeht. Interessanterweise enthält die Geburtsnachsorge in dieser eher modernen Klinik viele ritualistische Bräuche. »Sofort nach der Geburt trennen wir die Nabelschnur durch, verbinden sie und wickeln das Baby. Die Schwester oder der Vater halten es. Dann warten wir zehn bis zwanzig Minuten auf die Plazenta. Wenn sie nicht kommt, nehmen wir die Nabelschnur, ziehen und drücken langsam nach unten. Ist die Plazenta gekommen, waschen wir das Baby. In manchen Kliniken wird es auch gleich nach der Geburt gewogen. Wenn die Plazenta nach einer Stunde nicht gekommen ist und wir den Verdacht auf innere Blutungen haben, schicken wir die Mutter in das Krankenhaus ein paar Städte weiter. Das kommt aber nicht sehr häufig vor. Die Plazenta wird in einem tiefen Erdloch vergraben. Die Nabelschnur wird etwa ein Jahr aufbewahrt. Manchmal benutzt die Mutter sie, um damit Mundfäule beim Kind zu heilen, eine Pilzerkrankung, die gelegentlich auftritt. Dazu wird die Nabelschnur in Milch, Tee oder Wasser getaucht und die wunde Stelle damit eingerieben.«

Andere Überlieferungen empfehlen, dass die Mutter weder Bier noch Quark, Lassi, Schnupftabak oder Tabak zu sich nimmt, bevor die Plazenta ausgestoßen wurde, weil all das Hitze im Bauch erzeugt. Fleisch- oder Tsampabrühe sowie Suppe oder Reis jedoch sorgen dafür, dass die Mutter wieder zu Kräften kommt. Zu diesem Zweck kann sie auch ein, zwei Tassen heißen Buttertee trinken. Manchmal nimmt die Frau nach der Geburt auch etwas Alkohol zu sich, damit sich der Uterus wieder zusammenzieht. Eine uralte Sitte besteht darin, die Haut einer schwarzen Schlange kurz auf die Vagina der Mutter zu legen, damit diese ihre Kraft zurückgewinnt.

Ein anderer tibetischer Brauch (der aber kaum noch praktiziert wird) betrifft das Ausstoßen der Plazenta. Zuerst wird die Nabelschnur beim Baby durchgetrennt. Das an der Plazenta befestigte Ende der Schnur wird an einen Schuh gebunden, der als hängendes Gewicht dient. Dann wird ein Korb umgekehrt auf den Boden gestellt. Die Frau geht im Uhrzeigersinn dreimal schweigend um den Korb, wobei der Schuh nach unten baumelt. Und während sie sich beim langsamen Gehen etwas hin und her wiegt, helfen die Schwerkraft und

142

die Bewegung, die Plazenta zu lösen. Anschließend wird diese in einen festen Beutel gepackt und tief in der Erde vergraben, meistens vom Ehemann. Man vergräbt die Plazenta deswegen, weil man glaubt, dass die Frau krank wird, sollte ein Vogel oder ein anderes Tier davon fressen.

Tibetische Geburt: Die moderne Erfahrung

Einige Stunden von Dharamsala entfernt befindet sich in Tashi Jong (einer Gemeinde, die aus etwa 400 Menschen besteht) eine Gesundheits- und Geburtsklinik. Yeshe, Dorjes Mutter und Lhamos Schwiegermutter, lebt hier die Hälfte des Jahres in einer tibetischen Gemeinschaft und arbeitet als Oberschwester in der Klinik. Sie hilft Frauen, die keine Hausgeburt wünschen, bei der Entbindung ihrer Babys. Immer mehr tibetische Frauen in Dharamsala entscheiden sich dafür, im Krankenhaus zu gebären, um für den Notfall gerüstet zu sein. Diese Entscheidung hängt von den persönlichen Umständen der Mutter ab. Während die Frage der Krankenversicherung und Finanzierung in den USA für Mütter bei der Wahl ihrer Geburtsstätte durchaus eine Rolle spielt, ist sie in Indien nicht unbedingt ausschlaggebend dafür, wo eine Frau ihr Kind zur Welt bringt, denn hier sind die Klinikkosten sehr gering.

Die Klinik in Tashi Jong ist klein und liegt zentral, sie ist von überall in der Gemeinde zu Fuß in fünf Minuten zu erreichen. Yeshe beschreibt, wie Geburten in der Klinik verlaufen: »Wenn die Wehen einsetzen und der Muttermund sich geöffnet hat, ruft die Mutter uns in der Klinik an oder schickt eine Großmutter, die uns ihr Kommen meldet. Ist die werdende

Mutter eingetroffen, prüfen wir als Erstes Blutdruck und Puls und richten uns beim ersten Baby darauf ein, dass die Geburt im Allgemeinen sieben bis neun Stunden dauert. Die anderen Kinder sind meistens in drei, vier Stunden da. Manchmal haben die Babys einen großen Kopf. In Tibet waren die Babys nie zu groß, deswegen verliefen die Geburten dort leichter. Vielleicht lag der Grund dafür in den großen Höhen; der geringere Sauerstoffgehalt der Luft könnte Auswirkungen auf die Größe der Kinder gehabt haben. Außerdem ernährten wir uns von dem, was unsere Umgebung hergab.« (In westlichen Ländern können wir beobachten, dass die Babys von rauchenden Müttern weniger wiegen, da durch das Rauchen die Sauerstoffversorgung des Fötus reduziert wird.)

Anders als bei den traditionellen westlichen Geburten kann eine tibetische Mutter bei der Geburt in der Klinik herumlaufen, was die Entbindung oft zu beschleunigen scheint. Frauen können die für die Entbindung bequemste Haltung einnehmen. Viele Frauen gebären ihr Kind im Hocken oder im Knien.

Yeshe und andere medizinische Hilfskräfte waschen ihre Hände, bevor sie ein Baby entbinden. Das ist eine der größten Veränderungen in der tibetischen Geburtshilfe. Da es in Tibet oft sehr kalt war, galt das Waschen in der tibetischen Kultur nicht als wichtig, selbst bei Geburten nicht. Ein tibetischer Arzt in den Vereinigten Staaten erzählte mir, dass Infektionen, die auf einem Mangel an Sauberkeit und hygienischem Wissen beruhten, die häufigste Ursache für die Säuglingssterblichkeit waren.

Yeshe hat auf dem Hintergrund ihrer siebzehnjährigen Arbeit in der Klinik einige eindrucksvolle Statistiken zusammengestellt: »Seit 1972 hat es nur zwei Totgeburten gege-

ben«, erzählte sie mir. »Wenn bei der Geburt Komplikationen auftreten, führen wir bestimmte Rituale für die Sicherheit und Gesundheit von Mutter und Kind durch.« Auch wenn sich schwer einschätzen lässt, ob diese Fakten auf den medizinischen Leistungen des Gemeindekrankenhauses beruhen, sind doch fünf Beobachtungen wichtig: Die Klinik ist bequem zu erreichen; man weiß hier um die gesundheitlichen Bedürfnisse der Familien, die zur Behandlung kommen; das Team ist Teil der Gemeinde, es kennt die Menschen, die kommen, und diese bringen ihm Vertrauen entgegen; schon bald nach der Geburt geht die Familie mit ihrem Neugeborenen nach Hause. Und wie alles in der tibetischen Medizin gilt auch die Beziehung zwischen Helfer und Familie als heilig.

Viele Frauen bringen ihre Babys lieber im Delek Hospital in Dharamsala zur Welt, dem örtlichen Krankenhaus, das sowohl die westliche allopathische Medizin als auch die tibetische Form der Versorgung anbietet. Aber die Möglichkeiten sind relativ begrenzt. Bei schwierigen Geburten werden die Frauen ins Kangra Hospital gebracht, das indische Krankenhaus im Ort Kangra, der etwa elf Meilen entfernt liegt. Die Entscheidung, in ein entferntes Krankenhaus zu gehen, will gründlich überlegt sein. Oft ist es nicht leicht, jemanden zu finden, der ein Auto besitzt, und Taxis sind teuer. Außerdem sind die Straßen in einem schlechten Zustand, so dass die Fahrt für die Patientin schwierig sein kann. Und viele Tibeter sagen, dass sie im Kangra Hospital selbst, in dem ein indisches Team arbeitet, nicht die gleiche Behandlung erhalten wie im örtlichen Krankenhaus, das die ihnen vertraute tibetische Form der Versorgung bietet. Vielleicht vermissen sie auch die Unterstützung durch die Familie, das Gefühl des Heiligen, und fühlen sich hier als Fremde.

145

Die Wehen

Bei den tibetischen Bräuchen im Umgang mit den Wehen zeigt sich der größte Unterschied zu den üblichen westlichen Methoden. Mehrere tibetische Frauen, die in den Vereinigten Staaten in den Wehen lagen, haben mir ihre Erfahrungen mitgeteilt. Auch wenn ihnen klar war, dass Sterilität Mutter und Kind vor allem in der Umgebung eines Krankenhauses zugute kommt (Menschen, die bei guter Gesundheit sind, entwickeln eine natürliche Immunität gegen die Bakterien in ihrer Umgebung und gewöhnen sich daran), empfanden sie den Mangel an Wärme sowohl konkret als auch im psychologischen Sinn als sehr einschneidend.

Jamyang Sakya hat sowohl in Tibet als auch in den Vereinigten Staaten entbunden und war die erste tibetische Flüchtlingsfrau, die 1961 in den USA ein Kind geboren hat. Sie beschrieb die Unterschiede zwischen der Geburt ihrer Kinder in den Vereinigten Staaten und in Tibet mit folgenden Worten: »Es war sehr, sehr anders«, sagte sie schnell und entschieden. »In Tibet kümmern wir uns natürlich um das Baby, aber wir sorgen auch sehr für die Gesundheit der Mutter. Wir waschen sie, geben ihr geschmolzene Butter, damit sie heilt, und haben sie besonders im Auge. Aber in den Vereinigten Staaten liegt die Mutter einfach da, und man gibt ihr kaltes Wasser zu trinken.«

Samten hat nur in den Vereinigten Staaten entbunden, ist aber mit tibetischen Sitten aufgewachsen: »Meine Mutter hat neun Kinder geboren, alle zu Hause, ich habe also erlebt, wie die Geburt eines Kindes verläuft, und war bestens vorbereitet. Aber mein Baby war so groß, dass ich einen Kaiserschnitt machen lassen musste. Deswegen war ich froh, in einer Klinik zu gebären. Was den technischen Ablauf betrifft, so ist man in den Vereinigten Staaten sehr gut.« Trotzdem war Samten, ähnlich wie Jamyang Sakya, überrascht, wie anders die Geburt verlief. »Es war zu kalt. Nach tibetischem Brauch halten wir uns immer warm, vor allem, wenn wir ein Baby bekommen. Meine Mutter sorgte dafür, dass meinen Schwestern warm war, als sie ihre Babys bekamen, und gab ihnen Hühnersuppe. Mein Mann brachte mir auch etwas Hühnersuppe, aber im Krankenhaus sagte man mir, ich dürfe sie nicht essen. Ich sagte den Krankenschwestern, mir sei kalt und ich hätte Durst, und sie gaben mir Eiswürfel zu lutschen.«

In der tibetischen Tradition sorgt man dafür, dass den Frauen in den Wehen immer warm ist. Man glaubt, dass die Frau ihre ganze Energie braucht, um das Kind nach unten zu drücken, und deswegen wird ihr schnell kalt. Um warm zu bleiben, muss sie etwas Warmes zu essen bekommen, eine heiße Mahlzeit zu sich nehmen. Da die Zähne der Frau zu der Zeit ziemlich locker sind (nach einem Volksglauben werden Bänder und Knochen in Vorbereitung auf die Geburt dehnbarer), gibt man ihr keine feste Nahrung, die sie kauen müsste. Sie bekommt ein paar Tage lang leckeren Haferbrei, Hühnersuppe, Tsampasuppe und Ähnliches mehr.

In westlichen Ländern wird eine Mutter nach der Entbindung sorgfältig untersucht und dann in ein Zimmer gebracht, um auszuruhen. Bei den Tibetern hingegen ist es Brauch, dass die Mutter nach der Geburt viel zu essen bekommt; wie bei Palmos Geburt, bei der man in der Küche ständig die verschiedensten Gerichte für sie zubereitete. Das überlieferte Wissen der tibetischen Kultur hilft, die Situation der gebärenden Frau zu erleichtern. Beim klassischen Zusammentreffen von »Ost und West« hingegen machten Samten und viele andere Tibeterinnen Erfahrungen mit bislang nicht bekannten westlichen Gepflogenheiten, wie der, Gebärenden Eiswasser zu trinken zu geben. Die Tibeter trinken meistens kein kaltes Wasser, sondern nur Tee, Chang, Molke, Buttermilch, Milch und manchmal heißes Wasser. Tatsächlich gilt es in manchen Gegenden als Beleidigung, Besuchern kaltes Wasser zum Trinken anzubieten.

Auch wenn viele Tibeter gern in westlichen Ländern leben und das Gesundheitssystem mit all seinen technischen Möglichkeiten schätzen, kann die Krankenhauserfahrung mit all ihren Regeln und Vorschriften eine Prüfung für sie sein. Natürlich gilt das auch für viele westliche Mütter, aber besonders schwer haben es Frauen, die mit anderen Traditionen aufwuchsen. Das moderne System hat bei schwierigen Geburten (Kaiserschnitt und Ähnliches mehr) eine gute hygienische Versorgung und medizinisches Fachwissen zu bieten, aber viele Mütter, sowohl westliche als auch tibetische, sagen, dass der menschliche Faktor bei all der Technologie verloren geht.

Säuglingssterblichkeit

Laut Dr. Lobsang Rapgay sterben in vielen tibetischen Familien ein oder mehrere Kinder als Babys, und meistens wird das tote Kind durch ein neugeborenes ersetzt, wie es auch bei Palmo der Fall war. In Tibet gab und gibt es immer noch eine hohe Säuglingssterblichkeit, sowohl kurz nach der Geburt als auch Monate später. Unter der chinesischen Besatzung ist eine Schwangerschaft schwieriger, denn die Armut ist groß und die Ernährung mangelhaft. Viele Kinder sterben frühzeitig. Ein tibetischer Gelehrter erzählte mir, dass Tibeter sehr

stark an Karma glauben und sich überhaupt nicht um gesundheitliche Erwägungen kümmern. Dr. Rapgay sagte: »Es ist so
kalt, dass die Menschen in vielen tibetischen Dörfern monatelang nicht baden. Manchmal geschieht das nur einmal im
Jahr, im Sommer. Hygiene ist kein ökonomischer oder sozia-
ler Wert.«

Dr. Rapgay berichtete auch, dass nach seiner Information
die Sterblichkeitsrate tibetischer Babys in Indien zurückgeht.
»Heutzutage scheinen alle Frauen ohne Komplikationen und
gesund zu entbinden. Das war in Tibet nicht der Fall. Meine
Mutter hat fünfzehn Kinder geboren. Nur neun davon über-
lebten. Diese Zahlenverhältnisse waren durchaus üblich.
Meiner Meinung nach sind viele tibetische Kinder an Infektionen gestorben. Sowohl der tibetische Arzt als natürlich
auch die Familie konnten diese Infektionen nicht erkennen.
Häufig starb das Kind plötzlich. Oft wurde der Tod einem
Geist zugeschrieben, obwohl er wahrscheinlich eher auf einem Mangel an grundlegenden hygienischen Vorkehrungen
beruhte.«

Es ist sehr schwer zu verstehen, dass Eltern so viele Babys
verlieren und trotzdem weiter Kinder bekommen. Aber die
Tibeter betrachten dieses tragische Geschehen – genauso wie
sämtliche anderen Aspekte des Geburtsprozesses – als natürliches Ereignis.

Palmo hatte vor einem Jahr ein Baby verloren. »Es kam
zwei Wochen zu früh«, erzählte sie mir, »als ich im neunten
Monat schwanger war. Ich fing einfach an zu bluten – ohne
jedes Vorzeichen, kein Schmerz, nichts. Mein Mann und eine
Nachbarin brachten mich ins Delek Hospital nach Dharamsala. Zu der Zeit war der Herzschlag des Fötus in Ordnung
und ich konnte spüren, wie das Baby sich bewegte. Aber un-

ser Krankenhaus hat nur sehr begrenzte Möglichkeiten, also fuhren wir weiter ins Kangra Hospital. Auf dem Weg dorthin begannen die Schmerzen. Ich wäre damals fast gestorben. Und als wir dann in Kangra ankamen, musste ich über eine Stunde auf den behandelnden Arzt warten. Zu dem Zeitpunkt war der Herzschlag des Fötus nach Aussagen des Arztes nicht mehr zu hören, und das Baby war tot.

Die Ärzte sagten, dass die Plazenta den Geburtskanal blockierte«, fuhr Palmo fort, die medizinischen Gründe für den Tod ihres Babys erläuternd. »Meistens kommt der Kopf zuerst, und kurz nach dem Baby folgt die Plazenta. Aber manchmal schiebt sich die Plazenta vor den Kopf und blockiert den Weg. Das Baby muss sich da durchdrängen und die Plazenta reißt. Daher das Blut. Dann erstickt das Kind und stirbt. Ich denke, so etwa ist es gewesen.«

Viele Rituale wurden durchgeführt, einschließlich der Lebensrituale für Palmo, denn ihr Zustand war kritisch. »Ngawang fragt sich, ob ich mein Kind verloren habe, weil ich Fleisch von einer Nachbarin angenommen hatte, die keine Kinder hat. Nicht wegen des Fleisches, sondern weil es von ihr stammte. Ganz gleich, was sie mir vorgesetzt hätte, ob Fleisch oder andere Dinge, ich hätte mir Schwierigkeiten damit eingehandelt.«

Andere Vorkehrungen zielen darauf ab, negative Einflüsse oder *Dip* abzuwehren, eine unsichtbare Vergiftung oder negative Essenz, die der Frau auf nicht greifbare Weise schaden kann. Dazu gehören zum Beispiel Speisen, die von unfruchtbaren Frauen zubereitet wurden. In der tibetischen Kultur gibt es den Volksglauben, dass Frauen, die selbst keine Kinder bekommen können, Schwangeren unbewusst Schaden zufügen können. Manchmal spricht man auch von Hexerei.

150

Man glaubt, dass negative Energie auf die schwangere Frau übertragen wird, was am häufigsten durch Nahrungsmittel geschieht. Aus diesem Grunde ist es Sitte, dass schwangere Frauen von niemandem außer den eigenen Familienmitgliedern Nahrungsmittel annehmen.

Eine tibetische Freundin in Dharamsala und ein Tibetologe in Kalifornien haben beide die Beobachtung gemacht, dass der tibetische Hexenglaube ebenso frauenfeindlich ist wie in vielen anderen Kulturen auch und den Frauen viel mehr schadet als nützt. Das Aufziehen von Kindern hat in der tibetischen Gesellschaft immer einen Wert dargestellt und wird hoch geschätzt, was auch heute noch gilt. Tibeter im Exil haben sehr viel weniger Kinder, als sie in Tibet bekommen würden, aber man erwartet von Frauen, dass sie Babys gebären, es sei denn, sie sind Nonnen. Frauen, die keine Nonnen sind und trotzdem keine Kinder haben oder wollen, bekommen in der tibetischen Kultur gelegentlich Vorurteile zu spüren, auch wenn die meisten Leute sie nicht direkt darauf ansprechen.

»Aber das Baby hätte nicht das Opfer sein sollen«, fuhr Palmo fort, nach einer Erklärung für die Totgeburt suchend. Warum war ihr das passiert, obwohl sie doch in der ganzen Schwangerschaft so gesund gewesen war? »Warum musste das geschehen? Es ist so schwer zu verstehen.« Palmo betrachtete ihre Hände im Schoß, hin und her gerissen zwischen der Suche nach einer Erklärung und dem Wunsch, einfach zu akzeptieren, was – aus welchen Gründen auch immer – geschehen war. »Es muss für alles, was geschieht, einen Grund geben. Du kannst nicht eine Erfahrung machen, ohne eine Erklärung dafür zu haben. Eine Gottheit oder was auch immer vergiftete auf diese Weise die Plazenta. Ich hätte mich operieren lassen, wenn das Baby dadurch gerettet worden wäre. Aber der Arzt sagte, das würde nichts nützen, weil ich so viel Blut verloren hatte.« Palmo schaute mich direkt an, ihr Blick war kraftvoll und voller Liebe. »Nach einer Woche, als ich wieder herumspazieren konnte, kam ich zurück ins Delek Hospital, wo ich zwei Bluttransfusionen erhielt. Eigentlich hätte ich mehr gebraucht, doch ich wollte niemandem zur Last fallen. Aber heute geht es mir wieder gut.« Sie lächelte und zuckte leicht mit den Schultern, um anzudeuten, dass die Vergangenheit nun einmal Vergangenheit war, eine verbreitete Einstellung unter Tibetern.

Obwohl Palmo eine tieftraumatische Erfahrung machte, hielt sie sich bei ihrem persönlichen Verlust nicht länger auf, sondern richtete ihren Blick auf den verwickelten Ablauf von Leben und Tod. Außerdem war sie wirklich interessiert daran, sowohl die medizinischen als auch die traditionellen Ursachen dafür zu erfahren, dass die Plazenta sich aus ihrer normalen Lage vor das Baby geschoben hatte. Sie konnte beide Erklärungen akzeptieren. Die Diagnose, dass die Plazenta vor dem Baby lag und durch ihr Reißen die schweren Blutungen bewirkte, beantwortete ihre Frage nach dem körperlichen Vorgang. Aber Palmo wollte noch mehr wissen, nämlich warum das alles überhaupt geschah, und sie stellte fest, dass die traditionellen tibetischen Überzeugungen ihr eine Erklärung für ihre Erfahrung lieferten. Vielleicht trug das Leben in Dharamsala im Einflussbereich westlicher Philosophie und Wissenschaft dazu bei, dass Palmo beide Erklärungen akzeptabel fand.

Wie Palmo wollen viele tibetische Familien, die Säuglinge verlieren, eine Erklärung und zwar nicht für das Was, sondern auch für das Warum. Das Wissen um Infektionen beantwortet ihre Frage nach der medizinischen Ursache für den Tod ihres Babys, aber viele Tibeter fragen sich darüber hinaus, warum es überhaupt zu der Infektion gekommen ist. Selbst wenn die hygienischen Bedingungen überall in Tibet schlecht sind, ist damit nicht erklärt, warum manche Babys an Infektionen oder anderen Krankheiten sterben und andere nicht.

Die westliche Medizin weiß, dass ein Baby unter mangelhaften hygienischen Umständen anfällig für Infektionen ist. In der tibetischen Tradition jedoch glaubt man, dass Geister, Gottheiten, Hexen, unfruchtbare Frauen und ähnliche Kräfte verantwortlich sind, wenn Menschen oder Kleinkinder sich Infektionen oder andere Krankheiten zuziehen. Das würde erklären, warum andere Personen unter ähnlichen Umständen nicht erkranken. In der westlichen Medizin helfen uns die Ergebnisse der modernen Forschung zu akzeptieren, dass Emotionen, Gedanken, Lachen, Visualisierungen und spiritueller Glaube den Heilungsprozess beeinflussen.

»Wenn wir Geister und ähnliche Kräfte verantwortlich machen können«, erklärte Dr. Rapgay, der Frage nachgehend, welche psychologischen Vorteile es haben könne, Erklärungen für Tod und Krankheit zu finden, »ist der Mensch weniger erschüttert, als wenn er die Gründe nicht weiß. Die Ursache von Ereignissen zu begreifen ist für Tibeter von großem Wert. Wenn Unglück als Teil des Prozesses von Leben und Tod akzeptiert werden kann, ist es viel leichter zu ertragen.«

Bei einem Treffen mit Dr. Rapgay bat ich ihn um eine medizinische Analyse der traditionellen tibetischen Geburt, sowohl aus seiner Sicht als in Dharamsala ausgebildeter Arzt als auch auf dem Hintergrund seines Wissens über westliche

Medizin. Er erklärte sachlich: »Das Geburtszimmer, in dem in Tibet die Nabelschnur durchgetrennt wurde, war wahrscheinlich sehr schmutzig, und es gab keine Möglichkeit, es hygienischer zu gestalten. Für die hohe Säuglingssterblichkeit in Tibet sind viele Kleinigkeiten verantwortlich, die sowohl in westlichen Ländern als auch im Delek Hospital als selbstverständlich gelten. Geburten fanden immer zu Hause statt. Die medizinischen Einrichtungen waren nicht auf Entbindungen eingestellt.

Bei vielen gesundheitlichen Problemen ist die tibetische Medizin eine gute Sache, aber sie ist kaum imstande, infektiöse Erkrankungen in den Griff zu bekommen. Unser Land ist so kalt, dass viele Viren abgetötet werden. Das tibetische System wendet sich dem Körper als Ganzem zu, nicht speziellen Erkrankungen. Die tibetische Medizin zielt zum Beispiel nicht darauf ab, Herzerkrankungen zu behandeln. Sie kann aufzeigen, wie sich Probleme mit dem Herzen auf den ganzen Körper auswirken und das gesamte System wieder ins Gleichgewicht bringen. Sie ist also am wirkungsvollsten bei vielen systemischen Krankheiten, die für die westliche Medizin schwieriger zu behandeln sind, weil diese wiederum wirkungsvoller bei gesundheitlichen Problemen ist, mit denen man sich in Tibet nicht beschäftigt.

Bei Geburten in Tibet mussten die Menschen selbst entscheiden, was das Richtige oder Falsche war. Es gab keine Regierung, die ihnen sagte, dass die gesunde Geburt eines Kindes von bestimmten grundlegenden Gegebenheiten abhängt. Die Menschen mussten selbst entscheiden.«

Die Analyse verschiedener Geburten zeigt uns, dass ein so natürliches und universelles Ereignis in verschiedenen Kulturen und für verschiedene Individuen entsprechend unterschiedliche Formen annehmen kann. Jede der tibetischen Frauen, die vor kurzem ein Kind geboren hatte – Palmo, Lhamo und Tsering –, machte eine andere Erfahrung. Der individuelle Weg ihrer Babys wurde durch die Art und Weise geprägt, wie sie in die Welt kamen und ihrer Familie und ihrer Umgebung begegneten.

Heute können tibetische Frauen und Familien fast überall auf der Welt in wachsendem Maße selbst entscheiden, wie und wo sie ihre Babys bekommen wollen. Ob sie sich für den traditionellen Weg, die moderne Krankenhausgeburt oder eine andere Alternative entscheiden und von welchem religiösen Hintergrund, welchem Heimatland oder welcher Familientradition sie auch kommen – mögen sie den Weg finden, der ihren Bedürfnissen und damit auch dem Schicksal eines kostbaren neuen Lebens entspricht.

Kapitel 5

Bonding

Juwelen tibetischer Weisheit über das Bonding

Das Bonding beginnt in der Zeit vor der Empfängnis, setzt sich im Mutterleib fort und entwickelt sich durch die Liebe, Nähe und Tiefe der Beziehung, die zwischen Eltern und Kind wächst.

Zwischen der Geburt und der Willkommenszeremonie der Gemeinschaft für das neue Baby ist Zeit für das Familienbonding und die Reinigung.

Der ständige Körperkontakt mit Mutter, Vater sowie anderen Mitgliedern der Familie und der Gemeinschaft gilt als natürlich und wesentlich für die Entwicklung des Gehirns.

Das Stillen sollte schon bald nach der Geburt beginnen und die Mutter sollte beachten, dass das Kind mit der Milch auch ihre Gefühle aufnimmt. Sie muss sich mit sämtlichen Gefühlen wie Ärger, Gier oder Verleugnung auseinander setzen, damit sie ihr Kind nicht vergiften.

Wasser, Sonne, Berührung, frische Luft und Massage sind für das Baby ebenfalls Nahrung und verbinden es mit der Erde.

Über die Namensgebung tritt das Baby mit seinem spirituellen Erbe in Verbindung. Oft stammen die Namen von einem Lama oder vom Dalai Lama. Auch der Wochentag, an dem ein Kind geboren wurde, kann ihm als Name dienen.

Die nach der Geburt manchmal auftretende Wochenbettdepression der Mutter wird von der tibetischen Medizin anerkannt und behandelt und sie kennt Wege, die Beziehung zwischen Mutter und Kleinkind und der ganzen Familie in dieser entscheidenden Zeit zu fördern.

Dolma Tsering: Eine Familie kommt zusammen

Ruhig wickelte Dorje seine neue Tochter in mehrere warme Decken, legte sie in Lhamos Arme und bat Yeshe, die Großmutter, bei den beiden zu bleiben, bis er ein Taxi bestellt hatte, das sie alle vom Delek Hospital nach Hause brachte. Außer den engsten Familienmitgliedern wusste noch niemand, dass das Kind da war. Auch wenn die Geburt Dorje und Lhamos westlichen Lebensstil widerspiegelte, wollten sie nicht riskieren, Unglück anzuziehen, indem sie zu viel darüber sprachen. Und so erfuhr niemand, dem sie auf dem Weg begegneten, dass das Bündel, das sie bei sich trugen, ein Neugeborenes war. Schon bald würde sich die Nachricht verbreiten, und nach einer ruhigen Zeit, in der die Familie wieder zusammenkam, das Neugeborene in ihren Kreis aufnahm und Reinigungsrituale durchführte, würden weitere Familienangehörige und Freunde eintreffen, um nach Sitte der Gemeinschaft die Willkommenszeremonie zu feiern.

Als Lhamo und Dorje mit ihrer neuen Tochter durch die Tür ihres Hauses traten, wurden sie von einem aufgeregten Haufen begrüßt. Ihre beiden Söhne Tenzin und Gyamo begannen in ihrer Aufregung im Zimmer herumzurennen. Eine von Lhamos engsten Freundinnen hatte die beiden versorgt, während die Eltern im Krankenhaus waren. Tenzin war ganz begierig, seine neue Schwester zu sehen. »Zeig sie mir, zeig sie mir«, sagte er. Er zupfte, auf Zehenspitzen stehend, an Lhamos Arm und spähte in das Bündel, das sie ihm entgegenhielt, damit er das Baby sehen konnte.

Lhamo sagte ihm, er dürfe seine Schwester sehen, aber nicht berühren. »Sie ist noch so klein, dass du vorsichtig mit ihr sein musst«, warnte sie. Dorje mahnte die Jungen ebenfalls, behutsam zu sein, weil er wusste, dass sie mit ihrem aufgeregten Wunsch, die Schwester zu sehen, das Baby verletzen konnten. Die Warnung nützte allerdings nicht viel, da die beiden Jungen sich in ihrer Begeisterung dicht an ihre Schwester drängten und das Gesicht des kleinen Kindes mit

Küssen bedeckten. Das Baby spuckte ein wenig bei all der Aufmerksamkeit, die ihm zuteil wurde, schrie aber nicht, wie die Eltern erfreut bemerkten.

Am nächsten Morgen war die Neuigkeit natürlich zu Freunden und weiteren Verwandten gedrungen, und Dorje nahm die Glückwünsche einer gratulierenden Nachbarin entgegen. »Das Baby ist letzte Nacht geboren worden. Besuche uns in drei Tagen wieder«, sagte Dorje zum wiederholten Mal. Seine Stimme klang etwas müde, aber offensichtlich erleichtert. »Komme aber nicht früher. Wir werden dich vorher nicht hereinlassen.« Er lachte über diesen unverblümten Hinweis auf die Tradition seiner Kultur und fügte hinzu: »Es ist ein Mädchen.«

In den nächsten Tagen kam das Baby erst einmal in seiner Familie an. Lhamo machte es sich auf einem Bett im Hauptraum bequem, das tagsüber zum Mittelpunkt der häuslichen Aktivitäten werden würde. Hier konnte sie ihre neue Tochter leicht hochnehmen, stillen und mit ihr spielen. Das Baby lag neben ihr und schlief, wenn es wollte. Dorje half eifrig bei allen anfallenden zusätzlichen Arbeiten: die anderen Kinder versorgen, Windeln waschen, spezielle Fleischbrühe, Hühnersuppe, Tsampa und Buttertee für Lhamo zubereiten. Er musste auch Wasser für Lhamo erhitzen, da ihr laut Tradition verboten war, im ersten Monat nach der Geburt kaltes Wasser zu berühren. Täte sie es doch, so glaubte man, konnte sie Rückenbeschwerden bekommen.

Der Sitte folgend, suchte Dorje zwei Tage nach der Geburt seiner Tochter einen hohen Lama auf, um einen Namen für sie zu empfangen. Wie oft üblich, war dies der Lama, den die Familie regelmäßig befragte, wenn sie Zeremonien durchführen wollte oder einen speziellen Rat brauchte. Dorje warf

sich vor ihm nieder und überreichte ihm eine kleine Geldgabe. Er brachte auch einen zeremoniellen Schal mit, den der Lama segnete und ihm zurückgab, indem er ihn behutsam um seinen Hals schlang.

»Habt ihr einen Jungen oder ein Mädchen bekommen?«, fragte der Lama.

»Ein Mädchen«, antwortete Dorje stolz. Der Lama, der aufrecht vor ihm saß, konzentrierte sich innerlich ganz auf das neue Baby. Nach einigen Minuten führte er seine gewölbte Hand zum Mund und blies seinen Segen in das farbenfrohe, aus Seide geknotete Schutzbändchen, das darin lag. Das Bändchen Dorje reichend, gab er gleichzeitig den Namen des Säuglings bekannt: »Dies ist für deine Tochter, Dolma Tsering.«

Dorje verbeugte sich respektvoll vor dem Lama, nickte, als dieser ihm auftrug, das Schutzbändchen am Hemd seiner Tochter zu befestigen, und eilte mit dem gesegneten Band nach Hause. Er war aufgeregt, weil er Lhamo schnell den Namen ihrer gemeinsamen Tochter mitteilen wollte. Die Namensgebung stellte für das neugeborene Mädchen eine weitere starke Verbindung mit dem Leben dar, das sie gerade erst angetreten hatte.

Wie es in ihrem Dorf Sitte war, würde Dolma Tserings Eintreffen am vierten Tag nach der Geburt mit Reinigungs- und Willkommenszeremonien gefeiert werden. Lhamo, Dorje und Dorjes Mutter Yeshe begannen den Tag mit einer Andacht für die Gottheiten und Schutzgeister. Dann ging Dorje zu dem Lama, der seiner Tochter den Namen gegeben hatte, um eine Flasche Wasser für die Rituale an diesem Tag segnen zu lassen.

Als er zurückkehrte, führten sie die Reinigungszeremonie durch. Dorje goss etwas Wasser in Yeshes gewölbte Hand und auch sie segnete das Wasser. Dann gab Yeshe Lhamo etwas von dem zweifach gesegneten Wasser in die Hand. Lhamo trank ein wenig davon und fuhr dann mit ihrer Hand über ihren eigenen Kopf und Dolma Tserings kleines Haupt. Damit waren sie beide von sämtlichen Unreinheiten, die mit der Geburt verbunden gewesen sein mochten, gereinigt. Und durch die Zeremonie machte Dolma Tsering Bekanntschaft mit den traditionellen Sitten.

Die Willkommenszeremonie

Während Dolma Tserings Familie diese Rituale durchführte, bereiteten sich die Besucher auf das Willkommensfest am vierten Tag nach der Geburt vor. Und als Dorjes Bruder Dhonden und seine Frau Lhakpa Dolkar auf das Haus zukamen, war die Familie bereit, sie zu begrüßen.

»Wir sind gekommen, um das neue Baby willkommen zu heißen«, sagte Lhakpa Dolkar und hielt Dolma Tsering, die aus Lhamos Schoß zu ihm hinblinzelte, eine Kata, einen weißen gesegneten Schal, entgegen.

Als mit Ankunft der ersten Besucher die Zeit, die die Familie für sich allein hatte, zu Ende ging, stellte Dorje Räucherwerk und einen Krug Milch bereit. Ein kleines Gebet für Dolma Tsering sprechend, zündete Dhonden das Räucherwerk an und sprengte den Raum mit Milch, womit er das Haus reinigte und Dolma Tserings Willkommenszeremonie eröffnete.

Dorje holte aus der Küche den glücksspendenden Tee und Reis, die er an alle Anwesenden und die neu eintreffenden Gäste verteilte. Einige von ihnen brachten Geschenke mit: ei-

162

nen kleinen Sack Tsampa (Gerstenmehl), einen Butterku-
chen, Tee, Chang und Babykleidung. Dorjes Schwester
Choeling hatte für ihre neue Nichte eine kleine Stoffpuppe
mit der Hand genäht. Dorje nahm die Geschenke für Dolma
Tsering entgegen.

Den ganzen Festtag lang schauten Freunde und Verwandte herein und brachten kleine Geschenke und gute Wünsche
für Dolma Tsering, um ihre Ankunft in der Familie und der
Gemeinschaft zu feiern. Aus Thermoskannen wurde Buttertee eingeschenkt und Tabletts mit frisch gebackenen tibetischen Keksen wurden herumgereicht. Nach einer Weile
servierte Dorje auf Tellern Reis mit Rosinen und Butter vermischt. Jeder Gast nahm sich eine Hand voll, aß einen Teil
und warf den anderen in die Luft, um dem Kind ein glückliches Leben zu wünschen. Der Reis war nicht nur ein Symbol
des Schutzes für das kleine Kind, sondern stand auch für die
Ernte der neunmonatigen Schwangerschaft. Dolma Tsering
verbrachte den Tag auf Lhamos Schoß. Die Besucher respek-
tierten die tibetische Tradition, nach der Menschen, die nicht
zur engeren Familie gehören, das Neugeborene nicht berühren, sondern warten, bis das Kind etwa einen Monat alt und
kräftig genug ist, um sich durch den Kontakt keine anste-
ckende Krankheit zu holen. Viele der Gäste blieben bis zum
späten Abend, nahmen mit Genuss ein Abendessen zu sich,
das aus herzhafter Thugpa-Suppe bestand, und tranken
Chang, tibetisches Gerstenbier.

Auch wenn Dolma Tsering einen Teil der Zeit verschlief,
hatte sie den Tag mit den Menschen verbracht, die ihr in den
folgenden Jahren am nächsten stehen würden. Dieses festli-
che Zusammentreffen war der Beginn ihrer Beziehung zu ihnen und ihres Anrechts auf die Fürsorge und Liebe dieser

Menschen. Es war auch die Grundlage für die Fürsorge und Liebe, die sie diesen Menschen im Laufe ihres Heranwachsens entgegenbringen würde.

Bonding in der tibetischen Tradition

In jeder Tradition gilt die Zeit unmittelbar nach der Geburt als Zeit des Bonding zwischen Kind und Eltern und damit als besonders wichtig. Laut tibetischer Tradition werden die Fäden, die die Qualität des Bonding zwischen Eltern und Kind ausmachen, vor allem in dieser Zeit, aber auch in der nachfolgenden gesamten Beziehung geknüpft. Das Bonding beginnt bereits mit der Empfängnis (oder sogar noch früher, Leben für Leben) und vertieft sich mit Fortschreiten der Schwangerschaft. Durch die Geburt und die anschließende Fürsorge für das Kind bekommt das Bonding neue und tiefere Dimensionen. Von dem Augenblick an, wo Mutter und Vater ihr Kind zum ersten Mal im Arm halten, und in der Zeit der ersten Betreuung wird das Band zwischen ihnen immer stärker. Wenn die Familie zum ersten Mal zusammenkommt und zum Beispiel an einem dafür günstigen Tag einen gemeinsamen Ausflug macht, ist das eine besonders wichtige Zeit für das erste Bonding nach der Geburt. In den ersten Tagen, in denen das Kind in die Familie aufgenommen wird und wo alles noch neu und im Übergang begriffen ist, sind die Beteiligten besonders aufmerksam.

Nach tibetischer Sitte bleibt die Familie unmittelbar nach der Geburt mehrere Tage unter sich. Die meisten Familien begrüßen die traditionellen Ruhetage und nutzen diese Zeit, um sich auf die Bedürfnisse des Säuglings einzustimmen und sich den Ritualen und Gebeten für das Neugeborene zu widmen. In dieser Zeit geht die Familie selten aus, und Besucher wissen, dass sie die üblichen Tage der Familienzeit (drei Tage für einen Jungen und vier Tage für ein Mädchen) abwarten müssen, bevor sie die Geburt offiziell anerkennen und das neue Baby in der Gemeinschaft willkommen heißen.

Die Reinigungszeremonie, Bang-so genannt, wird am Morgen des dritten oder vierten Tages durchgeführt. Bei dieser kurzen religiösen Zeremonie wird reinigendes Räucherwerk verbrannt, die typische tibetische Methode, um unsichtbare Verschmutzungen zu beseitigen. Dann treffen Nachbarn, Freunde und Verwandte mit Geschenken ein, um mit der Willkommenszeremonie die Geburt zu feiern. Meistens bringen die Besucher dem Kind eine Kleinigkeit mit. Und wenn der Säugling eine Kinderfrau oder Amme hat, wie es in den reicheren Familien in Tibet der Fall war, bekam auch diese ein kleines Geldgeschenk und einen zeremoniellen Schal.

Nicht jeder ist jedoch als Besucher willkommen. Laut Tradition sind verheiratete Frauen, die selbst keine Kinder gebären können, vom Kontakt mit Neugeborenen ausgeschlossen. »Man bringt Entschuldigungen vor«, erklärte mir eine tibetische Mutter, »damit eine unfruchtbare Frau das Neugeborene nicht hält oder sieht, was schwierig ist, denn als Verwandte erwartet man von ihr, dass sie das Kind begrüßt. Aber die Unfruchtbarkeit der Frau gilt als verdächtig. Meistens sprechen Tibeter über dieses Thema nicht, aber wenn eine Frau nicht kommt, um ein neues Kind zu begrüßen, geht man davon aus, dass sie unfruchtbar ist und weiß, sie ist nicht willkommen.« Auch wenn viele Tibeter inzwischen glauben, dass dieser kulturelle Aberglaube für kinderlose Frauen verletzend und ungerecht ist, geht diese Haltung in ganz Tibet immer noch tief. In westlichen Gesellschaften, wo immer mehr Frauen kinderlos bleiben oder erst in relativ späten Jahren Kinder bekommen, wird dieser Aberglaube wahrscheinlich schneller verschwinden.

Nach tibetischer Tradition bleibt ein Neugeborenes mehrere Wochen im Haus. Es gibt aber auch tibetische Sitten, die besagen, man solle mit dem Kind drei Tage nach der Geburt oder an einem dafür günstigen Tag einen kurzen Ausflug machen. Diese Zeremonie heißt Go-don, was so viel bedeutet wie »Ausgang«. Anschließend verlässt das Kind mindestens einen Monat lang nicht das Haus. In einigen Gegenden Tibets behält man ein Kind sechs oder sieben Monate im Haus, um es vor schädlichen Einflüssen zu schützen, eine Sitte, die wahrscheinlich in den Härten eines extremen Klimas begründet ist. In heutigen Zeiten hat diese Tradition keinen praktischen Nutzen mehr und wird auch kaum noch befolgt. Es ist üblich, einen Astrologen nach einem günstigen Tag für den ersten Ausflug des Babys zu fragen. Wenn das Baby bei diesen kurzen Ausflügen in das Haus von Freunden mitgenommen wird, erhält es von diesen eine Kata oder bekommt etwas Butter auf den Kopf gestrichen. Vielleicht geben sie dem Baby auch etwas Tsampa oder machen ihm ein kleines Geschenk, um seinen Besuch zu feiern.

Stillen und erste Nahrung

Das Stillen gilt als sehr wichtiger Beitrag für die Gesundheit und das allgemeine Wohlbefinden des Kindes. Wie bereits in früheren Kapiteln besprochen, achten tibetische Frauen meistens sehr sorgfältig darauf, sich in der Schwangerschaft und auch in der Säuglings- und Stillzeit gut zu ernähren, damit sich das Baby bester Gesundheit erfreut. An dieses Ideal hält man sich sowohl im Osten als auch im Westen. Immer mehr Frauen in westlichen Ländern trinken in der Schwangerschaft und der Stillphase keinen Alkohol, rauchen nicht und ernähren sich bewusst.[41] Tatsächlich achten Frauen überall auf der Welt im wachsenden Maße auf ihre Ernährung, um die Gesundheit des Neugeborenen sicherzustellen.

In der tibetischen Tradition stillen Frauen ihre Kinder normalerweise bis zu Jahren nach der Geburt. Wie im Kapitel über die Geburt bereits erwähnt wurde, besteht ein positiver Einfluss der modernen Medizin darin, dass tibetische Frauen ihren Säuglingen jetzt meistens auch die erste Milch, das Kolostrum, geben, da sie von westlicher und anderer Seite gehört haben, wie gesund sie ist. Früher galt das Kolostrum als unrein und wurde beseitigt.

Wenn eine Frau nicht stillen kann oder ihre Milch ungesund sein sollte, bittet man manchmal eine andere Frau, das Kind zu stillen. Um diese wichtige Entscheidung zu treffen, überprüft die Familie, ob die Amme ein gutes Herz hat, gesund ist, aus guter Familie stammt und von ihrer Persönlichkeit her mit dem Kind harmoniert. In einem Interview sagte der Dalai Lama, dass der Einfluss der Mutter auf die geistige Entwicklung ihres Kindes bereits vor der Geburt beginnt und sich über ihre Milch bis zu der Beziehung fortsetzt, die im Folgenden zwischen den beiden wächst. Der Dalai Lama sieht einen eindeutigen Zusammenhang zwischen dem mütterlichen Einfluss auf das Bewusstsein des Kindes und dem Stillen als körperlicher Bindung, bei der die mütterliche Essenz in einem unmittelbaren Sinne in das Kind fließt. Dabei betrachtet er, wie es typisch für das tibetische Denken ist, die körperliche und die spirituelle Ebene als natürliche Einheit, ohne der einen oder anderen den Vorrang zu geben.

Obwohl die Muttermilch Hauptnahrung für das heranwachsende Baby ist, wird sie bald ergänzt durch Tsampa, geröstetes Gerstenmehl, das die Grundlage der tibetischen Ernährung darstellt. Tsampa wird in vielen Formen zubereitet und gegessen. Meistens ist es Hauptbestandteil sämtlicher Mahlzeiten und kann auch als Zwischenmahlzeit gegessen sowie Tee und Bier beigegeben werden. Tsampa essen ist einer der universellsten Aspekte im Leben und in der Kultur des tibetischen Volkes. Eifrig darauf bedacht, das Baby mit diesem Erbe und seinem zukünftigen Lebensstil vertraut zu machen, füttern Eltern es oft mit einem dicken Brei aus Tsampa, gekochtem Wasser und Butter, den sie ihm bereits ein, zwei Tage nach der Geburt in winzigen Portionen auf der Fingerspitze geben. Außer als Nahrung dient dieses Füttern mit Tsampa auch dazu, das Kind mit dem Herzstück der Ernährungskultur der Familie und der Tibeter überhaupt vertraut zu machen.

Aber nicht nur Tsampa hilft dem Baby, körperlich und kulturell zu wachsen, sondern man glaubt auch, es körperlich und spirituell zu kräftigen, wenn man ihm in den ersten sieben oder zehn Tagen einen Klecks Butter auf den Kopf gibt. Wie Tsampa ist auch Butter ein Hauptbestandteil der tibetischen Ernährung; und wenn das Neugeborene täglich in dieser Form Butter bekommt, wird es ebenfalls enger mit dem Netz seiner Kultur verwoben – wie mit jedem weiteren Ritual und jeder weiteren Sitte auch.

Geschlechtsänderung

In der tibetischen Kultur existiert der Volksglaube, dass sich das Geschlecht des Babys in der Schwangerschaft, im Augenblick der Geburt oder auch noch ein paar Tage nach der Geburt ändern kann. Eine Geschlechtsänderung wird nicht als negativ betrachtet, sollte aber trotzdem verhindert werden, denn für das Kind und die Familie wäre es beunruhigend, wenn die Dinge sich anders entwickeln, als sie ursprünglich angelegt waren. Laut Schätzung eines Arztes am tibetischen medizinischen Institut ändert etwa eines von hundert Babys sein Geschlecht. Tibeter aus sämtlichen sozialen Schichten betrachten das als ziemlich normales Ereignis. Tibetische Menschen in Dharamsala erzählen ganz selbstverständlich, dass manche Babys ihr Geschlecht ändern. So wie Ngawang und Palmo in den ersten Tagen nach der Geburt einen goldenen Ring auf den Penis ihres neugeborenen Sohnes legten, damit er sein Geschlecht behielt, gehen die meisten Menschen, mit denen ich sprach, davon aus, dass Geschlechtsänderungen tatsächlich vorkommen und durchaus verbreitet sind.

Wiederholt hörte ich Menschen aber auch sagen: »Ich habe so oft von Geschlechtsänderungen gehört, also stimmt's wahrscheinlich. Selbst erlebt habe ich das aber noch nicht.« Alle waren sich darüber einig, dass Geschlechtsänderungen nicht selten vorkommen. Aber niemand, mit dem ich sprach, war selbst Zeuge eines solchen Ereignisses gewesen, obwohl viele meiner Gesprächspartnerinnen und -partner andere Menschen kannten, die erzählt hatten, dass ihr Baby sein Geschlecht geändert habe. Während also in westlichen Kulturen das Geschlecht des Babys sofort nach der Geburt eindeutig

169

verkündet wird (»Es ist ein Mädchen/ein Junge!«, hört man laut und deutlich rufen, sowie das Baby gekommen ist), betrachtet man das Geschlecht des Babys in der tibetischen Kultur als etwas viel Flüchtigeres, das sich in der Schwangerschaft und den ersten Tagen nach der Geburt durchaus noch ändern kann.

Manchmal sagen tibetische Eltern, ihr Baby sei ein Mädchen, obwohl das Kind ganz offensichtlich als Junge geboren wurde. Damit hofft man eine Geschlechtsänderung zu verhindern und wehrt Geister oder menschliche Flüche ab, die dem Kleinkind Schaden zufügen oder es krank machen könnten. Manchmal ändern Eltern später in der Kindheit auch den Namen des Kindes, um böse Geister zu verwirren. Ich sprach mit einer Frau, die sagte, sie sei erst im späten Alter von achtzehn Jahren in die Pubertät gekommen, weil sie ursprünglich ein Junge und körperlich verwirrt gewesen sei. Von Mädchen, die sich wild gebärden, sagt man oft, sie seien eigentlich als Junge geboren worden.

Auch wenn diese und ähnliche Einstellungen sich inzwischen etwas verändert haben, ist es den Tibetern im Allgemeinen lieber, wenn das erste Kind ein Mädchen ist, weil es später der Familie besser zur Hand gehen kann. Außerdem glaubt man, dass die Eltern garantiert lange leben, wenn das erste Kind ein Mädchen ist. Oft freut man sich auch deswegen mehr über ein Mädchen, weil das Kind dann nicht von Mönchen geholt werden kann, um im Kloster unterrichtet zu werden. Ein Mönch hingegen erzählte mir, tibetische Familien würden lieber Jungen bekommen. Andere Tibeter sagten mir, beide Geschlechter würden gleich geschätzt. Der Mönch habe vielleicht daran gedacht, dass Jungen im Kloster gute Arbeiter sind, und deswegen waren ihm Jungen lieber. Insgesamt scheint die Frage, ob Junge oder Mädchen, aber eher nach persönlichen Vorlieben beantwortet zu werden, die in jeder Familie anders aussehen.

Der verbreitete Glaube, dass unfruchtbare Frauen Schwangere bewusst oder unbewusst mit Nahrungsmitteln »verhexen«, schließt auch ein, dass sie für Geschlechtsänderungen verantwortlich sind. Ich habe einige Geschichten von Frauen gehört, die glaubten, einen Jungen oder ein Mädchen geboren zu haben, die dann das gegenteilige Geschlecht hatten. Fast alle sagten, ihnen seien von unfruchtbaren Frauen Nahrungsmittel aufgedrängt worden, die sie aufgrund der möglichen Risiken für ihr Baby hätten ablehnen sollen. Um dieses Unglück zu verhindern, wird werdenden Müttern geraten, sich nicht mit anderen Frauen zu streiten und keine unfruchtbaren Frauen zu besuchen oder Dinge zu essen, die diese ihnen anbieten. Als weitere Vorkehrung wird empfohlen, sofort nach der Geburt die Genitalien des Kindes zu berühren oder auf den Penis eines männlichen Babys einen goldenen Ring zu legen.

Rituale in der Zeit des ersten Bonding: Feiern und reinigen

Ich fragte Tashi einmal, warum es so viele Riten und Rituale rund um die Geburt eines Kindes gäbe. Er antwortete: »Die Gefahr, dass ein Kind im rauen Klima Tibets nicht überlebte, war so real und ständig präsent, dass Riten und Rituale große Wichtigkeit bekamen. In der modernen Gesellschaft existiert diese Gefahr praktisch nicht mehr, deswegen haben diese Gebräuche auch nicht mehr die gleiche Bedeutung.« Ursprünglich zielten diese Riten darauf ab, ein neugeborenes Kind auf ihre Weise mit dem Leben zu verbinden. In der modernen tibetischen Tradition spielen diese Rituale immer noch eine grundlegende Rolle für die Einbindung des tibetischen Kindes in seine Familie und Kultur, sein spirituelles Erbe und die Zyklen von Leben und Natur.

Die Rituale, die in den Tagen nach der Geburt durchgeführt werden, sind besonders prägend für die Integration eines Neugeborenen in diese Welt und die Beziehungen, die das Kind sowohl zu seiner Familie als auch zu den Gottheiten entwickeln wird. Gottheiten und Schutzwesen werden Gaben dargebracht, Butterlampen werden angezündet, und in manchen Häusern singt man zu Ehren des neuen Babys auch Gebete. An dem Tag, an dem man – wie bereits beschrieben – die Besucher erwartet, werden ganze Rituale für das Kind durchgeführt und Gebete gesprochen. Auch die Großeltern helfen sowohl auf der körperlichen als auch auf der spirituellen Ebene bei der Vorbereitung auf die Geburt und die entsprechenden Rituale, wie Yeshe es für Lhamo und Dorje tat.

Schon bald nach der Geburt führt die Familie einige kleinere Rituale durch, die dem Kind Kraft und Gesundheit schenken sollen. Wie in anderen Traditionen auch, gibt es ganze Gruppierungen von Ritualen für die unterschiedlichsten spirituellen Praktiken. Die einzelnen Zeremonien können auf den Weissagungen eines Lamas und den verschiedenen Familientraditionen beruhen. Die Familie oder einige Mönche führen die Rituale zu Hause durch oder sie werden von vielen Mönchen im Kloster zelebriert. Gyatso erzählte mir einmal: »Wenn die Familie herausfindet, dass das Kind einen schönen Charakter oder besondere Kräfte hat, sieht sie in ihm ein spirituell wichtiges Wesen. Um dem Ausdruck zu verleihen, führt sie zusätzliche Rituale durch, damit auch andere Menschen erkennen, dass das Kind etwas Besonderes ist.«

Sieht man in dem Kind ein spirituell besonderes Wesen, heißt das oft, dass es die Reinkarnation eines verehrten spirituellen oder hoch gebildeten Lehrers ist und enorme Fähigkeiten besitzt, die es in die Lage versetzen, geistig zu wachsen, anderen Menschen zu helfen oder sie spirituell zu unterweisen. Um sicherzustellen, dass sich die Fähigkeiten des Kindes entwickeln können, werden komplexe Rituale durchgeführt, die es schützen und sein spirituelles Wachstum fördern sollen. Auch wenn grundsätzlich jedes Kind die Reinkarnation eines großen Lamas oder Lehrers sein könnte, bleibt das für die meisten Familien eine theoretische Möglichkeit, und sie behandeln ihr Kind als ganz normales Baby, so lange sein Verhalten nicht auf spezielle Gaben hinweist. Für Lhamo und Dorje zum Beispiel ist ihre neugeborene Tochter zwar etwas Besonderes, aber ihr Verhalten diesem Kind gegenüber ist nicht heiliger, als es einem innig geliebten neuen Familienmitglied zusteht.

Manche Rituale sollen das Neugeborene und ältere Kinder in den Jahren der frühen Kindheit vor den schädlichen Auswirkungen menschlicher Verwünschungen und böser Geister schützen. Bei einem dieser Rituale wird das Kind zum Beispiel mit einem stark riechenden Sud aus Betelnuss, Cashewnuss und Gelbwurz geräuchert, um unbekannte Geister zu vertreiben. Dann wird ein spezielles Zauberfädchen, das Cashewwurzel enthält, um den Hals oder beide Handgelenke des Kindes gebunden, um es vor bösen Geistern zu schützen. Der Tradition folgend, befestigen manche Menschen den Zauberfaden sogar an der Krone des Kopfes des Kindes. Mindestens einmal im Monat schützen die Eltern das Kind mit Hilfe weiterer Riten und Rituale, welche die Geister beruhigen sollen. Das Kind muss bei diesen Zeremonien nicht unbedingt anwesend sein; sie können von einem Familienmitglied für es durchgeführt werden.

Eine andere Form der Reinigung, mit der Krankheiten abgewehrt werden sollen, sieht so aus, dass Mutter und Kind Tsampateig oder Weizenmehl essen. Dann wird der Teig über den ganzen Körper des Kindes gerollt, um die Negativität und Gifte der Geburt aufzusaugen. Anschließend drückt das Baby den Teig in seinen Fäusten zusammen. Dieser Abdruck wird dann mit Figuren, die ein Lama nach dem Bildnis der störenden Geister aus Teig hergestellt hat, weggeworfen. Dieses Ritual findet auch Anwendung, wenn das Kind sich nicht wohl fühlt und es zum Beispiel hohes Fieber, häufige Alpträume und unerklärliche Ängste hat oder oft schreit. Die Tradition besagt, dass der Teig aus Gerstenmehl Nahrung für die geknetete Figur ist. So weiß der lästige Geist, dass er genug zu essen hat, und kann das Baby in Ruhe lassen.

Wenn die Nabelschnur abgefallen ist, wird sie meistens an einem sicheren Ort aufbewahrt, um später das Baby damit zu behandeln, wenn es Lippenbläschen, eine raue Zunge oder eine Pilzinfektion hat. Dann taucht man die Nabelschnur in Wasser, Honig oder manchmal auch Butter und reibt damit die Wunde ein. Das gilt laut Tradition als wichtige Medizin für Säuglinge. Manchmal wird die Nabelschnur auch in Wasser gekocht und das Baby mit der Suppe gefüttert. Außerdem kann das Baby sie in einem Amulett um den Hals tragen. Die Verwendung der Nabelschnur des Kindes für seine eigene Heilung ist Symbol für ein tief greifendes Gefühl der Verbundenheit und Kontinuität über Schwangerschaft, Geburt und Säuglingszeit des Kindes hinweg.

Dorje: Das Vergraben der Plazenta

Nach Dolma Tserings Geburt war die Plazenta, ihr Zuhause im Schoß der Mutter, sorgfältig eingepackt worden. An einem sonnigen Tag in der ersten ruhigen Zeit zu Hause lud Dorje seine älteren Kinder, Dolma Tserings Brüder, zu einem Spaziergang ein. »Heute machen wir einen ganz besonderen Ausflug«, sagte er zu ihnen. »Wir werden zu den Wäldern oben in den Bergen wandern und dort einen sicheren Platz finden, an dem wir die Plazenta des neuen Babys tief in der Erde vergraben. Wer kommt mit?«

»Ich, ich!«, antwortete der ältere Sohn Tenzin schnell. Er spürte, dass sein Vater etwas ganz Besonderes vorhatte.

Der kleinere Junge wurde von der Aufregung seines Bruders angesteckt und rannte zu Dorje, um seine Knie zu umarmen. »Ich auch, ich auch!«, schrie Gyamo, weil er nicht zurückbleiben wollte.

Dorje und seine beiden Söhne verließen das Haus und schlugen den Pfad in die Wälder ein. Dorje war diesen Weg in den Wald bereits vor Jahren gegangen, um die Plazenta dieser Söhne zu vergraben. Hätten sie mehr Land gehabt, dann hätten sie die Plazenta in der Nähe des Hauses vergraben können. Auf jeden Fall war es wichtig, einen Platz zu finden, wo sie nicht von wilden Tieren ausgegraben werden konnte. Die Beschädigung oder Verunreinigung der Plazenta wäre ein schlechtes Omen für die Familie und das Baby. Am Tag zuvor hatte Dorje einen Astrologen aufgesucht, der ihm sagte, dass der heutige Tag für das Vergraben der Plazenta günstig sei.

Als sie bereits ein ganzes Stück in den Wald vorgedrungen waren, vorbei an großen Pinien, die in der heißen Sonne ihren

Duft verströmten, wählte Dorje einen Platz und sie begannen zu graben. »Als Zeichen für meinen Respekt vergrabe ich die Plazenta tief in der Erde«, erklärte Dorje seinen Söhnen. Tenzin kämpfte mit der großen Schaufel, um sich am Graben des Loches zu beteiligen. Auch wenn Dorje den Platz nicht kennzeichnete, weil er ihn sich nicht merken musste, hatte er großen Respekt vor der Plazenta. Sie war die physische und symbolische Verbindung zwischen Lhamo und der neugeborenen Dolma Tsering. Durch das Vergraben der Plazenta wurde sein Kind mit der Erde vereint: Der bislang wichtigste Besitz des Kindes, die Plazenta, die es neun Monate lang genährt hatte, würde jetzt die Erde nähren, in die man sie legte.

Nach dem Vergraben kehrten Vater und Söhne zurück nach Hause, und Dorjes Gedanken kreisten nicht mehr um den wichtigen Auftrag, den er gut erledigt hatte. Als er Lhamo und eine gut gelaunte Dolma Tsering begrüßte, war er schon wieder mit den unmittelbaren Anforderungen seines Lebens beschäftigt. Er erzählte Lhamo noch nicht einmal, wo er die Plazenta vergraben hatte, und schon bald würde keiner der beiden mehr daran denken.

Dem Baby einen Namen geben

Laut Tradition ist es nicht üblich, dass Familien dem Baby selbst einen Namen geben. Stattdessen erbitten die Eltern den Namen meistens von einem hohen Lama. Mit dieser Bitte bringen sie zum Ausdruck, dass sie eine umfassendere spirituelle Kraft anerkennen, von der sowohl sie selbst als auch ihr Baby Teil sind. Wenn das Kind den Namen von einem Lama empfängt, wird außerdem seine Beziehung zum Reich der

Gottheiten und zur spirituellen Dimension seines tibetischen Erbes gefördert. Sein Name zeigt, dass das Kind einen Platz in der tibetischen Kultur einnimmt und in diesem Leben eine Rolle zu erfüllen hat.

Am liebsten lassen tibetische Eltern ihrem Baby von Seiner Heiligkeit dem Dalai Lama, dem höchsten Lama, einen Namen geben. Ist das nicht möglich, bringen sie es zu einem anderen Lama. Einige Eltern geben dem Kind auch selbst einen Namen. Manchmal nennen sie es nach dem Tag, an dem es geboren wurde, oder wählen einen anderen Namen. Wird das Kind zum Beispiel an einem Samstag, in Tibet Pen-pa, geboren, nennen die Eltern das Kind Penpa Dhondup, wenn es ein Junge ist, oder im Falle eines Mädchens Penpa Dolma. Viele junge Menschen heißen Tenzin, nach dem augenblicklichen Dalai Lama, Tenzin Gyatso. Aber im Allgemeinen wünschen die Eltern sich, dass ein reinkarnierter Lama dem Kind einen Namen gibt, um es vor Krankheit und Unglück zu schützen.

Besorgte Eltern können sich bereits vor der Geburt oder in der Schwangerschaft von einem inkarnierten Lama einen Namen holen. Wenn eine Familie mit ihren Kindern Schweres erlebt – zum Beispiel eines oder mehrere sterben –, dann kann das nächste überlebende Kind einen so seltsamen Namen wie Khyi-kyag tragen, was wörtlich »Hundescheiße« heißt. Man glaubt, dass sein hässlicher Name es vor Unglück schützt, weil dieser schädliche Geister fern hält, die sich andernfalls zu dem Kind hingezogen fühlen. Wenn ein Lama weissagt, dass dem Kind nichts passieren wird, kann es einen neuen Namen bekommen.

Solange ein Kind nicht ernsthaft erkrankt oder großes Unglück erlebt, behält es meistens den Namen, den es erhalten hat. Hat es jedoch große Schwierigkeiten im Leben, können die Eltern abermals einen Lama aufsuchen, um sich einen neuen Namen zu holen, der für einen symbolischen Neubeginn steht. Eine Mutter kann ihr krankes Baby auch direkt zu einem Lama bringen oder diesen bitten, sie zu Hause aufzusuchen, um eine traditionelle Heilung durchzuführen und Gebete zu sprechen. Wenn das Kind ernsthaft krank ist, kann der Lama, wie bereits erwähnt, vorschlagen, seinen Namen zu ändern. In dem seltenen Fall, wo ein Kind oder ein Erwachsener, die bereits für tot gehalten wurden, ins Leben zurückkehren, können sie den Namen Shi-log erhalten, was wörtlich bedeutet »Von den Toten zurückgekehrt«.

Die meisten Tibeter haben zwei Namen. Im Allgemeinen werden sie, wie Rinchen Lhamo, bei beiden Namen oder bei einem der beiden Namen gerufen – wie immer ihre Familie sie spontan nennen mag. Auch wenn tibetische Familien einen Nachnamen haben, damit man sie identifizieren kann, haben in früheren Zeiten nur aristokratische Familien ihn benutzt. Da die meisten tibetischen Gemeinschaften wie auch die im indischen Exil klein sind und eng zusammenhalten, kennt jeder jeden und weiß, wer mit wem verwandt ist. Diese Tendenz hat sich heute jedoch geändert, und viele Tibeter der jüngeren Generation benutzen ihren Nachnamen regelmäßig. Da viele Tibeter in den Westen gegangen sind, legen sie auch mehr Wert darauf, einen Nachnamen zu tragen, um westlichen Gepflogenheiten zu entsprechen.

Lhamo: Mutter und Tochter

In den Tagen nach Dolma Tserings Willkommenszeremonie war es wieder ruhig im Haus, und Lhamo, Dorje, Yeshe, Tenzin und Gyamo hatten sich an den neuen Tagesablauf mit dem Baby gewöhnt. Lhamo saß mit gekreuzten Beinen auf ihrem Bett im Hauptzimmer des Hauses, das viele Funktionen erfüllte, und hielt ihr Baby im Arm, das dick in warme Decken und Schals verpackt war. Lhamo war jetzt sicher, dass ihr Baby ein Mädchen bleiben würde. Sie konnte sich ganz den Bedürfnissen ihres Säuglings widmen und von ihrem Bett aus den Anforderungen ihres Haushalts nachkommen. Hier konnte sie Dolma Tsering stillen, wenn diese hungrig war, sie direkt neben sich schlafen legen, die anderen Kinder im Auge behalten und Tee mit Freunden trinken, die zu Besuch kamen. Dieses enge Beisammensein mit ihrem Baby bei den täglichen Aktivitäten fördert die tiefe und intime Bindung zwischen Mutter und Kind.

Yeshe, Lhamos Schwiegermutter, lebte mit Dorje und Lhamo zusammen und bereicherte das Familienleben mit ihrer Güte und Herzenswärme. Jetzt, wo das Baby da war, wusste Lhamo die Anwesenheit ihrer Schwiegermutter besonders zu schätzen. Yeshe konnte ihre Arbeit als Krankenschwester in der Klinik so einrichten, dass sie auch ihrer traditionellen Rolle als Großmutter nachkommen konnte, die sämtliche Enkel einschließlich der neugeborenen Dolma Tsering betreute und den Kindern viel gab. Als Yeshe Tee einschenkte, tupfte Lhamo einen frischen Klecks Butter auf die weiche Stelle auf Dolma Tserings Kopf und auf ihren eigenen Kopf und die Schläfen. Das würde sie sieben bis zehn Tage nach der Geburt täglich tun. Laut Tradition hielt die Butter das Rlung, die Winde, fern. Man glaubte, dass die Winde, wenn sie eindrangen, dem Kind später im Leben Schwierigkeiten bereiten und es anfällig für Krankheiten machen konnten.

Nachdem sie ihren heißen Buttertee getrunken hatten, ging Yeshe in die Klinik und Lhamo bereitete Dolma Tsering für ihr tägliches Bad vor. Das Baby in einer blauen Plastikwanne aufrecht haltend, wusch Lhamo ihre Tochter behutsam. Dolma Tsering liebte das warme Wasser, gurgelte glücklich und genoss diese intimen Augenblicke mit ihrer Mutter. Als das Kind mit Baden fertig war, legte Lhamo es auf eine warme Decke und tupfte es vorsichtig trocken. Dann bettete sie Dolma Tsering in einen Sonnenflecken, den die Sonne durch das Fenster warf. »Wenn es warm ist, gehen wir nach draußen«, versprach sie dem Baby. Laut Tradition, so wusste sie, war der tägliche Aufenthalt in der Sonne wichtig für die gute Gesundheit des Kindes.

Während Dolma Tsering in der Sonne lag, gab Lhamo ihr ihre tägliche Massage. Sie rieb den winzigen Körper behutsam mit Sesamöl ein und bewegte die Arme und Beine des Kindes. Dolma Tsering lächelte und verfolgte mit ihren neugierigen braunen Augen jede Bewegung der Mutter. Die Massage fühlte sich nicht nur gut an, sondern förderte auch ihre Blutzirkulation und die Beweglichkeit ihrer sich entwickelnden Muskeln. Die Inder in der Nachbarschaft hatten ebenfalls eine lange Tradition im Massieren ihrer Babys. Morgens und am frühen Abend hatte Lhamo die indischen Mütter oft mit ihren Neugeborenen im Schoß sitzen sehen, wie sie die kleinen Muskeln massierten und bewegten. Selbst Lhamos Freunde, die in den Westen gezogen waren, achteten darauf, dass ihre Kinder genügend Sonne hatten, und machten mit ihnen täglich lange Spaziergänge an der frischen Luft. Nach der Massage saß Lhamo noch ein paar Minuten in der warmen Sonne, damit das Öl und die Wärme von der Haut des Babys aufgenommen wurden. Lhamo freute sich immer darauf, Dolma Tsering zu baden und in die Sonne zu legen. Das waren friedliche Augenblicke in der täglichen Routine. Während die Willkommenszeremonie ein besonderes Ereignis gewesen war, das Dolma Tsering in ihre Gemeinschaft einführte, bildeten die täglichen Bäder eine solide Grundlage für die Bindung zwischen Mutter und Tochter, auf die Dolma Tsering später im Leben bauen können würde.

Sinn für Berührung

Ich habe Lhamo und Palmo oft dabei beobachtet, wie sie ihre Neugeborenen massierten und sonnenbaden ließen, und jedes Mal konnte ich deutlich spüren, wie sich die Bindung zwischen Mutter und Kind durch diese einfache Form der Zuwendung vertiefte. Berührung heißt, dass die Mutter und enge Familienangehörige das Kind anfassen, mit pflanzlichen und mineralischen Ölen massieren und mit der Wärme, dem Licht und der Kraft der Sonne in Kontakt bringen. Oft tragen tibetische Mütter ihre Kinder auf dem Rücken überall mit hin und haben sie selbst auf dem Feld oder beim Straßenbau bei sich. Körperliche Berührung gilt als entscheidend für das Wachstum des Kindes und das gesunde Bonding mit seiner Familie.

Der Dalai Lama betont, dass körperliche Berührungen für die Entwicklung des menschlichen Gehirns ausschlaggebend sind. Er selbst wurde von seiner Mutter ebenso geboren wie die meisten tibetischen Babys und auch das Bonding entwickelte sich ähnlich. Erst als man in ihm die Reinkarnation des Dreizehnten Dalai Lama erkannte, begann er sich seinem spirituellen Weg und seinen Führungspflichten zu widmen und der Beziehung zu seinen Eltern zu entwachsen.

Mit der für ihn typischen ausgeprägten Offenheit erzählte der Dalai Lama von der Zeit, als er noch bei seiner Familie lebte, und sprach über die Vielschichtigkeit menschlicher Beziehungen. Dabei stellte er sich vor allem die Frage, was die Bindung zwischen Mutter und Säugling so besonders macht. »Der erste Akt nach der Geburt«, sagte er, »besteht darin, dass das Kind an der Brust der Mutter saugt. Wenn die Mutter ärgerlich ist, fließt die Milch meines Wissens nicht richtig. So spiegelt sich das Leben der Mutter im Kind wider. Selbst wenn das Kind seine eigene Sicht der Dinge entwickelt, die von den anderen auch anerkannt wird, bleibt der Wunsch nach irgendeiner Form von körperlicher Nähe bestehen. Körperliche Berührungen sind entscheidend für das Überleben des Kindes und auch für die Entwicklung seines Gehirns.

In meiner eigenen Familie«, fuhr er mit fröhlich blitzenden Augen fort, »war es so, dass mein Vater sehr aufbrausen konnte und meine Mutter sehr freundlich war. In der ersten Zeit meines Lebens lernte ich mehr von meinem Vater und später mehr von meiner Mutter. Ich lernte von beiden auf sehr schmerzliche Weise.«

Nachdem er über amüsante Erinnerungen an die Beziehung zu seinen Eltern herzhaft gelacht hatte, fuhr der Dalai Lama fort: »Das Bonding ist sehr wichtig. Über die mentalen Vorgänge weiß man nichts Genaues, aber der körperliche Ablauf ist sehr simpel: Babys empfangen von ihren Müttern körperliche Berührungen. Und physische Berührungen sind ein entscheidender Faktor für die gesunde Entwicklung in den ersten Wochen, einschließlich der der Gehirnzellen. Wenn die körperliche Berührung mit negativen Einflüssen verbunden ist, richtet das bei der Entwicklung des Gehirns großen Schaden an. Das hat mit Religion nichts zu tun. Unsere physische Kondition als menschliche Wesen erfordert einfach, dass unser Bedürfnis nach Berührung erfüllt wird.«

Die Tibeter lassen Berührungen bei der Betreuung ihrer Kinder auf ganz natürliche Weise einfließen, und sie wissen, dass sie damit deren körperliches, emotionales und spirituelles Wachstum unterstützen. Die tibetische Gesellschaft fördert sowohl körperliche Berührungen als auch das Bonding. Babys und Kinder sind bei fast sämtlichen Aktivitäten und Anlässen willkommen. Mütter und Kinder werden selten getrennt. Auf dem Rücken der Mutter reitend oder in ihren Armen liegend, begleitet das Baby sie fast überallhin. Es wird Müttern leicht gemacht, ihren üblichen Tagesablauf mit dem Baby auf dem Rücken zu verfolgen und ihre Arbeiten zu verrichten. Wenn das Baby schreit oder unruhig wird, kann die Mutter es in fast jeder sozialen Situation stillen, ohne Peinlichkeiten befürchten zu müssen.

Dorjes Bonding mit Dolma Tsering sah so aus, dass er sie in den Armen hielt oder sie mit einem Tuch auf seinen Rücken band und herumtrug. Während er sie wiegte oder mit ihr spazieren ging, sang er ihr seine Lieblingsmantras vor, wie das Grüne-Tara-Mantra OM TARE TUTTARE TURE SOHA, das sie beschützen sollte und das auch sein Vater für ihn gesungen hatte. Er war es auch, der ihr zum ersten Mal Tsampa zu kosten gab. Wie viele tibetische Väter beteiligte sich auch Dorje aktiv an der Betreuung seines Kindes und den vielen Extraaufgaben, die ein neues Baby mit sich bringt. Er wusch Wäsche, machte sauber, kochte, wiegte das Baby, brachte Lhamo und den Besuchern Tee und führte den Haushalt, damit Lhamo sich ausruhen und sich vor allem dem Neugeborenen widmen konnte.

Auch andere Erwachsene und ältere Kinder sind eifrig bemüht, bei der Betreuung von Kleinkindern zu helfen. Und Eltern müssen kein schlechtes Gewissen haben, wenn ihr Kind zu ungelegenen Zeiten schreit. Familienangehörige und Freunde nehmen das Baby auf den Arm, wenn sie in der Nähe sind, und verhelfen dem Kind zu weiterem Körperkontakt, so dass sich sein körperliches Bonding auf andere Personen in der Gemeinschaft ausweitet.

Pilgerfahrten und Initiation

Nach tibetischer Sicht bleibt die Bindung zwischen Eltern und Kind viele Leben lang bestehen. Wie in dem Kapitel über die Zeit vor der Empfängnis bereits erwähnt wurde, glaubt man, dass die Beziehung zwischen einem Kind und seinen Eltern bereits existierte, bevor es empfangen wird. Diese Bindung erzeugt eine magnetische Anziehung, die das Kind in den Schoß der Mutter bringt. Ist ein Kind erst einmal in den Mutterleib eingegangen, wird das Bonding zwischen Mutter und Baby vertieft und entwickelt sich in der Schwangerschaft, bei der Geburt, in der Zeit unmittelbar nach der Geburt, in der Säuglingszeit und weit über die Kindheit hinaus ständig weiter.

Als ich meine Freunde Yeshe und Rinchen Lhamo, Choeling und Gyatso in ihrer Rolle als Großmutter, Tante und Onkel sowie als Mutter, Schwester und Bruder beobachtete, konnte ich sehen, wie stark dieses Band war. Jede dieser Phasen und speziellen Beziehungen hat ihren eigenen intensiven Gefühlsgehalt und trägt zum Prozess des Bonding bei. Ich fand den Gedanken trostreich, dass die Bindungen, die ich hier vorfand, über den gesamten Zyklus von der Geburt bis zum Tode hinaus fortbestehen würden.

Diese umfassendere Sicht des Bonding wurde mir eines Tages in Dharamsala vor Augen geführt, als ich eine Großmutter mit ihrem Enkelkind beobachtete. Ich schaute mich gerade in einem Museumszimmer in der Bücherei um, wo hunderte von Götterstatuen, Tankas und religiösen tibetischen Utensilien aufbewahrt werden. Während ich diese Dinge bewunderte, fiel mir eine ältere Frau auf, die mit einem Baby auf dem Arm im Uhrzeigersinn herumging und die Statuen ebenso bewundernd betrachtete wie ich. Vor jeder Statue verbeugte sich die Frau respektvoll. Dann berührte sie mit ihrem Kopf leicht den Gegenstand oder die Glasvitrine, in der dieser lag.

Auch das Baby wurde in diese Andacht einbezogen. Die Großmutter hob das Kind vor jede Statue und führte seinen Kopf ebenfalls an das Glas, damit es den Segen der Statuen empfing. Das Kind schien das sehr zu genießen. Es riss die Augen weit auf, wenn es dem Glaskasten näher kam, und blinzelte beim Kontakt mit der Statue lebhaft. Klein, wie es war, wurde ihm schon beigebracht, auf diese Weise zu beten. Behutsam stellte die Großmutter ihm die Gottheiten vor, die es und seine Familie schützen würden, während das Baby in seine Kindheit und sein Erwachsenenleben hineinwuchs. Durch die Gesten und ehrfürchtigen Berührungen zeigte die Großmutter dem Baby auch, wie es den Gottheiten angemessen Respekt erweisen konnte.

Später dachte ich über diese rührende Szene nach. Es gab so viele Wege, die Bindung zwischen Kindern und ihrer Familie, ihrer Gemeinschaft und ihrem Erbe zu vertiefen. Diese Großmutter und ihr Enkelkind hatten mir gezeigt, dass sowohl die Großfamilie als auch die tibetischen buddhistischen Gottheiten wichtige und tragende Kräfte im Leben des Kindes sind. Dieses Kind ist, wie auch Dolma Tsering, ein Individuum, das seine eigenen Vorstellungen entwickeln wird und sein eigenes Leben vor sich liegen hat. Aber zugleich ist es auch integrales Mitglied eines großen Netzwerks, bestehend aus Familie und Freunden, deren Leben sich auf seines auswirkt und umgekehrt. Ebenso wie diese Menschen erwarten, dass das Kind an ihnen und ihrem Leben Anteil nimmt, wenden auch sie sich ihm zu und kümmern sich um es. Schon als winzige Neugeborene sind diese Kinder Teil einer dynamischen tibetischen Gemeinde mit eigenen Regeln und Privilegien, mit der die Kleinen bereits eng verwoben sind.

Kapitel 6

Kleinkindzeit

Juwelen tibetischer Weisheit über die Kleinkindzeit

Babys haben noch spezielle Gaben, Sinne und Fähigkeiten, die Erwachsenen verloren gegangen sind; so glaubt man zum Beispiel, dass Kinder Dinge sehen und hören, die Erwachsene nicht mehr wahrnehmen können.

Die physischen und die spirituellen Dimensionen des Lebens sind auf natürliche Weise miteinander verwoben, und die tägliche Entfaltung des Lebens ist etwas Heiliges.

Stillende Mütter halten sich weiter an die bereits vor der Geburt praktizierte Enthaltsamkeit von Alkohol, Nikotin und Koffein, weil sie wissen, dass diese Substanzen dem Kind körperlich und geistig schaden können, wenn es sie über die Milch zu sich nimmt.

Alles neu Erlernte, wie das erste Lächeln, der erste Schritt und das erste Wort, ist einzigartig. Weil jede neue Entdeckung über das Leben das Kind anregt und zum nächsten Reifeschritt motiviert, ist es entscheidend, dass sein Lernen bemerkt und erinnert wird.

Sonyal: Das Lauflernkind und die Fliege

Liebevoll und amüsiert beobachtete Tashi seine kleine Tochter Sonyal dabei, wie sie anfangs noch zögernd und dann mit ausgelassenen Schreien das Wohnzimmer durchquerte und auf die Tür zulief. Die Kleine trug eine tibetische Chuba, eine Miniaturanfertigung des Kleides ihrer Mutter. Und in ihrer geschlossenen Hand hielt sie eine Fliege. Vor wenigen Augenblicken hatte Tashi die Fliege gefangen und seiner Tochter sorgfältig in die Hand gegeben. Mit liebevoller Aufmerksamkeit hatte er jeden ihrer winzigen Finger um die Fliege geschlossen. Sich langsam hinkniend, hatte er sie dann angewiesen, das Tier zur Tür zu bringen und freizulassen, und auf diese Weise die Ehrfurcht vor allen Lebewesen, einen der Grundwerte des tibetischen Buddhismus, in ihr geweckt.

»Geh und bring sie raus«, forderte ihr Vater sie freundlich auf. Dann setzte er sich mit gekreuzten Beinen zurück auf den dicken Wollteppich, der auf seinem Bett lag. »Aber pass gut auf. Wir wollen ihr nicht wehtun.«

Die rundlichen Beine des Mädchens hielten zögernd inne, doch dann fuhr sie fort mit ihrer Mission, die Fliege vor der Tür freizulassen. Aber schon bald wurde sie neugierig darauf, wie es der Fliege ergehen mochte. Sie versuchte, in ihre Hand zu lugen, die fest wie eine Klappmuschel geschlossen war.

»Nein, nein, bringe sie zur Tür«, drängte ihr Vater. »Wenn du versuchst, sie anzuschauen, fliegt sie weg.«

Die Kleine drehte sich nach ihrem Vater um, und ihre dunklen Augen weiteten sich unentschlossen. Sie war nur noch drei Schritte von der offenen Tür entfernt. Aber ihre Sorge um das Wohlergehen der Fliege war stärker. Sie löste langsam ihre Finger, öffnete die winzige Faust und schaute in den Käfig ihrer Hand. Sofort schoss die Fliege hervor und flog in die hinerste Ecke des Wohnzimmers.

»Ach, jetzt ist sie weg.« Tashi lachte, als er ihr überraschtes Gesicht sah. Das Mädchen starrte in seine offene, leere Hand, schaute hoch zu seinem Vater und wieder auf seine Hand. Dann stürmte die Kleine zur Tür und schaut nach, ob die Fliege bereits in die Freiheit entkommen war. Als sie das Tier nicht fand, kehrte sie um und rannte zum Schoß ihres Vaters. Sie umarmend, lachte er leise und küsste sie auf den Kopf.

Indem er Sonyal half, die Fliege freizulassen, versuchte Tashi ihr ein Gefühl von Fürsorge und Respekt für alles Leben beizubringen, auch dem einer kleinen Fliege. Und wenn Sonyal heranwuchs, würde Tashi fortfahren, sie durch tägliche Erfahrungen mit der Denkweise seines Volkes bekannt zu machen. Für ihn war dieses Leben eine Fortsetzung anderer Leben und Teil eines Netzwerks eng verschlungener Beziehungen. Die Schöpfung wuchs von einem Erlebnis zum nächsten. Indem sie von Lebensgeschichten hörten, die Teil einer fortlaufenden Reihe miteinander verbundener Leben waren, lernten selbst die ganz kleinen Kinder, die wechselseitige Abhängigkeit alles Existierenden zu begreifen. Eine Fliege ist eine Fliege. Sie tut, was sie tut, und ihr Leben wird respektiert.

Und das gilt auch für menschliche Wesen, die geliebt, beschützt und behutsam angeleitet werden, das Richtige zu tun.[42]

Aber für heute reichte es erst einmal, wenn Sonyal darauf bestand, die Fliege in der Zimmerecke noch einmal zu suchen. Tashi konnte sich fürs Erste damit zufrieden geben, dass seine Tochter einer winzigen Fliege helfen wollte, in den Morgenhimmel zu entkommen.

Die sechs Phasen der Kleinkindzeit

Die Kleinkindzeit ist sowohl für die Familie als auch für die Gemeinschaft eine intensive Zeit. Kleinkinder wachsen schnell heran. Sie entwickeln sich körperlich und geistig mit großer Geschwindigkeit. Während das Baby seinen Platz in der Familie und der Gemeinschaft einzunehmen beginnt, wird die Bindung zwischen Eltern und Kind immer stärker und intensiver. Das Lernen beschleunigt sich in dem Maße, wie das kleine Kind anfängt, sein Denken, seine Muskeln, Augen, Beine, Arme, Hände, Kopf, Gesicht und Stimmbänder zu benutzen, um Gedanken und Gefühle zum Ausdruck zu bringen und sich in der Welt zu bewegen. Viele Tibeter glauben, dass man bei kleinen Babys die zukünftige Persönlichkeit ausmachen und das Kind in der Entwicklung der entsprechenden Charaktereigenschaften fördern kann. Ich habe beobachtet, wie bei meinen Freunden in Dharamsala kurz nach der Geburt ihres Säuglings sowohl die Familie als auch das Baby in eine neue Routine und neue Gewohnheiten in Bezug auf die Versorgung der Familie, den Schlafrhythmus, den Tagesablauf, das Stillen und die Beobachtung der neuen Welt hineinwuchsen.

Laut eines Textes über die tibetische Tradition der Kinderbetreuung verläuft die Entwicklung des Kleinkinds in sechs Phasen. Tibetische Eltern und andere Betreuer von Kindern halten es für sehr wichtig, diese Wachstumsetappen zu erkennen und zu fördern. In der ersten Phase, etwa im Alter von fünf Monaten, macht das Kind erste unbeholfene Versuche, körperlich und emotional mit seinen Eltern Kontakt aufzunehmen. In der zweiten Phase, die etwa mit dem sechsten Monat beginnt, ist ein Baby imstande zu sitzen, seine Umgebung aus einer neuen Perspektive wahrzunehmen und ihr ein neues Interesse entgegenzubringen. Nach ungefähr acht Monaten beginnen dem Kind Zähne zu wachsen, was den Anfang der dritten Phase einleitet. Zu dieser Zeit muss das Kind lernen, mit Schmerzen im Mund umzugehen; bislang war der Mund primär ein Lustorgan, mit dem das Baby sich mit seiner Mutter und der Welt austauschte. In der vierten Phase, nach neun Monaten, beginnt das Kleinkind zu krabbeln und entwickelt eine neue Beweglichkeit, die es von seiner Mutter unabhängig macht. Die Fähigkeit, zu stehen und zu gehen, die etwa nach einem Jahr einsetzt, begründet die fünfte Phase. Die neuen Aktivitäten verleihen dem Kind noch mehr Bewegungsfreiheit und Unabhängigkeit. Die sechste und letzte Phase der Kleinkindzeit, die nach etwa zwei Jahren einsetzt, ist geprägt durch die wachsende Fähigkeit des Kindes, sich auszudrücken und einfache Worte wie »A-ma« und »A-pa« (Mutter und Vater) zu sprechen.

Der Volkskundler Thubten Sangay schreibt, wie wichtig die ersten Worte eines Kindes in der tibetischen Tradition sind. »Wenn, so ein alter Glaube, das erste Wort des Kindes ›A-ma‹ oder ›Ma‹ ist, wird es zuerst von der Mutter getrennt. Lautet sein erstes Wort hingegen ›A-pa‹, wird es als

Erstes vom Vater getrennt. Am besten spricht das Kind zuerst das Wort ›A-ni‹, was Tante bedeutet.«[43]

Laut tibetischer Tradition gibt es noch weitere besondere Einschnitte in der Entwicklung eines Kleinkinds, wie zum Beispiel das erste Saugen des Babys an der mütterlichen Brust, sein erstes Lächeln und der erste Zahn. Man misst sowohl den sechs primären Wachstumsphasen als auch diesen körperlichen Anzeichen für die innere Entwicklung des Kindes und seiner zunehmenden Fähigkeit, sich auszutauschen und Beziehungen einzugehen, eine tiefe spirituelle Bedeutung bei.

Rituale in der Kleinkindzeit

Wie für sämtliche Phasen der Geburt kennt die tibetische Tradition auch für die Kleinkindzeit viele Rituale, die das körperliche und spirituelle Wohlbefinden des Babys sichern sollen. Viele dieser Traditionen wurzeln in uralten tibetischen Bräuchen, während andere eine deutliche Verwandtschaft mit modernen Methoden der Kinderbetreuung zeigen. Einige dieser Rituale und Traditionen werden speziell für die Gesundheit und Sicherheit von Kleinkindern durchgeführt und auch um das Dip oder ungesunde Einflüsse abzuwehren. Diese Gebräuche werden in Familien und Gemeinschaften oft als Volkstum oder bunte Geschichten in mündlicher Überlieferung weitergegeben, oder, was seltener vorkommt, sie finden sich in tibetischen medizinischen Texten und schriftlichen Berichten über den tibetischen Lebensstil.

Oft spiegeln diese Sitten spirituelle Überzeugungen wider, wie zum Beispiel den tibetischen Glauben an die Wiederge-

burt. So heißt es im tibetischen Volkstum, dass Kleinkinder, die fest zugreifen können, eine wunscherfüllende Perle (eine mythologische Perle, die jeden Wunsch erfüllt) in ihren Händen halten und nicht wollen, dass man sie ihnen wegnimmt. In diesem Glauben zeigt sich auch die allgemein akzeptierte Auffassung, dass Babys aus anderen Dimensionen kommen, dass sie bereits andere Leben gelebt haben und die »Perlen«, die ihnen als Geschenk bei der Geburt mitgegeben wurden, schützen und für ihre Familie aufbewahren. Auch wenn das Neugeborene bei der Geburt klein und hilflos ist, steht die Perle für die früheren Leben des Kindes und seine mitgebrachten Talente, Weisheiten und Erfahrungen, die sein jetziges Leben prägen werden.

Für viele junge Eltern und ihre Freunde ist es immer wieder amüsant, die Mimik von Kleinkindern zu beobachten. Babys zeigen die wunderbarsten Gesichtsausdrücke, vor allem wenn sie sich intensiv konzentrieren oder starke Gefühle zum Ausdruck bringen. Die Mediziner führen dieses Mienenspiel auf Gase in den Gedärmen zurück, die durch ungeschicktes Saugen oder Füttern verursacht werden und dem Kind Schmerzen bereiten, so dass es das Gesicht verzieht. Die volkskundliche Erklärung dieses Phänomens ist phantasievoller. Hier heißt es, dass eine zwergenhafte Kreatur mit Namen Thep-rang das Kind plagt, ein kleines grimmiges Märchenwesen, das Babys manchmal ärgert, so dass sie ein unglückliches Gesicht machen. Und wenn Thep-rang mit den Babys spielt, lächeln sie. Eine weitere Erklärung lautet, dass Babys unglücklich aussehen, weil sie sich an ihre schrecklichen Erfahrungen im Höllenreich des Bardo erinnern. Und wenn sie an glücklichere Zeiten dort denken, lächeln sie wiederum.

Ein weiteres Beispiel für die traditionelle tibetische Volkskunde ist der Glaube, dass ein Kleinkind von einem unsichtbaren Schwein und einem unsichtbaren Affen begleitet wird, die das Kind ein um den anderen Tag betreuen. Am Tag des Schweines, so die Überlieferung, wächst das Fleisch des Kindes. Es ist ruhiger und kann besser schlafen. Am Tag des Affen hingegen, wo die Knochen sich bilden und entwickeln, hat das Baby Schmerzen, schläft folglich nicht gut und schreit viel. Wenn das Wachstum von Fleisch und Knochen einem Schwein und einem Affen zugeschrieben wird, heißt das, dass nicht die Familie allein für die Entwicklung des Kleinkinds verantwortlich ist. Menschliche wie nichtmenschliche Wesen arbeiten in der Kosmologie des kindlichen Lebens Hand in Hand. Wenn die Erwachsenen in der späteren Kindheit Geschichten von diesen Wesen erzählen, lernt ein Kind begreifen, dass sein Leben nicht nur durch menschliche Erfahrungen und Beziehungen geprägt wird.

Eine weitere Überlieferung empfiehlt, ein Baby, das zahnt, vom Anblick schwangerer Frauen fern zu halten. Sonst wachsen die Zähne des Kindes erst dann richtig, wenn die schwangere Frau ihr Baby entbunden hat. Das ist eine uralte tibetische Sitte aus der schamanistischen, präbuddhistischen Tradition des Bön. Hier heißt es, dass ein junger Pfau, dem die Kronenfedern zu wachsen beginnen, und ein Baby, das seine ersten Zähne bekommt, im ganzen Körper Schmerzen haben. Man empfiehlt in diesem Falle eine Medizin, die mit Honig gekocht, gekühlt und auf den ganzen Körper aufgetragen wird, um das Wachsen der Zähne zu beschleunigen. Und es gibt auch Rezepte für Krankheiten, die auf das Zahnen zurückgehen.

Obwohl Jungen und Mädchen in diesem frühen Alter gleich behandelt und durch die gleichen Rituale geschützt werden, beschreibt Thubten Sangay im folgenden Abschnitt einen traditionellen Brauch für die Kleinkindzeit, bei dem mit Jungen und Mädchen unterschiedlich verfahren wird:

»Es ist Sitte, im Alter von acht Monaten die Ohren des Babys zu durchstechen. Dem Jungen wird das rechte Ohr und dem Mädchen das linke Ohr durchstochen. Die Schriften über Kinderbetreuung empfehlen, etwas Zinnober (rotes Pulver) auf das Ohrläppchen zu reiben. Dann wird das Ohr von hinten an der dünnsten Stelle mit einer Nadel durchstochen, in die ein Hundehaar gefädelt wurde. Das Loch soll mit etwas Öl behandelt werden. Diese Zeremonie soll vor allem Glück bringen, wird aber nicht durchgeführt, wenn das Kind eine anerkannte Reinkarnation ist oder ins Kloster kommen soll.«[44]

Auch wenn das Ohrdurchstechen schnell getan ist, widmet man den Details und Ritualen sorgfältige Aufmerksamkeit. Diese Sitte ist nicht mehr so verbreitet wie früher, vielleicht aufgrund westlicher und indischer Einflüsse.

Ein weiterer verbreiteter Brauch ist, dem Kind nach dem ersten Geburtstag die Haare abzuschneiden. Dieses Haar nennt man »Geburtshaar«. Es gilt als unrein und hinderlich für das natürliche Haarwachstum des Kindes. Durch das Abschneiden der Geburtshaare, so glaubt man, wird das spätere Wachsen der Haare gefördert. Interessant ist der Vergleich dieser Sitte mit den Bräuchen anderer Kulturen. So legen zum Beispiel die Sikhs in Indien so viel Wert auf ihr Haar, dass sie es ihr Leben lang nicht schneiden. In den Vereinigten Staaten gilt Babyhaar oft als etwas Besonderes, und manche Eltern sind traurig, wenn sie ihrem Kind zum ersten Mal die Haare schneiden, weil dieser Akt symbolisch für das Ende der Babyzeit steht.

Thubten Sangay berichtet von einem weiteren Volksritual, mit dem Eltern das Kind beim Laufenlernen unterstützen, wenn es mit einem Jahr noch keine eigenen Schritte tut. Zuerst setzen die Eltern das Kind rückwärts auf eine weiße Kuh oder ein Yak. Während die Amme das Kind hält, treibt sie das Tier mit einem begeisterten »Da-ya, da-ya!« an. Das soll das Kind ermutigen, selbst zu laufen. Hier wird nicht nur ein ungewöhnlicher Weg beschrieben, das Kind zum Laufenlernen zu bewegen, sondern auch darauf hingewiesen, dass manche Kinder von Ammen großgezogen wurden. In Büchern über das traditionelle Tibet werden Ammen manchmal erwähnt, aber in den tibetischen Flüchtlingsgemeinden ist mir keine begegnet. Vielleicht ist in den Texten immer wieder von Ammen die Rede, weil die wenigen Tibeter, die in früheren Zeiten über ihr Leben schrieben, meistens aus der Oberschicht stammten. Heute jedoch können es sich nur wenige Tibeter in Tibet oder im Exil leisten, eine Amme zu bezahlen, auch wenn viele Eltern beim Aufziehen ihrer Kinder von den Großeltern und anderen Mitgliedern der Großfamilie unterstützt werden.

In ihrem Buch *Ich bin eine Tochter Tibets* beschreibt Rintschen Dolma Taring noch weitere traditionelle Formen der Kleinkindbetreuung und Rituale für Kleinkinder, die seit der chinesischen Besetzung 1959 keine Anwendung mehr finden. So pflegten Eltern ihr Baby zum Beispiel in der zweiten Woche nach der Geburt nach Jokhang (dem größten Tempel in Lhasa) zu bringen, damit es Lord Buddha seine erste Ehrerbietung erwies. In eine weiche, kastanienbraune Decke mit einem silbernen Flicken in der Mitte gewickelt, wurde das Kind von der Kinderfrau auf dem Rücken getragen.[45] Die Nase des Kindes wurde schwarz markiert, um es bei diesem Besuch sowie bei sämtlichen anderen Aktivitäten außer Haus vor bösen Geistern zu schützen. Goldene und silberne Kästchen, die Zaubersprüche enthielten, ein Schildkrötenpanzer und ein Bild vom Rad des Universums wurden auf einen Brokatgürtel genäht, den man dem Kind umband, um das kleine Leben vor allem Übel zu schützen.

Ein verbreiteter Volksglaube ist, dass Babys nachts zu Hause bleiben sollten. Außer in dringenden Fällen gehen Eltern mit ihren Kinder selten nachts aus dem Haus. Und wenn sie das Kind mitnehmen müssen, streichen sie seine Nase und den Brustkorb meistens mit Ruß ein, indem sie mit dem Mittelfinger von unten nach oben eine Linie ziehen. Selbst tagsüber kann man draußen Babys sehen, die mit einem Klecks Ruß auf der Nase vor den Geistern geschützt werden, welche auf sie lauern könnten. Man glaubt, dass der Ruß- oder Kohlefleck das Baby entstellt, so dass böse Geister, die schöne Kinder lieben, es in Ruhe lassen.

Diese schützende Sitte wurzelt in einer alten Sage, die von einer Mutter handelt, welche nachts mit ihrem Baby das Haus verlassen musste. Jeder wusste, dass die bösen Geister in der Nacht besonders gefährlich für Babys waren. Und kaum hatte sie das Haus verlassen, begann natürlich ein böser Geist sie zu verfolgen. Sie rannte, was sie konnte, und gelangte zu einer Brücke. Beim Überqueren der Brücke gelang es ihr, ein wenig Kohle aufzusammeln und dem Baby damit die Nase zu schwärzen. Dann versteckte sie sich am anderen Ende der Brücke, da sie wusste, sie konnte dem Geist nicht länger davonlaufen. Schnell kam der Geist über die Brücke und rannte an ihr vorbei. Er hatte das Baby gar nicht gesehen, da der Kohlefleck es verbarg. Von der Zeit an schwärzen Eltern die Nase ihres Babys mit Ruß, um es nachts und manchmal auch am Tag zu schützen, wenn sie mit ihm das Haus verlassen müssen.

Ich sprach mit einer tibetischen Frau in Dharamsala, die selbst ihre Erfahrungen mit dem Glauben an die Schutzwirkung dieser vorbeugenden Maßnahme gemacht hatte. Eines Tages besuchte sie eine Freundin und verlor dabei die Zeit aus den Augen. Sie traf erst spät wieder zu Hause ein, und draußen war es schon dunkel. »Als ich zurückkam«, sagte sie, »regte sich mein Schwager sehr darüber auf, dass ich das Baby in Gefahr gebrachte hatte, weil ich keinen Ruß auf seine Nase strich, sobald es dunkel wurde.« Wie viele Tibeter ihres Alters in Indien vergesse sie diese Sitten manchmal, erläuterte sie. »Es ist gar nicht so, dass ich nicht daran glaube. Diese Dinge sind für mich einfach nicht so wichtig wie für meinen Schwager, der erst kürzlich aus Tibet gekommen ist, und für Menschen der älteren Generationen.«

Diese Haltung ist typisch für viele Tibeter in Dharamsala zwischen zwanzig und vierzig Jahren, die sagen, dass sie an die traditionellen Gebräuche weder glauben noch nicht glauben. Sie wissen, dass dieser Glaube und die entsprechenden Sitten Teil ihrer Kultur sind. Meistens haben ältere Verwandte ihnen viel von diesen Bräuchen erzählt und ihnen vermittelt, wie wichtig sie sind, also halten sie sich auch möglichst daran. Selbst wenn die Kinder als Flüchtlinge aufwachsen, werden diese Bräuche an sie weitergegeben. Die Alten erzählen davon, und die Kinder hören ihnen zu, schnappen hier und da etwas über dieses oder jenes Ritual auf, werden auf diese Weise damit vertraut und beginnen daran zu glauben. Die jüngere Generation, die mit anderen Dingen beschäftigt ist, nimmt sich jedoch oft nicht die Zeit, die Rituale sorgfältig durchzuführen, es sei denn, etwas geht schief oder ein Kind wird krank. Dann greifen viele Tibeter, die sich gewöhnlich nicht an diese Rituale halten, darauf zurück.

Palmo erzählte mir eine Geschichte, in der diese Tendenz deutlich wird. »Eines Tages erkrankte das Baby meiner

Nachbarin an einer Augeninfektion. Das Kind war bereits zweieinhalb Jahre alt, und die Eltern hätten schon lange gesegnetes Wasser besorgen sollen. Aber sie kamen einfach nicht dazu, und außerdem glaubten sie nicht daran. Aber als das Baby krank wurde, holten sie das Wasser ganz schnell!« Sie lachte. »Der Mann ging sofort los, um einen großen Topf gesegnetes Wasser von einem Rinpoche zu holen und die Augen des Kindes damit zu waschen. Junge Menschen lernen diese Bräuche immer noch. Sie hören hier und dort etwas von ihren Eltern und anderen Menschen, und langsam prägen sich ihnen das Wissen und der Glaube ein. Aber manchmal ist mehr als der bloße Glaube nötig, um diese Rituale im eigenen Leben regelmäßig zu pflegen.«

Die älteren Tibeter, welche die lange Reise von Tibet nach Dharamsala machten, haben ihr reiches Wissen über die traditionellen Überlieferungen zur Verfügung gestellt. Yeshe beschrieb für mich mehrere beliebte Bräuche der traditionellen Kinderbetreuung, mit denen sie aufgewachsen war. Eine Sitte bestand zum Beispiel darin, dass Eltern dem Baby im ersten Lebensjahr weder Socken noch Schuhe anzogen. In der Gegend von Tibet, in der sie groß wurde, setzte man einem Kind bis zum fünften Jahr auch möglichst weder Hut noch Mütze auf. Man glaubte, das würde Unglück bringen.[46] Natürlich hielt man das Baby warm, indem man es in Decken wickelte. Weiter hieß es, dass ein Vater oder eine Mutter, die aus der Ferne zurückkehrten, ihr Kleinkind nicht sofort begrüßen sollten. Wenn sie das Kind gleich hochnahmen, so glaubte man, konnte die unreine Luft, die die Eltern von weit her mitbrachten, Dip verursachen, die unsichtbare Vergiftung, welche Krankheiten oder Verwünschungen auf das Kind übertrug. Stattdessen sollten sie sich erst einmal ausruhen, um nicht mehr so erhitzt zu sein, und dann ein Bad nehmen und sich waschen. Diese Rituale und Überzeugungen sind in der modernen tibetischen Kultur fast ausgestorben. Aber auch wenn sie keine Anwendung mehr finden, sind diese Sitten und Traditionen den meisten Tibetern in ihrer Essenz vertraut.

Frühe Unterweisungen

Die Bindung zwischen Mutter und Kind, die von Geburt an wächst, entwickelt sich während der Kleinkindzeit weiter. Sämtliche Familienmitglieder helfen das Kind zu betreuen und großzuziehen, aber ein Kleinkind wächst, vor allem zu Beginn seines Lebens, hauptsächlich in der Beziehung zur Mutter. Mutter und Kind kommen sich emotional durch gemeinsame Unternehmungen wie Füttern, Massieren und Sonnenbaden ständig näher. Die Mutter hält das Kind im Arm und streichelt es, sie nennt es beim Namen, macht zärtliche Geräusche und imitiert das Kleine. Ein Baby, das seine Mutter zu erkennen beginnt, fängt an, zur Begrüßung seine Arme nach ihr auszustrecken, wenn die Mutter auf es zukommt.

Normalerweise kann ein Kind mit etwa acht Monaten sitzen. Wenn das Baby bald darauf zu krabbeln beginnt, schafft die Mutter ihm Hindernisse aus dem Weg und setzt sich neben es. Das Baby krabbelt weg, schaut sich nach ihr um und krabbelt wieder zu ihr hin. Die Mutter streckt ihre Arme aus und nimmt das Kind zärtlich in Empfang. Ist das Kind etwa ein Jahr alt, hilft die Mutter ihm, laufen zu lernen. Wie in vielen westlichen Traditionen auch, ist die ganze Familie aufgeregt, wenn das Kind seine ersten Schritte macht.

Viele tibetische Eltern bringen ihrem Kind sprechen bei, indem sie ihm die einzelnen Familienmitglieder vorstellen. Verwandte werden mit dem Kind bekannt, indem man ihre Beziehung zu ihm benennt, erst dann sagt man ihm den Namen. Zu diesen ersten Unterweisungen gehört auch, dass Vater oder Mutter das Kind mit zum Schrein der Familie nehmen, auf die Statuen und Tankas der Gottheiten zeigen und dem Kind beibringen, diesen Respekt zu erweisen, indem sie seine Hände zusammenlegen und seinen Kopf vorbeugen. Natürlich lernt das Kind auch, indem es nachahmt, was die Familie ihm an Sitten und Gebräuchen vorlebt.

Die Sauberkeitserziehung erfolgt oft mit Hilfe von Tönen. Die Mutter gibt einen bestimmten Ton von sich, und das Kind lernt allmählich, diesen Ton mit dem Bedürfnis zu assoziieren, den Topf zu benutzen. Schon bald kann es diesen Ton selbst machen, und als Antwort zeigt die Mutter ihm, wo es den Topf findet, oder bringt ihn herbei. Mit anderthalb bis zwei Jahren ist das Kind imstande, ohne fremde Hilfe auf den Topf zu gehen.

Dr. Rapgays Mutter, Pasang Lhamo, war Hebamme, zuerst in Tibet und später in Dharamsala. Mit Anfang siebzig zog sie nach Kalifornien, um bei ihrem Sohn und ihren Enkelkindern zu leben. Ich fragte sie nach ihren Erfahrungen mit der Betreuung und Erziehung ganz kleiner Kinder. Ich bat sie auch, mir zu erzählen, welche tibetischen Sitten ihre Großkinder in den USA weiter befolgen sollten.

Sie dachte eine Weile über meine Frage nach. »Ich bringe ihnen etwas Tibetisch bei«, antwortete sie. »Und wenn die Lamas oder Seine Heiligkeit nach Kalifornien kommen, kleide ich die Kinder tibetisch und nehme sie mit zu diesen heiligen Männern. Und ich gehe mit den Kinder auch oft zu meinem Schrein, damit sie die Gottheiten kennen lernen. Der Kleinste legt bereits seine Hände zusammen und verbeugt sich«, fügte sie stolz hinzu.

Ich habe Kleinkinder in sämtlichen tibetischen Gemeinschaften in Indien und in tibetischen Familien in den Vereinigten Staaten die gleiche typische Bewegung machen sehen. Diese Geste der Anerkennung ihrer Kultur lernen sie als Erstes – ganz gleich, wo sie leben.

Kinderkrankheiten, Wochenbettdepression und Behandlungsmethoden

Einige tibetische Überlieferungen sehen die Hauptursache für Krankheiten und körperliche Störungen bei Säuglingen in der Ernährung, dem Verhalten und psychologischen Faktoren der Mutter. Und wenn die Mutter an bestimmten Krankheiten leidet, wird das Baby wahrscheinlich in Mitleidenschaft gezogen.

Auch in der tibetischen Tradition kennt man die Wochenbettdepression, die bei Müttern nach der Geburt auftreten kann, und führt sie auf einen »Mangel an lebenserhaltendem Wind« zurück. Lebenserhaltender Wind ist der Energiestrom, der für die natürlichen Abläufe in menschlichen Wesen primär verantwortlich ist. Sinkt diese Energie unter ihr normales Maß, kann sich das auf der psychischen Ebene als Depression manifestieren. Der betroffene Mensch verliert körperlich an Energie, wird leicht müde und mag weder Bewegung noch Aktivität, noch zu viel Stimulation. Emotional verliert er zunehmend das Vertrauen und die Zuversicht in die eigene Person und andere Menschen. Die Verleugnung oder das Verbergen dieser Gefühle kann zu Schuldgefühlen, Zerstreutheit, Benommenheit, Betäubtheit oder sogar dem Verlust der Empfindungsfähigkeit überhaupt führen.

Die tibetische Medizin behandelt solche Störungen mit Pulsuntersuchung und Befragung, Massage mit bestimmten Kräuterölen, Akupressur sowie Dampfbädern mit Kräuterauszügen, um die Entspannung zu fördern und Gifte auszuschwemmen. Heilsame Visualisierungen, Atemmeditation, Singen des Mantras OM AH HUM und Kräuter- und Nahrungszusätze werden ebenfalls empfohlen. Auch wenn ein Mantra auf mehreren Ebenen wirkt, ist es nicht falsch zu sagen, dass das OM sämtliche negativen Handlungen auf der körperlichen Ebene, das AH sprachliche Handlungen und das HUM die geistigen, durch die innere Haltung und Gedanken bedingten Taten bereinigt. Laut tibetischer Sicht existiert keine Trennung zwischen Körper und Geist und damit auch nicht zwischen Medizin und Psychologie. Die Wochenbettdepression wird ernst genommen, und man hält es für wichtig, die daran erkrankte Mutter sowohl um ihrer selbst willen als auch wegen der Auswirkungen auf das Baby und die restliche Familie zu heilen.

Die tibetische medizinische Tradition benennt eine verbreitete Kinderkrankheit als »Fallen der Leber«. Die Symptome ähneln der Lungenentzündung, und manchmal werden auch ältere Menschen davon befallen. Diese Krankheit ist extrem schwierig zu behandeln und bereitet dem Kind sehr viel Schmerzen. Verbreitete Symptome sind Durchfall von grünlicher Farbe, Fieber und eine Schwärzung der Stirn. Laut Überlieferung wird diese Krankheit durch Verwünschungen oder durch einen plötzlichen Schrecken verursacht. Außer mit kurzen Ritualen und Gebeten behandelt man diese

Krankheit auch, indem man die »gefallene« oder erweiterte Leber mit Hilfe eines religiösen Gegenstandes, dem Me-long oder Spiegel, einer runden Scheibe aus Bronze, neu anordnet.

Dorje hat diese Krankheit am Delek Hospital erlebt. »Ich habe Kinder mit dieser Krankheit gesehen, die schmerzhafte Injektionen über sich ergehen lassen und heißen Dampf einatmen mussten. Bei allen war diese Behandlung erfolglos. Erst dann ließ man zu, dass das Kind nach der traditionellen Methode behandelt wurde. Und das Kind wurde eindeutig geheilt und kam so fröhlich wie zuvor nach Hause.« Damit diese Krankheit nicht wiederkommt, rät man der Mutter, keine ruckartigen Bewegungen zu machen und das Kind nicht gewaltsam zu bewegen. Zur Sicherheit wird das Kind mindestens zwei Tage lang zweimal täglich behandelt.

Durchfall, eine weitere verbreitete Krankheit bei Kleinkindern, kann mit Mantras behandelt werden. Zwei lange Schutzbänder werden zu einem Band verwoben. Dieses wird in zwei Stücke geschnitten und in jedes werden zwanzig Knoten gemacht. Dann wird das Mantra YAMA CHO für jedes Band hundertmal rezitiert und hineingeblasen. Ein Band wird dem Baby um den Hals gebunden und das andere um sein Handgelenk. Bei Erbrechen führt man das gleiche Ritual mit dem Mantra YAMA SHIK durch. Durchfall, der mit Hitze, Entzündungen oder Fieber einhergeht, ist rot, braun, gelb oder grün. Durchfall, der Erkältungen oder Schüttelfrost begleitet, ist meistens weißlich gefärbt. Die Unterscheidung von heißen und kalten Krankheiten ist die Wurzel tibetischer medizinischer Behandlungsmethoden und wird mit Hilfe komplexer und gründlicher Untersuchungen getroffen.[47]

In der tibetischen Tradition geht man davon aus, dass Erbrechen im Allgemeinen durch kalte Gallenflüssigkeit verursacht wird. Begleitsymptome sind die Unfähigkeit, die Muttermilch oder andere Nahrung zu verdauen, gelbliche Augen und ein Blähbauch. Man behandelt, indem man den Rauch einer brennenden Mischung aus medizinischen Substanzen über den Bauch des Babys fächert oder dem Kind die Medizin in frischem Fleischsaft eingibt. Wenn das Baby grünen Schleim oder Muttermilch erbricht, wird die Medizin in Reisbrei gegeben. Erbricht das Kind auch den Reis, wird ein kurzes Fasten empfohlen. Hilft keine dieser Behandlungen, wird mit Moxa die Krone des Kopfes behandelt, um die Krankheit zu heilen. Moxa ist ein medizinischer Stab aus gepressten Kräutern, der angezündet und zwei, drei Zentimeter über die Haut gehalten wird, wo er heilende Hitze und reinigenden Rauch verbreitet.

Nach den tibetischen medizinischen Schriften sollte ein Baby bei Durchfall weder mit Fleisch noch mit Gerstenbrei gefüttert werden. Stattdessen soll man ihm indischen oder tibetischen Weizen- oder Reismehlbrei geben, die mit frischer Butter, süßem Trockenkäse und etwas Salz gut gekocht und dann kalt gestellt werden, bis sie leicht angedickt sind. Wenn das Kind bereits abgestillt ist, sollte man ihm zwei- oder dreimal am Tag harten Weizenbrei mit Käse und Salz geben. Man glaubt, dass diese Breie den Durchfall schnell heilen. Reisbrei wird zur Behandlung von Durchfall empfohlen, der mit Hitze einhergeht, Weizenbrei für die kalte Form.

Kleinkinder leiden an vielen verschiedenen Pustelerkrankungen, einschließlich Masern. Manche treten in konzentrierter Form nur einmal auf, andere häufiger. Masern und Windpocken gehören zu den Kinderkrankheiten, die das Kind nur einmal bekommt. In der tibetischen wie in der westlichen Medizin hat man sich mit der Behandlung von

Windpocken viel beschäftigt. Heute gibt es viele Behandlungsmethoden, und auch die Anwendung von Impfstoffen ist weit verbreitet. Masern jedoch kommen bei kleinen Kindern immer noch sehr häufig vor. Auch wenn ihre Behandlung in den traditionellen medizinischen Tantras nicht auftaucht, erwähnt die mündliche Schrifttradition des Blauen Saphirs, dass die Symptome dieser Krankheit denen einer fiebrigen Erkältung gleichen und eine spezielle Behandlung nicht notwendig ist, solange allgemeine Vorsichtsmaßnahmen getroffen werden.

Von sauren Nahrungsmitteln wie Alkohol, saurem Käse, Knoblauch, rotem Paprika und Salz wird abgeraten, da man glaubt, dass sie Hitze im Körper erzeugen oder die Krankheit verschlimmern. Vor allem Salz sollte vermieden werden, da man glaubt, dass es Pusteln unter den Augenlidern verursacht. In den Schriften der mündlichen Tradition ist von sieben verschiedenen Arten von Masern die Rede, die in zwei verschiedene Kategorien fallen, die roten und die weißen. Die Symptome ähneln im Allgemeinen denen jeder anderen ansteckenden Krankheit auch, manifestieren sich aber vor allem als kleine Pusteln, die am ganzen Körper auftreten, wenn die Krankheit ausbricht. Achselhöhlen und Leisten werden heiß. Nach etwa einem Tag trocknen die meisten Pusteln ab. Aber bis dahin sollte das Kind warm gehalten werden. In bestimmten Gegenden Tibets wendet man eine traditionelle Methode an, damit die Pusteln schnell ausbrechen. Erstens werden die oben aufgeführten Nahrungsmittel vermieden. Und zweitens wird der Körper des Kindes in den zwei Tagen, in denen man es ganz warm hält, mit angedicktem Gerstenbier eingerieben. Das bringt die Pusteln zum Ausbruch, und sowie das geschieht, bekommt das Kind gehaltvolle Nahrung.[48]

Das tibetische medizinische System legt sehr viel Wert auf die Zubereitung der Medikamente. Es gibt traditionelle Techniken, um vorbeugende Mittel für Kleinkinder herzustellen. Für eine Medizin wird eine schwarze, rußähnliche Substanz zusammen mit gelbem Moos – beides findet man auf einem schwarzen Felsen, der nach Norden zeigt und von den Sonnenstrahlen nicht erreicht wird – zusammen mit zwei, drei Haarsträhnen vom Oberkopf der Mutter verbrannt, um eine Asche zu erzeugen, die das Kind mit etwas Gerste einnimmt. Dieses Mittel, so glaubt man, schützt das Kind ein Jahr lang vor Krankheiten. Eine Mischung aus Moschus, Echtem Kalmus (Acorus calamus) und Melasse, die dem Kind mit Gerstenbier gegeben wird, soll es bei robuster Gesundheit halten und es zwölf Jahre vor Krankheit und Übel durch Geister schützen. Diese Rezepte stammen aus *A Compendium of Precious Oral Teachings on the Science of Healing* von dem Arzt Do-karma Chö-gyal.[49]

Mehrere tibetische Gelehrte – darunter vor allem Thubten Sangay und Norbu Chophel Kharitsang – haben aufgezeichnet, was sie über traditionelle Formen tibetischer Kinderbetreuung wissen. In einem Text mit der Überschrift »Die Gesundheit des Kindes« berichtet Thubten Sangay Folgendes:

»In den Schriften über Kinderbetreuung heißt es: ›Für Intelligenz und ein langes Leben zerstampfe Arzneien, um eine feine Mischung herzustellen. Mische diese wiederum mit Honig oder Butter. Wenn dem Kind jeden Morgen ein wenig von dieser Mischung gegeben wird, folgen Intelligenz und gute Gesundheit auf den Fuß.‹ Das Zerkleinern muss jemand übernehmen, der sich mit der Zubereitung von Medikamenten auskennt; ein Arzt ist dafür erforderlich. Bestimmte Substanzen, die zu einem kleinen Bündel gewickelt und dem Baby um den Hals gebunden werden, schützen es vor Schaden durch Erdgötter, Nagas, und Geister.«[50]

Bevor es Schutzimpfungen und andere moderne Behandlungsmethoden gab, forderten Krankheit und Elend ihren Tribut von tibetischen Kindern wie von der tibetischen Bevölkerung überhaupt. Manche Kinder haben den kargen Lebensstil, die entsprechende Wirtschaft und die Härten ihrer Umgebung in Tibet nicht überlebt. 1990 betrug die durchschnittliche Lebenserwartung in Tibet 54 Jahre. Viele Familien haben durchschnittlich drei bis fünf Kinder, größere Familien zwölf bis vierzehn. Früher starben über die Hälfte der Babys.

Palmos Familie ist typisch für diese Statistiken: »Meine Mutter hat fünfzehn Kinder geboren«, erinnert sie sich. »Viele Babys starben bei der Geburt oder kurz darauf. Aufgrund der unhygienischen Verhältnisse kam es leicht zu Infektionen. Obwohl nur wenige Frauen bei der Geburt sterben. In den Familien, die ich kenne, weiß ich von keinem solchen Fall.« Ich hatte bereits aus anderen Quellen gehört, dass tatsächlich nur wenige Frauen bei der Geburt starben. Infektionen waren zwar eine verbreitete Todesursache für Babys und Kleinkinder, die Mütter aber überstanden die Geburt gesund.

Spirituelles Leben und Reinkarnation

In der tibetischen Tradition glaubt man, dass Babys spezielle Eigenschaften oder Fähigkeiten besitzen, die Erwachsenen verloren gegangen sind. Auch geht man davon aus, dass Kleinkinder Beziehungen zu übersinnlichen Kräften haben

können. Oft werden diese als böse Geister betrachtet. In manchen Fällen hält man das Kind für die Reinkarnation eines heiligen Menschen wie eines Lamas oder Rinpoches. Aber auch ganz gewöhnlichen Kindern werden besondere Kräfte und Fähigkeiten zugeschrieben. Alle Kinder, so glaubt man, befinden sich in einem Zustand der Reinheit und haben deswegen Zugang zu anderen Welten. Ein Baby ist so klein, so unverdorben, dass es in einem ganz unmittelbaren Sinne wieder geboren ist und neu anfängt. Man glaubt, dass sich menschliche Wesen diese Reinheit und Klarheit bis in die frühe Kindheit bewahren. Und dann bemühen wir uns unser ganzes restliches Leben lang, sie zurückzuerlangen.

Man glaubt auch, dass Kinder sich an ihre früheren Leben erinnern. Sobald sie stehen können, verlieren sie diese Fähigkeit. Mit jedem Aufstehen und Hinfallen vergessen sie immer weitere frühere Inkarnationen und lernen mehr über ihr jetziges Leben. Wenn Babys im Schlaf weinen oder lächeln, dann, so glaubt man, weil sie sich an frühere Leben erinnern. Ältere Babys beginnen sich manchmal an bestimmte Aspekte ihrer früheren Leben zu erinnern. Mit Hilfe dieser Erinnerungen kann die Gemeinschaft die Reinkarnationen heiliger Personen entdecken. Manche Kinder scheinen sich diesen Zugang zu spirituellen Welten mit dem Heranwachsen zu bewahren. Einige von ihnen können besonders lebhafte Träume haben, die auf zukünftige Ereignisse hinzuweisen scheinen. Selbst Lamas, die nach Visionen für wichtige Entscheidungen suchen, fragen diese Kinder manchmal nach ihren Träumen. Aber die meisten Babys verlieren diese Fähigkeiten mit dem Heranwachsen. Der Geist wird unklar, die Reinheit verliert sich.

Eine Geschichte, die man sich über den augenblicklichen Dalai Lama erzählt, verdeutlicht diesen Glauben, dass kleine

Kinder vergangene Leben erinnern. Schon als kleiner Junge liebte der Dalai Lama es, eine Tasche zu packen, wie um eine lange Reise anzutreten, und sagte dann: »Ich reise nach Lhasa!« Außerdem bestand er darauf, immer am Kopfende des Tisches sitzen zu dürfen. Niemals zeigte er Angst vor Fremden. Als er knapp drei Jahre alt war, besuchte ein Mitglied des Suchtrupps, der ausgeschickt wurde, die Reinkarnation des Dreizehnten Dalai Lama zu finden, sein Haus. Das kleine Kind erkannte den Mann und rief: »Sera Lama, Sera Lama!« So hieß das Kloster des Lamas. Man führte eine Reihe von Tests durch, bei denen das Kind unter mehreren ähnlichen Gegenständen immer den herausfand, der ihm in seiner früheren Inkarnation gehört hatte, und laut sagte: »Das ist meins!«

In solchen Äußerungen und Verhaltensweisen sehen die Tibeter Beweise dafür, dass der Dalai Lama sich in den frühen Jahren seiner Kindheit an sein voriges Leben erinnern konnte. Und so glaubt man nicht nur von inkarnierten Lamas sondern von vielen tibetischen Kindern, dass sie um ihre früheren Leben wissen, auch wenn die Erinnerungen beim Heranwachsen verblassen.

Kapitel 7

Frühe Kindheit

Juwelen tibetischer Weisheit über die frühe Kindheit

Das rituelle Feiern wichtiger Entwicklungsschritte des Kindes ist von zentraler Bedeutung. Es ist wichtig, jeden Lernschritt und die tiefen Empfindungen, die ihn begleiten, anzuerkennen sowie das Gefühl von Heiligkeit zu achten.

Ein Kind durchläuft eine Phase, in der sein Geist von natürlicher Einfachheit ist, bevor es entwicklungsmäßig bereit ist, Erfahrungen, Sinne, Emotionen und Gedanken mit seiner aktuellen Situation und früheren Erlebnissen in Zusammenhang zu bringen. Manche glauben, dass das Kind aufgrund dieses Anfängergeistes mit Geistern kommunizieren kann, was den meisten Erwachsenen nicht möglich ist.

Die Tibeter legen Wert darauf, dass ein Kind durch nachahmen, einprägen, anfassen und bewegen lernt, damit die Bedeutung des Lerninhalts sowohl intuitiv als auch intellektuell ganz in sein Bewusstsein dringen kann. In der Zeit vor Vollendung des achten Lebensjahres

muss dem Kind hauptsächlich beigebracht werden, sich an das zu erinnern, was es aus früheren Leben bereits weiß.

Das Kind muss in einem sauberen, unterstützenden Umfeld lernen. Es muss viel berührt werden und ein Gefühl für die Heiligkeit des Lebens vermittelt bekommen. Bei der Berichtigung seiner Fehler sollte das Kind nicht verurteilt werden.

Kinder sind empfänglich für Eindrücke. Man muss sie vor Angst erregenden oder verletzenden Bildern schützen und sie heilen, wenn sie ihnen ausgesetzt sind.

Lamas unterscheiden 24 verschiedene Kindheitsstörungen, einschließlich Alpträumen, Bildern und Projektionen, die sie wirkungsvoll heilen können.

Gesundheitliche Probleme oder Verletzungen jeder Art können in einer Kombination von physischen, emotionalen, mentalen und spirituellen Ursachen begründet sein. Die tibetische Medizin analysiert das Problem in diesem ganzheitlichen Rahmen und behandelt es auch entsprechend.

Mitgefühl, Aufrichtigkeit und Teilen sind schätzenswerte Eigenschaften bei Kindern und können bei kleinen Kindern gefördert werden, indem man an ihren natürlichen Nachahmungstrieb appelliert und diese Qualitäten anerkennt und lobt. Falls nötig, muss Disziplin angewandt werden.

Auf Harmonie in Beziehungen wird viel Wert gelegt. Es ist wichtig, schon ganz kleinen Kindern beizubringen, sich mit anderen Kindern, Erwachsenen, Tieren, Insekten und sämtlichen fühlenden Wesen harmonisch auszutauschen, statt zu konkurrieren.

Das Kind wird von klein auf mit Wiedergeburt und der zyklischen Natur des Lebens vertraut gemacht.

Es ist etwas sehr Kostbares, Teil einer Familie zu sein und von den Eltern das Leben geschenkt zu bekommen. Ebenso heilig ist es, zu einer Gemeinschaft von Menschen zu gehören, die ihr Leben auf vielen Ebenen miteinander teilen.

Chime

Aufgelöst und weinend humpelte Chime zum örtlichen Krankenhaus, gestützt von zwei anderen siebenjährigen Mädchen. Beim Drachen-steigen-Lassen mit ihren Freundinnen hatte sie sich das Fußgelenk schmerzhaft verstaucht, und so begleiteten die Kinder sie zur Klinik. Als die Mädchen eintrafen, sprach Dorje, der leitende Arzt, gerade mit seiner Mutter Yeshe, die im Krankenhaus aushalf, über einen Fall. Doch dann konzentrierte sich Dorje ganz auf den verletzten Knöchel, beruhigte die Kinder und legte alles bereit, um ihn zu bandagieren. Yeshe sagte ihm, das Mädchen sei Tashi und Tserings Tochter.

Dorje nahm den Fuß in die Hand, berührte bestimmte Punkte an Haut und Gelenken des Mädchens und ließ ihr Fußgelenk prüfend kreisen. Dann lächelte er Chime zuversichtlich zu und bat sie, ihm zu sagen, wo es wehtue. Er fühlte ihren Puls und sagte Yeshe, welche gesegneten Pillen sie bringen solle. Er gab Chime eine davon und wies sie an, sie unter der Zunge zergehen zu lassen.

Anfangs war Chime schüchtern, aber als sie gemeinsam mit ihren Freundinnen beobachtete, wie Dorje den Knöchel verband, wurde sie allmählich neugierig. »Wie lange muss ich den Verband tragen?«, fragte sie.

»Wahrscheinlich eine Weile«, sagte Dorje. »Aber komm in einer Woche wieder, dann wissen wir mehr. Du musst gut auf dein Fußgelenk achten, damit die Muskeln wieder kräftig werden. Und denke daran, jeden Tag eine gesegnete Pille zu nehmen. Hier hast du einen kleinen Beutel für die Pillen.«

Inzwischen fand Chime den Unfall schon gar nicht mehr schlimm und dachte daran, mit ihren Freundinnen weiterzuspielen. Aber als Dorje mit Bandagieren fertig war, sagte er warnend, sie müsse ruhen und dürfe nicht herumlaufen, damit der Knöchel heilen könne.

»Ich werde sie nach Hause begleiten«, sagte Yeshe zu Dorje. »Ich möchte Tserings neues Baby besuchen, und ich bin sicher, dass Chime auf dem steilen Weg zum Haus eine Stütze brauchen kann.«

»Wunderbar. Jetzt passt jemand auf, dass sie nicht einfach losrennt und vergisst, was ich ihr gesagt habe«, sagte Dorje und streichelte Chime liebevoll den Kopf. »Sie ist solch ein mutiges Mädchen, und ich fürchte, sie vergisst, vorsichtig zu sein, weil sie schnell nach Hause rennen und allen von ihrem Unfall erzählen möchte.«

Chime strahlte Dorje an, als sie und Yeshe ihm und ihren Freundinnen zum Abschied winkten, während sie sich auf den Weg machten. Als sie den Hügel hochstiegen, erzählte Chime aufgeregt von ihrem Unfall: »Der Drachen sah so schön aus am Himmel, da bin ich über einen Stein gestolpert, den ich nicht gesehen habe. Ich hatte Angst, hinzufallen und den schönen Drachen zu verlieren, den mir mein Vater gemacht hat. Aber meine Freundinnen passen auf den Drachen auf.« Während sie weitergingen, wurde Chime allmählich langsamer und bat mehrmals um eine Pause. Allmählich legte sich ihre Aufregung über den Besuch im Krankenhaus.

Bei einer ihrer letzten Verschnaufpausen hörten sie hinter sich Kinderstimmen. Chime erzählte, dass viele ihrer Freundinnen und Freunde die Montessori-Schule besuchten. Chime und Yeshe konnten hören, wie die Kinder in einem langsamen, fließenden Rhythmus ihre Lektionen sangen und die Worte und Sätze ihres Lehrers wiederholten. »Mein Bruder hat ganze Seiten der alten Texte auswendig gelernt«, sagte Chime stolz. »Er hat schon ganz klein damit angefangen und behält täglich mehr. Jetzt weiß er wirklich eine ganze Menge.« Chime machte einen Gedankensprung, während sie weiter den Hügel hinaufgingen, auf dem das Haus ihrer Familie stand. »Warst du schon mal im tibetischen Kinderdorf?

Eine meiner besten Freundinnen, Tsogyal, wohnt da. Und obwohl sie Waise ist, hat sie eine wunderbare Familie, die sich um sie kümmert. Sie wohnt dort so gerne, dass sie niemals woanders hinziehen möchte. Auch nach der Schule nicht, hat sie mir gesagt.«

»Ja, ich war schon dort«, antwortete Yeshe. »Es ist ein sehr schönes Dorf, oben am Berghang gelegen. Ich kenne einige der Mädchen, die dort gewohnt haben und die jetzt mit ihrer Ausbildung fertig sind und irgendwo anders arbeiten. Genau wie deine Freundin haben auch sie gedacht, dass sie niemals aus dem Dorf wegwollten, weil es ihnen dort so gut ging.« Yeshe lächelte beim Gedanken an das Kinderdorf. Als die ersten Mitglieder der tibetischen Gemeinschaft in Dharamsala eintrafen, hatten die Flüchtlingswaisen kein leichtes Leben. Heute war das Dorf für Flüchtlingsgemeinden überall auf der Welt Modell und Inspiration. Yeshe fühlte Chimes kleine warme Hand in ihrer liegen, und die beiden lächelten im Einklang, als Chime auf ein junges Lamm zeigte, das neben seiner Mutter herstolperte. Chime begann eine Melodie zu summen, die dem Rhythmus ihrer Schritte folgte. Schon bald stimmte Yeshe mit ein.

Sie waren fast bei Chimes Haus angekommen, als das Mädchen sich plötzlich mit neuer Kraft losriss und die letzten paar Meter rannte. Sie rief laut nach ihrer Mutter Tsering, um ihr von ihrem Abenteuer zu erzählen. Ihre aufgeregte Stimme hörend, kamen auch die anderen Kinder angelaufen, um ihre Geschichte zu hören. Yeshe näherte sich der Tür mit langsameren Schritten, etwas atemlos vom Aufstieg. Sie freute sich auf eine Tasse heißen tibetischen Buttertee.

Bei kleineren oder ernsthaften gesundheitlichen Schwierigkeiten kann sowohl vonseiten der Familie und Gemeinschaft als auch von medizinischen Helfern mit besonderer Unterstützung gerechnet werden. Das Gleiche gilt für andere bedeutsame Ereignisse im Leben eines Kindes.

Wichtige Ereignisse feiern

In der tibetischen Tradition gilt es als sehr wichtig, bedeutsame Ereignisse und wichtige Anfänge in sämtlichen Stadien der frühen Kindheit herauszuheben. Man sagt, nichts in der eigenen Kindheit sei wunderbarer und einzigartiger als neue Lernerfahrungen. Die Tibeter glauben, dass der Erwachsene sich über die Lebendigkeit, die solche Erinnerungen aus der Kleinkindzeit ihm vermitteln, mit der Reinheit des Lebens verbinden und jene anderen Welten erleben kann, die das kleine Kind noch nicht vergessen hat. Es gilt als ausschlaggebend für die physische, emotionale, geistige und spirituelle Entwicklung des Kindes, dass bestimmte Ereignisse in seinem Leben – wie das erste Lächeln, Händeklatschen oder Stehen – anerkannt werden und man sich die Zeit und Mühe nimmt, diese Erlebnisse besonders hervorzuheben.

Die Tibeter tun das auf die für sie typische natürliche und freundliche Art. Wenn ein Kind etwas zum ersten Mal tut, schenkt die Familie ihm ihre Anerkennung für dieses einzigartige Ereignis und die Gefühle, die es dabei empfindet. Ohne dem Kind zu nahe zu treten, verleihen sie der Situation eine besondere Qualität, damit es spüren kann, dass etwas Neues, Anderes geschieht. Man hält es für wichtig, dass Vater oder Mutter, andere Erwachsene oder ältere Geschwister, die diesem Ereignis beiwohnen, das Kind darauf hinweisen, ihrer Freude Ausdruck verleihen und mit einem passenden Ritual feiern, was geschehen ist. Diese Augenblicke sind einzigartig. Das Kind oder die Eltern können den Moment nicht zurückholen, in dem es zum ersten Mal lächelt oder läuft. Die Tibeter glauben, dass man diese besonderen Zeiten und Ereignisse mit Hilfe von Ritualen vertiefen kann, sodass sie etwas Heiliges bekommen. Die Rituale markieren Meilensteine in der Entwicklung des Kindes und zeigen ihm, dass ein neuer Schritt anerkannt wird.

Mit diesen Ritualen feiert man nicht nur einzelne Lernschritte, sondern auch, dass sich die Beziehung des Kindes zu seinem neuen Leben vertieft. Wenn Tibeter zum Beispiel direkt nach der Geburt mit bestimmten Kräutern oder Butter die Silbe DHIH auf die Zunge des Babys stempeln oder zeichnen, prägen sie dem Bewusstsein des Neugeborenen und seiner Familie die Werte ein, die sie schätzen. Bekommt ein Baby zum ersten Mal feste Nahrung, kann auch das eine Initiation sein, weil es symbolisch dafür steht, dass das Kind zu einer neuen Phase übergeht. Auch Massage und körperliche Berührungen, die wir in dem Kapitel über Bonding erwähnt haben, gelten als wichtige Initiationen und können durch ein entsprechendes Vorgehen oder Ritual eingeleitet werden. Wenn das Kind zum ersten Mal eine Massage bekommt, können die Eltern Mantras rezitieren, ein spezielles Gebet sprechen oder die älteren Brüder und Schwestern einladen, daran teilzunehmen. Tibetische Mütter führen meistens ein Ritual durch, wenn das Kind seine ersten Schritte macht. Auch wenn westliche Eltern für diesen Anlass kein Ritual parat haben, gilt diesem Ereignis, das die ganze Familie in Aufregung versetzt, ihre besondere Aufmerksamkeit. Manche Eltern halten die ersten Schritte ihres Kindes in einem Tagebuch fest und erzählen Freunden und anderen Familienmitgliedern davon. Auch das ist eine Möglichkeit, ein wichtiges Kindheitserlebnis anzuerkennen.

Wachstumsphasen in der frühen Kindheit

Die Tibeter gehen von drei Entwicklungsstadien aus: Das erste reicht von der Geburt bis zum achten Lebensjahr, das zweite vom achten bis zum vierzehnten Jahr und das dritte vom vierzehnten Jahr bis zum Lebensende. In der westlichen Psychologie gilt das Alter von eins bis fünf als prägende Entwicklungsphase der frühen Kindheit. Die tibetische Psychologie hält diese Jahre ebenfalls für sehr wichtig. In dieser ersten Zeit hat ein Kind eine gewisse Reinheit und Unschuld. Gyatso sagte einmal zu mir: »Wenn wir uns als Erwachsene ein Buch anschauen, haben wir uns beim Anblick der Farben, der Größe und des Titels bereits eine Meinung gebildet, die unsere intellektuelle Einstellung zu dem Buch beeinflusst. Kinder sind da ganz anders. Ihr Geist ist nicht von vorgefertigten Assoziationen vernebelt. In ihrer natürlichen Unschuld nehmen sie die Dinge so, wie sie zu sein scheinen. Wir glauben, dass Kinder sich diese Unschuld bis zum Alter von acht Jahren bewahren.« Nach dem achten Lebensjahr wird das Denken sehr viel komplexer. Das Kind ist intellektuell besser in der Lage, sich an Gelerntes zu erinnern, es auf augenblickliche Erfahrungen zu beziehen und auf dieser Grundlage Urteile zu fällen. Aber bevor es diese Vergleiche anstellen kann, muss das Kind Zusammenhänge besser verstehen. Die Komplexität von Erfahrung erschließt sich einem Kind erst dann, wenn es sinnliche Wahrnehmung, Emotionen und Gedanken mit Dingen und Situationen in Beziehung bringen kann.

Wenn ein Kind als Reinkarnation eines Lamas entdeckt wird, hält man es für wichtig, mit seinen Unterweisungen vor dem achten Lebensjahr zu beginnen, denn dann kann man sein Auffinden noch in der Phase natürlicher Reinheit anerkennen. Das grundlegende System der Unterweisung junger Mönche oder Nonnen besteht darin, ein Kind, das Mönch oder Nonne werden möchte, in ein Kloster zu bringen, ohne es aber vor Vollendung des achten Lebensjahrs harter Disziplin zu unterwerfen oder mit akademischer Strenge zu behandeln. In dieser Zeit lernt es hauptsächlich Schriften auswendig, aber man erwartet von ihm nicht, dass es den Inhalt der Texte versteht. Solange der Schüler die Texte nicht analysieren kann, imitiert er einfach seine Lehrer und freut sich am Wiedererkennen der Worte, den Wiederholungen und Rhythmen. Der vertiefte Unterricht beginnt erst, wenn das Kind elf oder zwölf Jahre alt ist.

Geiststörungen in der Kindheit

Man geht davon aus, dass das Kind bis zum Alter von acht Jahren nicht nur Reinheit und Unschuld besitzt, sondern auch eine besondere geistige Klarheit. Die Tibeter sagen, dass das Bewusstsein eines Kindes bis zum Alter von acht Jahren so flexibel und klar ist, dass es Dinge leicht aufnimmt. Da das Kind noch nicht »erzogen« wurde, hat es auch kaum Vorurteile und sein Geist lässt viel Raum für Projektionen. Die Tibeter glauben, dass dieser Umstand so genannte »Geiststörungen« verursachen kann. Die tibetischen Texte widmen den archetypischen Gestalten, von denen ein Kind manchmal besessen zu sein scheint, ganze Abschnitte. Das Kind sieht, erlebt oder hört diese Gestalten, die sein ganzes Denken beherrschen können. (Im Westen würden wir von »unsichtbaren Freunden« oder »Monstern« sprechen.) Auch wenn die Bilder klar und deutlich sind, kann ein Kind Mühe haben, sie Erwachsenen zu beschreiben, da es ihm schwer fällt, einen Sinn in ihnen zu finden.

In dem Buch *Illustrated Principles and Practices of Tibetan Medicine* werden die verschiedenen Formen von Geiststörungen, unter denen ein Kind leiden kann, mit Hilfe von Texten und Illustrationen beschrieben. Insgesamt werden 24 verschiedene Geiststörungen aufgeführt, und die Gestalten, von denen man glaubt, dass sie das Kind beherrschen, in Zeichnungen vorgestellt. Manche Gestalten stellen Tiere dar. Sie können einem Schafs- oder Bullenkopf ähneln; einem Kaninchen, Fuchs, Pferd oder Hund; oder Eulen, Schwänen und anderen Tieren.[51] Auch wenn die Tiere zur selben Gruppe gehören, haben sie unterschiedliche Funktionen. Die Abbildungen zeigen unter anderem auch einen weiblichen Geist, der einem Vraja ähnelt, und eine unzerstörbare Kanonenkugel.

Die Geister werden in zwei Typen eingeteilt: aggressive und nicht aggressive. Die weniger aggressiven sind ihrem Wesen nach eher »kalt«, die aggressiven dagegen »heiß«. Einige Geister sind weiblich, andere männlich. Einer der Geister, der als »hungriges Gespenst« bezeichnet wird, hat einen riesigen Magen und einen dünnen Hals. Der Magen ist ein Paradox: Das »hungrige Gespenst« möchte ganz viel essen, hat aber keinen Hals und damit keine Kehle, durch die das Essen in den Körper gelangen kann, deswegen ist es sehr frustriert. Ein anderer Geist sieht aus wie ein König. Der König ist in der tibetischen Mythologie eine positive Gottheit.

Die Tibeter gehen davon aus, dass Kinder, die diese Gestalten eine Weile sehen, glauben, mit ihnen identisch zu sein. Das Kind kann sich die gleichen Verhaltensweisen zulegen, die es an den Geistern wahrnimmt. Das kann sein Handeln, Reden und sein ganzes Verhalten beeinflussen. Das Kind drückt sich zunehmend aus wie diese Gestalten. Einige der Geister können beängstigend und störend sein. Vielleicht fängt das Kind an, gewalttätig zu werden, unkontrolliert zu schreien oder Wutanfälle zu bekommen. Oft wandern diese Gestalten nachts in die Träume des Kindes oder es wacht mit ihnen auf. Ein Kind, dem es körperlich gut geht, kann plötzlich mitten in der Nacht aufwachen und unkontrolliert weinen. Manchmal spricht das Kind mit den Geistern. Das kann aussehen, als ob es Monologe führt, geistige Dialoge hält oder mit jemandem redet.

Dieses Verhalten findet man bei Kindern nicht ungewöhnlich und auch nicht unbedingt negativ. Aber wenn das Kind an dem Geist sehr hängt, hält man diese Beziehung für ungesund. Auch wenn einige der Gestalten durchaus positiv erscheinen mögen, wie zum Beispiel die Götter, ist ihr Auftauchen in diesem Alter meistens störend. Man glaubt, dass das Selbstbewusstsein des Kindes noch nicht fest verankert ist und leicht »verrutschen« kann, wenn es in die Irre geleitet wird. Deswegen gehen die Tibeter davon aus, dass ein Kind von dieser Art Krankheit geheilt werden muss.

Thubten Sangay schreibt über dieses Thema in seinem Artikel mit dem Titel »Tibetische Traditionen der Geburt und der Kinderbetreuung« in der Zeitschrift *Tibetan Medicine:*

»Es gibt fünfzehn verschiedene Geister, die Kindern Schaden zufügen können: sieben männliche und acht weibliche. Einer von ihnen ist das Gespenst eines ermordeten Königs, der aufgrund seiner Wut als Geist wieder geboren wurde. Ein

222

anderer ist das Gespenst einer hinterlistigen Frau und wieder ein anderer König der Nagas oder Schlangen. Wenn diese Geister das Kind plagen, zeigt sich das an plötzlicher Angst, häufigem Weinen vor allem in den frühen Morgen- und Abendstunden, Zittern, Stöhnen, Schlafstörungen und Lippenkauen. Auch kann das Kind die Mutter kratzen oder die Nägel in sie graben, sich weigern zu saugen, weiße Augen, Schaum vorm Mund oder Fieber haben. Wenn diese Symptome auftreten, sollte ein Arzt zu Rate gezogen werden.

Kräftige Speisen wie Alkohol, Fleisch, Blut und grüne Gemüse sollten vermieden werden. Geben Sie dem Kind stattdessen drei weiße Lebensmittel: Milch, Quark und Butter. Spezielle Rituale können durchgeführt werden wie das »Dreiteilige Ritual der Wassergabe«, das Lesen der fünf großen Mantras und »Das Ritual der hundert Fleischsorten und hundert Nahrungsmittel«, bei dem man dem Geist Skulpturen anbietet. Man kann dem Kind auch ein Schutzrad umbinden und sollte möglichst das Ritual des Do oder Mdos durchführen (bei dem aus zwei kleinen Stäben ein Kreuz gebildet wird, an dessen Enden man farbige Bänder befestigt und die man für verschiedene magische Zeremonien benutzt). Wenn das nicht hilft, raten die Schriften, sich an einen mächtigen tantrischen Meister zu wenden und ihn zu bitten, Rituale wie »Das Drehen des Feuerrads« in Kombination mit dem zornigen Mantra und dem »Ritual für die Zerstörung des Dämonenvogels« durchzuführen. Abschließend sollte noch einmal ein spiritueller Meister, der Mantrakräfte besitzt, aufgesucht und erneut um Rat gefragt werden.«[52]

Um zu verhindern, dass das Kind Angst vor den Gestalten bekommt, geben manche Familien ihm vor dem Schlafengehen etwas Schwarz auf die Nase. Der Tradition folgend, zeichnet die Mutter oder der Vater mit dem Ringfinger eine Linie aus schwarzem Ruß auf die Nase des Kindes. Wenn der Geist im Hauseingang oder am Körper des Kindes etwas Unbekanntes wie zum Beispiel dunkle Flecken entdeckt, nimmt er Reißaus und zwischen ihm und der Psyche des Kindes wird Abstand geschaffen. Hier geht man ähnlich vor wie bei Kleinkindern, denen man mit Kohle schwarze Farbe auf die Nase tupft, wenn sie nachts das Haus verlassen müssen. Es ist interessant zu sehen, wie verbreitet auch in anderen Kulturen Methoden sind, die Kinder vor Alpträumen bewahren sollen. In westlichen Ländern gibt man dem Kind oft eine Kuscheldecke oder ein Stofftier, damit es tief und fest schläft. Das kleine Einschlafritual, bei dem man den »Beschützer« an seinen Platz stellt – ob es nun ein schwarzer Punkt oder ein Stofftier ist –, reicht meistens aus, um den lebhaften kindlichen Geist zu beruhigen. Natürlich gibt es viele Methoden für diese Zwecke, aber der schwarze Fleck ist ein verbreitetes und offensichtlich wirkungsvolles Ritual, das in tibetischen Familien seit langer Zeit von Generation zu Generation weitergegeben wurde. Jüngere Kinder schützt man oft damit. Kinder, die älter als sechs Jahre sind, so glaubt man, brauchen diese Vorsichtsmaßnahme nicht mehr.

Die Tibeter gehen davon aus, dass die Probleme mit Geistern gelöst werden können, indem man deren Abbild mit Hilfe eines Rituals vernichtet. Wird das Kind von einem Gespenst heimgesucht, können die Eltern mit der Behandlung beginnen, indem sie einen schwarzen Punkt auf seine Nase zeichnen. Sollten sich die Symptome verstärken, suchen sie jedoch meistens einen Lama auf, damit dieser eine Weissagung macht oder ein Ritual durchführt. Als Erstes bestimmt der Lama, welche Art Geist das Kind stört, und formt dann

aus Gerstenteig eine Skulptur dieser Gestalt. Der Teig wird über den ganzen Körper des Kindes gerieben, überall dort, wo die Krankheit zu sitzen scheint. Auf diese Weise versucht der Lama, die Eindrücke, welche die zudringliche Gestalt hinterlassen hat, mit dem Teig aufzusaugen. Dann wird ein weiteres Stück Teig, das die Eindrücke des Kindes darstellt, bearbeitet und neben die erste Skulptur gestellt. Diese Teigfigur soll die erste entschädigen und den Geist auffordern, das Kind in Ruhe zu lassen. Das Ritual wird wiederholt, um der Abbildung Lebendigkeit zu verleihen. Dann führt der Lama ein weiteres spezielles Ritual mit der Skulptur aus Teig durch und wirft diese auf eine Kreuzung, damit der Geist weit weggefördert wird.

Dieses Ritual, so glaubt man, hat auf das Kind, das dadurch gereinigt werden soll, nachhaltige Wirkung. Selbst wenn es nicht versteht, was da vor sich geht, wissen die Eltern und alle übrigen Anwesenden es sehr wohl. Unmittelbar nach dem Ritual fangen sie an, sich dem Kind gegenüber zu verhalten, als sei es völlig normal. Möglicherweise wirkt das Ritual bei einigen Kindern aufgrund dieses »positiven Denkens«. Die Eltern oder der Mönch führen diese Zeremonie nicht durch, damit das Kind mit dem Geist Freundschaft schließen kann. Man glaubt jedoch, durch das Ritual mit anderen, positiven Geistern Kontakt aufnehmen zu können, die helfen, die störenden Geister zu bezwingen.

Kindheitsrituale

Weitere Hinweise und Empfehlungen für die Betreuung von Kleinkindern finden sich auch in Norbu Chophel Kharitsangs

Sammlung tibetischer Volkskunde. So sollte man zum Beispiel nicht auf die Kleider eines Kindes treten, weil das zu Dip führen kann, der unsichtbaren Vergiftung, die sich in diesem Fall als verstopfte Nase und Erkältung zeigt. Es gilt als Sünde, sich so zu verhalten. Auch Kinder sollten also darauf achten, dass sie nicht gegenseitig auf ihre Kleider treten. Kann das Kind bereits laufen, äußert Dip sich möglicherweise in häufigem Stolpern und Fallen, weil die persönliche Gottheit des Kindes missachtet wurde und ihm keine Anweisungen mehr geben kann. Bei Erwachsenen können die Folgen ähnlich sein, wenn auch nicht so stark ausgeprägt.

Es gibt noch mehr Aberglauben in Bezug auf Kinder. Man glaubt, dass ein Kind, das am dreizehnten eines Monats geboren wird, immer in der Bittstellung sein wird. Die Tibeter sind der Auffassung, dass Kinder völlig absichtslos und wie nebenbei die Zukunft voraussagen und das Unbekannte offenbaren können. So spielen manche Kinder zum Beispiel gerne Krieg, wobei sie mal siegen, mal geschlagen werden und dem Feind auflauern, als sei er eine ganz reale Truppe. Die älteren Tibeter jedoch mögen solche Spiele nicht, weil sie glauben, dass sie tatsächlich zu Kriegen oder Kämpfen führen. Deswegen schimpfen sie die Kinder aus, wenn diese solche Spiele spielen. Sagt das Kind hingegen etwas Glücksbringendes oder verhält sich in Gegenwart älterer Tibeter entsprechend, belohnt man es. Schreit ein Kind aus unerfindlichen Gründen ständig, glaubt man, dass ein Besucher von weit her eintreffen wird. Und wenn ein Kind sich vorbeugt und durch seine Beine nach hinten schaut, ist das ein Zeichen dafür, dass seine Mutter schwanger ist oder werden wird. Das Kind, so heißt es, schaue nach, um zu sehen, wer ihm folgt.

Mehrere tibetische Gelehrte haben aufgezeichnet, was sie

über die traditionelle tibetische Kinderbetreuung wissen. Thubten Sangay und Norbu Chophel Kharitsang haben vielleicht das profundeste Wissen auf diesem Gebiet. In einem Artikel mit der Überschrift »Die Gesundheit des Kindes« schreibt Thubten Sangay:

»In den Schriften über Kinderbetreuung heißt es, dass man am ersten Geburtstag des Kindes Gebetsfahnen aufhängen und den Gottheiten und Schutzwesen reiche Gaben darbringen solle. Das Kind soll gebadet und neu eingekleidet werden, und dann soll man es zur Audienz mit einem spirituellen Meister bringen. Anschließend solle die Familie ein köstliches Mahl halten, trinken und sich amüsieren.«[53]

Kinderkrankheiten

Thubten Sangays Artikel in *Tibetan Medicine* enthält auch Informationen über die Ursachen von Kinderkrankheiten und -beschwerden sowie deren Diagnose und Behandlung aus tibetischer Sicht. Der Autor führt bestimmte Arten von Krankheiten auf, darunter auch Zahnen, Durchfall, Masern und Erbrechen, die im Kapitel über die Kleinkindzeit bereits erläutert wurden. Sangay teilt Kinderkrankheiten in 24 Kategorien ein (die aber nicht zu verwechseln sind mit den 24 Geiststörungen).

Grundsätzlich gibt es 24 Arten von Krankheiten, die Kinder befallen können. Einige gehen auf die Mutter zurück und andere auf die falsche Versorgung des Kindes. Durch die Mutter bedingte Krankheiten beruhen darauf, dass diese in der Schwangerschaft und der Stillzeit nicht genügend auf ihre Gesundheit geachtet hat. Krankheiten oder Missbildungen des Kindes können auch darauf zurückgehen, dass die Mutter in der Schwangerschaft erkrankt ist und das Kind angesteckt hat. Diese angeborenen Missbildungen sind schwer heilbar. Andere sind leichter zu behandeln. Bei leicht zu heilenden Krankheiten sollten die Eltern sofort einen weisen Arzt aufsuchen und seine Anweisungen genau befolgen. Wenn das Kind ausschließlich gestillt wird, nimmt nur die Mutter die verschriebene Medizin ein. Wird es sowohl gestillt als auch gefüttert, nehmen Mutter und Kind die Medizin beide zu gleichen Teilen ein. Ein Kind, das ganz abgestillt wurde, nimmt die Medizin selbst.[54]

Bei ganz kleinen Kindern achtet man besonders auf Krankheiten, Unfälle oder Behinderungen, was auch Leiden einschließt, die auf die Geburt zurückgehen, wie zum Beispiel Mongolismus. Behinderungen sind in Tibet vergleichsweise selten, aber bei vererbten Geisteskrankheiten – oder Behinderungen wie Blindheit, Taubheit oder Wolfsrachen – schließt die Behandlung immer auch Rituale ein. Die Eltern können einen Lama bitten, eine Reihe von religiösen Zeremonien durchzuführen. Und man gibt dem Kind so viel Zuwendung wie möglich, da man medizinisch, wenn überhaupt, nur wenig unternehmen kann. Ein solches Kind gilt trotzdem als wichtiges Mitglied der Familie und wird auch entsprechend behandelt. Auch wenn die Eltern sich fragen, warum ihr Kind behindert ist, und vielleicht vermuten, dass es ein schweres Karma hat, wird das Kind nicht stigmatisiert. Und wenn das Kind zu Hause akzeptiert wird – selbst wenn es zum Beispiel autistisch ist –, hat es sehr viel bessere Chancen, auch von der restlichen Gemeinschaft angenommen zu werden. Auch Kinder, die von ihrer Familie kontinuierlich Zuwendung bekommen, werden, wie in der Kindheit üblich, geneckt und verspottet, aber mit dieser soliden Grundlage an liebevoller Aufmerksamkeit hat das keine verletzenden oder trennenden Auswirkungen.

Hat das Kind einen Unfall, lässt die Familie sofort bestimmte Rituale durchführen oder macht sie selbst. Wenn ein Kind verunglückt ist, legt man es hin, deckt es zu und gibt ihm spezielle Pillen, die von einem Lama gesegnet wurden. Viele Familien bewahren diese gesegneten Pillen in ihrem Schrein auf oder tragen sie in einem Amulett. Da diese Medizin als kostbar gilt und schützende Eigenschaften hat, tragen viele Menschen sie um den Hals. Solche Pillen können sogar von Generation zu Generation weitergegeben werden. Oft werden gesegnete Pillen verschenkt oder im Tempel als Gabe dargebracht.

Kranken Kindern gilt die besondere Aufmerksamkeit der Familie. Bei schwerer Krankheit können die Eltern ihr Kind zu einem spirituellen Meister bringen. Bei leichteren Beschwerden, wie erhöhter Temperatur, verabreicht die Mutter Kräuter oder gesegnete Pillen und betreut ihr Kind selbst. Ein krankes Kind kann sicher sein, dass sämtliche Familienmitglieder sich ihm emotional zuwenden und Anteil nehmen. Eltern ändern ihren Arbeitsrhythmus, um bei ihrem Kind sein zu können, Brüder und Schwester nehmen schulfrei, um zu helfen. Bei schweren Krankheiten oder Verletzungen wird ein Arzt gerufen.

Die Rolle der Kinder in der Familie

Ein Kind wird gleich nach seiner Geburt als Mitglied der Großfamilie anerkannt. Das jüngste Kind gilt als etwas Besonderes, aber die Priorität liegt darauf, das Kind in die Familie und die Gemeinschaft einzubinden. Es gibt durchaus Spannungen zwischen den Geschwistern, zum Beispiel aufgrund von Eifersucht auf das Jüngste, aber diese Schwierigkeiten gelten als normal. Eltern begegnen diesen Zwistigkeiten unter anderem, indem sie darauf bestehen, dass Geschwister oder Freunde sich nach einem Streit sofort versöhnen. Kinder werden immer wieder ermahnt, Harmonie zu wahren. Wenn die Zankereien um Spielsachen kreisen, weisen Eltern das ältere Kind meistens an, dem jüngeren Kind zu geben, was es haben will. Dabei geht es nicht darum zu verstehen, wie das Kind sich fühlt, das verletzte Kind zu trösten oder ihm beizubringen, seine Bedürfnisse zu äußern, wie es in westlichen Ländern der Fall ist. Vielmehr liegt das Hauptaugenmerk darauf, Harmonie zwischen den Geschwistern herzustellen. Dieses Bemühen um ein harmonisches Zusammenleben ist in östlichen Ländern stark ausgeprägt, und Kinder lernen schnell, dass sie für ihr Geben und nicht für ihr Konkurrenzverhalten gelobt werden. Man bringt ihnen bei, ihre Dispute auszutragen, ohne sich gegenseitig zu verletzen. Diese Haltung ist der Familie, der Kultur und der Gemeinschaft in vieler Hinsicht förderlich.

Diese Einstellung unterscheidet sich deutlich von der in westlichen Gesellschaften, wo man meistens von einer völlig anderen Perspektive ausgeht – hier stehen die individuellen Gefühle an erster Stelle. Die Verfassung der Vereinigten Staaten beruht auf der Grundlage des individuellen Rechts auf Ausdruck, und die meisten westlichen Menschen gehen davon aus, dass zuerst einmal ihre Seite der Geschichte, ihre Gefühle und Sichtweisen Raum brauchen, bevor sie mit anderen harmonisch auskommen können. Diese Einstellung wird bei Kindern gefördert, indem Eltern versuchen, sie gerecht zu behandeln und sämtliche Sichtweisen zu berücksichtigen.

Tenzin Gyatso, der Vierzehnte Dalai Lama

An dem Tag, an dem verkündet wurde, dass er den Friedensnobelpreis erhalten würde, erläuterte der Dalai Lama das tibetische Prinzip der Harmonie. Bei seiner Rede in Kalifornien sagte seine Heiligkeit: »Zuerst müssen wir uns anschauen, wie sich Ärger, Mitgefühl und Liebe in unserem täglichen Leben auswirken. Dann können wir aufgrund unserer eigenen Erfahrung für die Negativität von Ärger und die Positivität von Mitgefühl wachsamer werden. Und wenn wir innerlich davon überzeugt sind, dass Mitgefühl Güte in unser Leben bringt, können wir diese Haltung pflegen. Wenn wir erkennen, dass Ärger und Hass uns und andere unglücklich machen, können wir wachsam mit diesen Gefühlen umgehen. Wir täuschen uns wahrscheinlich, wenn wir glauben, dass unser Ärger uns schützt. Vielleicht meinen wir, dass Ärger uns Kraft zum Handeln gibt. Aber ein Handeln, das durch Ärger motiviert ist, ist nicht effektiv. Wenn wir frei von Ärger sind, können wir eine Situation klar sehen, und sollte sich dann zeigen, dass wir wirklich energische Gegenmaßnahmen ergreifen müssen, können wir das ohne negative Gefühle tun. Wenn wir die langfristigen Folgen unseres Handelns bedenken, entwickeln wir ein echtes universelles Verantwortungsbewusstsein.«

Viele heutige tibetische Eltern sind mit dieser Einstellung zu Harmonie aufgewachsen und bemühen sich darum, sie an ihre Kinder weiterzugeben. Aber da man von Kindern unter acht Jahren nicht erwartet, dass sie den Zusammenhang zwischen Gefühlen, Situationen und Konsequenzen begreifen, lehren die Eltern sie oft durch ihr Beispiel. Sie vermitteln ihren Kindern Regeln, die mit dem Prinzip der Harmonie in Einklang stehen, und achten darauf, dass sie möglichst wenig eskalierenden Konflikten ausgesetzt sind. Eine tibetische Nonne sagte einmal zu mir: »Kinder brauchen Disziplin und müssen von ihren Eltern angeleitet werden. Die Eltern müssen dem Kind ein Vorbild sein und ihm helfen, mit Ärger und dem Festhalten an bestimmten Dingen umzugehen. Es ist also wichtig, dass Eltern lernen, mit dem, was sie haben, zufrieden zu sein. So können sie beispielhaft für einen harmonischen Geisteszustand sein.«

Im Westen legt man bei Konflikten zwischen Geschwistern nicht unbedingt immer Wert darauf, dass die Kinder sich sofort vertragen. In Tibet hält man es für wichtig, dass Kinder eine unharmonische Situation sofort bereinigen. Wenn es Streit anfängt, so lernt ein Kind, riskiert es, dass man ihm wegnimmt, was es haben möchte, und es einem anderen Kind gibt. In Tibet ist das Einfordern der eigenen Rechte kein Wert, weil es sich nicht mit der Vorstellung verträgt, Teil einer Familie zu sein. Einfach ausgedrückt, im Westen behandelt man Kinder eher als Individuen, während man sie in Tibet als Teil eines Kollektivs betrachtet. Das ist ein wichtiger Unterschied zwischen den beiden Kulturen, der selbst in den grundlegendsten Praktiken der tibetischen Kindererziehung deutlich wird.

Ich fragte Dr. Rapgays Mutter, Pasang Lhamo, ob Kinder körperlich diszipliniert werden. »Wenn sie ganz klein sind und noch gestillt werden, bestraft man sie nicht«, sagte sie.

»Aber wenn sie im Alter von etwa drei oder vier Jahren unge-
zogen sind oder sich ständig schlecht benehmen, dann bestra-
fen die Eltern, meistens der Vater, sie körperlich.« In der
tibetischen Kultur erzieht man Kinder von klein auf dazu,
nicht zu kämpfen und sich gegenseitig nicht zu verletzen.
Wenn sie nicht hören, werden sie gemaßregelt. In seiner Au-
tobiografie beschreibt der Dalai Lama sich als freches Kind
und erinnert sich an die langen Peitschen, die in seinem Stu-
dierzimmer in der Potala an der Wand hingen, um seinen
Bruder und ihn zu ermahnen. Im Westen begreifen wir allmählich, welche tief greifenden Folgen körperliche Strafen
auf ein Kind haben. Wir wissen inzwischen, dass sich körperliche Maßregelungen in der Form negativ auf das Kind auswirken können, dass es sich im Ausdruck zu stark oder zu
wenig kontrolliert und die Fähigkeit verliert, nach positiven
Absichten zu handeln. In der tibetischen Kultur galt körperliche Strafe immer als etwas Selbstverständliches. Man betrachtet sie nicht als Gewalt, sondern als notwendig für das
Lernen des Kindes.

Schon kleinen Kindern bringt man bestimmte Werte bei,
indem man ihnen zum Beispiel vermittelt, wie wichtig die Beziehung zu ihren Geschwistern ist, oder ihnen verbietet, Leben zu töten, und sei es das von Insekten. Kinder werden von
klein auf angewiesen, sämtliche Lebensformen zu achten.
Man erzählt ihnen nicht, es sei »Sünde«, ein Insekt umzubrin-
gen, weil sie die Bedeutung dieses Wortes gar nicht verstehen
würden. Der Vater oder die Mutter können stattdessen sagen, dass die Mutter des Tieres traurig oder ärgerlich wird
und zurückkommt, um das Kind zu stechen. Auf zahlreichen
verschiedenen Wegen lernt das Kind allmählich, dass Töten
nicht akzeptabel ist.

Jamyang Sakya, bekannter als Dagmokusho, Frau von H.H. Jigdal Dagchen Sakya Rinpoche, der Phuntsok-Palast-Linie der Sakya-Schule des tibetischen Buddhismus und Mitautorin von *Princess in the Land of Snows*, erzählte mir, dass selbst ihre Enkelkinder, die in den Vereinigten Staaten geboren wurden, gelernt haben, das Leben sämtlicher fühlender Wesen einschließlich Insekten zu achten. Sie berichtete, dass die Kinder tote Käfer aufheben, sie in der Hand halten und OM MANE PADME HUM rezitieren und auf diese Weise schon in ganz jungen Jahren lernen, Mitgefühl zu entwickeln. »Wir erziehen unsere Kinder dazu, sämtliche fühlenden Wesen zu schätzen und zu respektieren«, erklärt sie. Ein komisches, aber eindrucksvolles Bild: Ein kleines Kind findet in der Zimmerecke eine tote Fliege, hebt sie behutsam auf und vollzieht die tibetischen Riten für den Übergang. Der Dalai Lama sagt dazu: »Das tibetische Volk betrachtet das Leben in jeder Form als etwas sehr Heiliges und Wichtiges. Auch wenn nur ein winziges Insekt stirbt, reagieren wir darauf mit Mitgefühl. In unserer Gesellschaft ist und bleibt Mitgefühl eine Kraft.«[55]

Als ich in Dharamsala und umliegenden Orten Schulen besuchte, konnte ich diese Einstellung heiligen Mitgefühls wiederholt beobachten. Die Lehrer korrigierten die Fehler ihrer Schüler ohne Maßregelungen oder Verurteilung. Sie wiesen sie einfach darauf hin, dass eine Antwort richtig und die andere falsch war und sie die richtige Antwort hören wollten. Die Kinder konnten diese Korrekturen akzeptieren, ohne das Gefühl zu haben, gedemütigt zu werden, etwas falsch zu machen oder sich lautstark auflehnen zu müssen. Sie wurden von den Klassenkameraden nicht gehänselt. Es ging ganz einfach darum, auf dem Pfad des Lernens eine andere Richtung einzuschlagen, und das verstanden sie auch.

Gelegentlich kann es vorkommen, dass Kinder in der Schule körperlich gemaßregelt werden. Manchmal geben Lehrer ihren Schülern mit einem langen Stock einen leichten Schlag auf den Kopf, was eher eine symbolische als eine schmerzhafte Geste ist. Bestimmte Eigenschaften, wie Mitgefühl, Aufrichtigkeit, Gutherzigkeit und Teilen, werden bei Kindern sehr geschätzt und gefördert. Viele jüngere Kinder teilen ganz spontan und natürlich, und die anderen Kinder begreifen, dass sie mit diesem lobenswerten Verhalten positive Aufmerksamkeit gewinnen. Und schon bald verhalten sie sich instinktiv so. Diese Qualitäten werden bei den Tibetern ein Leben lang gefördert.

Schon das kleine Kind erfährt, wo sich in der Wohnung oder im Haus der Schrein der Familie befindet, und lernt, sich dort richtig zu verhalten. Beim Betreten des Schreins muss es niederknien und sich in diesem Raum immer respektvoll verhalten. Auch hier liegt die Betonung darauf, dem Kind Werte und Sitten beizubringen. Das gehört zu den ersten Lektionen, die ein Kind vermittelt bekommt. Und es ist wichtig, dass ihm diese Dinge spontan beigebracht werden. Wenn ein Kind etwas falsch macht, wird das als Möglichkeit betrachtet, ihm etwas zu zeigen. Lernen ist wie Leben. Ein Kind achten und unterrichten gilt als natürlicher Prozess, der überall und ständig stattfindet.

Tibetische Kinder wachsen in dem Glauben auf, dass die Familie etwas Heiliges und Spirituelles ist. Jede Familie hat ihre eigene reiche Geschichte, und die Tibeter fühlen sich verantwortlich dafür, ihr Erbe von Generation zu Generation kontinuierlich weiterzugeben. Das Kind erkennt, dass sein Hineingeborenwerden in eine Familie in einem spirituellen Sinne nur ein kleiner Ausschnitt des umfassenderen Zyklus von Tod und Wiedergeburt ist, der ein wichtiges Element der spirituellen Praxis der Tibeter darstellt. Die Familie ist ein Instrument für spirituelles Wachstum, da das Kind deren innere Dynamik erforschen und die Essenz dessen entdecken kann, was eine Familie ausmacht. Das wird zum wertvollen Werkzeug für die spirituelle Praxis, bei der unter anderem Erfahrung und Intellekt verbunden werden. Durch Beteiligung am Familienleben, wachsendes Gewahrsein und das unmittelbare Erfahren des Familienlebens wird die spirituelle Kompetenz gefördert. In diesem Sinne sind die spirituellen Bindungen zwischen Familie und Kind sehr wichtig. Diese Bindung kann sich auch eher körperlich ausdrücken. Tibetische Kinder schlafen oft bis zum Alter von fünf, sechs Jahren bei ihren Eltern und verbringen vor allem mit ihrer Mutter sehr viel Zeit. Selbst wenn die Mutter außer Haus arbeitet, lässt sie ihr Kind nur selten zurück und trägt es oft bis zum Alter von vier Jahren auf dem Rücken mit sich.

Im Westen scheinen Kinder früher laufen zu lernen als im Osten, was vielleicht daran liegt, dass in westlichen Ländern individuelle Stärke ein wichtiger Wert ist. Im Osten beschützen die Eltern ihr Baby stärker und tragen es auch länger herum. Auch Sprechen lernen westliche Kinder offensichtlich schneller; vielleicht weil ein kleines Kind im Osten überwiegend mit seiner Mutter und seiner Großfamilie zusammen ist, die sich eher über körperliche Rhythmen und Intuition als über Worte mit ihm austauschen. Laut tibetischer Tradition ist ein Kind in diesem frühen Alter sehr verletzlich, darum schützt man es mindestens bis zum Alter von einem Jahr entsprechend und hält es von Fremden fern. Aber diese Tendenz ist im Wandel begriffen. Die Tibeter in Dharamsala und die jüngere Elterngeneration sind sehr viel offener für Menschen als ihre Vorfahren und erlauben ihren Kindern sehr viel mehr Kontakt außerhalb der Familie.

Tibetische Ausbildung

Im Alter von etwa sieben Jahren standen einem Kind traditionellerweise zwei Ausbildungswege offen: Es konnte die örtliche Laienschule besuchen, wo es in Grundfächern wie Lesen und Schreiben und später vielleicht auch Grammatik und Poesie unterrichtet wurde. Die beste Ausbildung jedoch erhielten Kinder in den Mönchs- oder Nonnenklöstern, so dass ein Fünftel bis ein Sechstel der männlichen Bevölkerung beschloss, Mönch zu werden. Es war Tradition, dass jeder Haushalt dem örtlichen Kloster einen Sohn »stiftete«, auch wenn das heute nicht mehr unbedingt üblich ist. Manchmal wurden auch Mädchen »gestiftet«, obwohl es weniger Nonnen- als Mönchsklöster gab (was auch heute noch der Fall ist). Der Unterrichtsstoff in den Klöstern war und ist nicht auf spirituelle Themen beschränkt. Anfänglich ist der Lehrstoff hauptsächlich spirituell oder klassisch ausgerichtet, und in den ersten Jahren konzentriert sich das Lernen auf die Wiederholung und das Auswendiglernen von Mantras und anderen Texten. Dann jedoch beziehen die Lamas Fächer wie Literatur, Poesie, Grammatik, Medizin, Kunst und Astrologie mit ein. Während die höhere Ausbildung für Tibeter früher in der Hand der Klöster lag, machen heute viele junge Tibeter im Exil ihren Abschluss an den Universitäten und Colleges der Orte, in denen sie leben.

Die augenblickliche Klosterausbildung ist grundsätzlich die gleiche wie vor Tausenden von Jahren. Es gibt einige

Klöster in Südindien, die Zentren für tibetisches Lernen sind, und ein Institut in Varanasi, wo sowohl Laien- als auch Mönchsschüler ausgebildet werden. Bis zu einem gewissen Grade ist die tibetische Klosterausbildung in Indien mit der traditionellen Ausbildung in Tibet identisch; tatsächlich stammen viele der Lehrer aus tibetischen Klöstern. Aber es gibt auch grundlegende Änderungen. So lernen heute zum Beispiel Laien und Mönche im selben Klassenzimmer. Und tibetische Studenten müssen sich in einiger Hinsicht an den indischen akademischen Lehrplan halten. Um sich ihren Abschluss zu sichern, müssen sie sich oft zusätzlichen Lernstoff aneignen, der auch Hindi, Englisch, Sanskrit, Mathematik und wissenschaftliche Fächer einschließt.

Sämtliche tibetische Gemeinden in Indien haben eine Schule, und in Dharamsala gibt es mehrere Schulen. Meistens werden den Kindern hier Tibetisch, Englisch, Lesen, Schreiben, Rechnen, Kunst und Musik beigebracht, wobei die Anforderungen mit zunehmendem Alter und dem Anstreben höherer Abschlüsse beträchtlich wachsen. Die kleineren Kinder kennen viele Spiele und Lieder und verbringen nur zwanzig Minuten am Stück damit, Buchstaben und Zahlen von ihren Tafeln zu lernen. Ihr Lernpensum wächst von Jahr zu Jahr, bis ihr Wissen für einen vollständigen akademischen Abschluss reicht.

Ein wichtiger Punkt, der den Zusammenhalt der Familie betrifft, ist die Sorge um tibetische Kinder, welche die Familie verlassen, um zu studieren. Das Thema wird zunehmend wichtig, da immer mehr Tibetern Schulen in anderen Teilen der Welt offen stehen. Bei der Wahl des Ausbildungsweges für das Kind muss die Familie sich mit der Frage beschäftigen, wie die Pflege der überlieferten Werte der tibetischen

Kultur mit der Integration in die Lebensgepflogenheiten der neuen Umgebung vereinbart werden kann. Man betrachtet es oft als unumgänglich, dass ein Kind die Familie verlässt, um eine Ausbildung zu machen. Aber damit ist – vielleicht unbewusst – auch immer ein Bruch mit der Familie und ihren Traditionen verbunden. Oft findet man für die Trennung auch tröstliche Gründe und sagt sich, dass die Kinder Geld nach Hause schicken werden, wenn sie nach ihrer Ausbildung erfolgreich ihren Beruf ausüben. Trotzdem bricht die Familie durch das Weggehen der Kinder oft entzwei, und seit langer Zeit bestehende kulturelle Traditionen werden untergraben. In vielen Fällen besteht der Kontakt mit den Kindern nur über finanzielle Angelegenheiten oder Briefe, wodurch eine gewisse emotionale Bindung erhalten bleibt. Wenn der Student oder die Studentin dann alt und finanziell stabil genug ist, um auf Besuch zurückzukommen, sind die Eltern vielleicht schon gestorben. Obwohl die Ausbildung an einer weit entfernten Schule oder Universität dem Kind also berufliche Vorteile bringt, kann sie familiär und kulturell auch tragische Folgen haben.

In einem tibetischen Klassenzimmer

Um das tibetische Schulsystem aus unmittelbarer Quelle zu erforschen, besuchte ich Dorjes ältere Schwester Paldon, eine fröhliche Tibeterin im mittleren Alter, die als Lehrerin in Dharamsala arbeitete. Es zeigte sich gleich, dass die Kinder sie über alles liebten. Immer wieder rannten sie im Laufe des Tages, der mit Spielen und Schreibübungen verging, zu ihr hin, um sie zu umarmen. Ich war beeindruckt von der Leich-

tigkeit, mit der Paldon in ihrem Klassenzimmer voller Sechs-
und Siebenjähriger für ein harmonisches Gleichgewicht sorgte, den Kindern ihre herzliche Zuneigung zeigte und sie mit
Berührungen bestätigte, während sie gleichzeitig Kontrolle
und Autorität ausübte. Auch die Kinder gingen sehr herzlich
miteinander um und umarmten sich während der Übungen
oder Spiele immer wieder gegenseitig.

Paldon schöpfte bei ihrem Unterricht überwiegend aus der
eigenen Phantasie und Erinnerung und griff nur ab und zu
auf das Buch zurück, das die Kinder als »Buch der Lehrerin«
bezeichneten und in dem die Lektionen und Übungen, die sie
unterrichtete, aufgezeichnet waren. Das war der einzige
Text, der der Klasse zur Verfügung stand, und die Kinder be-
trachteten ihn als etwas ganz Besonderes, das sie nicht
anzurühren wagten. Die Schulen haben kaum Geld für Unter-
richtsmaterialien, deswegen müssen die Lehrerinnen und
Lehrer selbst per Hand aufschreiben, welchen Lernstoff sie
einbringen wollen. Aus diesem Grund war Paldon eifrig darauf bedacht, Unterrichtsideen mit mir auszutauschen, und
schrieb die Lieder, die ich den Kindern beibrachte, gleich in
ihr Buch. Paldon war offen für die Kinder, ging auf sie ein
und freute sich über die Fähigkeiten jedes einzelnen Schülers.
Sie wusste genau, wie lange sie bei den einzelnen Aktivitäten
verweilen konnte, und verlor keine Zeit, während sie fließend
von einer Übung zur nächsten überging und keine Lücken
ließ, in denen Langeweile oder Unruhe entstehen konnte. Bei
den Spielen wurde ständig gelacht. Paldon schuf eine Atmosphäre, in der das Lernen Spaß machte.

Ein beliebtes Spiel sah so aus, dass ein Schüler kleine Zettel mit lateinischen Buchstaben verdeckt auf dem Boden verteilte und lauschte, wie die Lehrerin einen Buchstaben als

Klang in sein Ohr flüsterte, um dann sorgfältig unter die Zettel zu spähen und den richtigen aufzudecken. Für ein anderes Spiel mischte Paldon die Zettel mit den tastbaren Buchstaben und hielt dann einen davon einem Kind hin, das ihn, ohne hinzuschauen, mit dem Finger nachzeichnen und laut aussprechen musste. Ich schaute zu, wie ein Kind nach dem anderen diese Übung sorgfältig und richtig durchführte. Wenn die Kinder sich irrten, wurden sie von Paldon nicht bestraft. Sie korrigierte das Kind einfach, das die Berichtigung lächelnd akzeptierte. Die Kinder hatten großen Spaß an diesen Lernspielen, und es gab kaum Disziplinschwierigkeiten.

Janet Ryan Richardson, eine Sozialpsychologin aus Kalifornien, erforschte die Spiritualität von Kindern in tibetischen Kulturen. Einen Großteil ihrer Forschungen führte sie in Dharamsala und Umgebung durch. Janet erklärte mir, dass viele tibetische Schulen in Indien auf dem Montessori-Modell beruhen. Maria Montessori hat in Indien vor einigen Jahrzehnten Kinder unterrichtet, und ihr Unterrichtsmodell ist dort weit verbreitet. Viele tibetische Schulen, die ich besuchte, wiesen mit Schildern darauf hin, dass sie Montessori-Schulen waren und von europäischen oder amerikanischen Kinderhilfswerken unterstützt worden waren. Diese Schulen besaßen nur wenige, abgegriffene Montessori-Lehrmittel, die entweder in indischen Städten angeschafft oder von Gruppen aus Europa oder Amerika gestiftet worden waren. In Paldons Schule gab es eine kleine Sammlung von langen, schmalen mit englischen Worten bedruckten Tafeln; eine Kiste kleiner Holzquadrate, mit denen Farben sortiert wurden; eine Schachtel, mit der man verschiedene Töne erzeugen konnte; Tafeln mit plastischen Abbildungen sowie Schablonen, Holzfiguren und Bauklötze.

Diese spärlichen Hilfsmittel wurden kreativ und begeistert benutzt. »Die Kinder lieben kleine Spiele«, erzählte mir Janet. »So legen sie sich zum Beispiel die Tafeln mit den Worten auf ihren Kopf und raten dann, was darauf steht. Diese Schulen können sich noch nicht einmal Bücher leisten, und die Kinder schreiben mit winzigen, dünnen Kreidestückchen auf Tafeln. Aber sie lachen genauso viel wie ihre Lehrerinnen und Lehrer. Es liegt ganz viel Freude in der Luft, genauso wie im Tibetischen Kinderdorf, einer Gemeinschaft für Waisen und Kinder, die nicht bei ihrer Familie aufwachsen können.«

Janet hatte erwartet, in Tibets Schulen arme Kinder vorzufinden, die unter Lehrermangel und unzureichenden Geldmitteln litten. Was das Materielle betraf, hatte sie auch Recht. Aber sie traf in sämtlichen tibetischen Schulen auf eine Atmosphäre, die von sehr viel Freude und Liebe geprägt war. Diesen Eindruck wollte sie mit zurück nach Hause nehmen, damit das schulische Umfeld in den USA davon profitieren konnte. »In amerikanischen Schulen herrscht diese nüchterne Atmosphäre«, sagte Jane. »Wir Amerikaner nehmen uns so ernst. Wir glauben, dass es eine Zeit zum Spielen und eine Zeit zum Arbeiten gibt, und schaffen damit eine Spaltung in unserem Leben. Bei tibetischen Kindern habe ich diese Trennung zwischen Arbeit und Spiel, weltlicher und spiritueller Ebene nicht erlebt. Diese Kinder leben und erleben beides als Einheit.«

Anders als von den jungen Mönchen und Nonnen erwartete man von diesen Kindern nicht, dass sie stundenlang stillsaßen und lernten, sondern stellte sie vor ständig wechselnde Aufgaben, so dass sie aufmerksam und neugierig blieben. Die Aktivitäten im Verlauf des Schultages wechselten leicht und fließend und schlossen auch eine Pause ein, in der die Kinder zum Mittagessen nach Hause gingen. Die Kinder spielten, sangen Lieder und schrieben auf ihren Tafeln Briefe. In den Schulen, die Janet und ich besuchten, erlebten wir beide, dass die Zeit für Schule und Familie ausgewogen verteilt war, wobei sich die Kinder mühelos und natürlich zwischen beiden Welten hin und her bewegten.

Die Tibeter halten sehr viel vom Auswendiglernen, weil sie glauben, dass wir einen Text erst dann richtig kennen, wenn er sich uns eingeprägt hat. Nur dann ist es möglich, Literatur zu analysieren und zu kritisieren. Ich habe oft erlebt, dass junge Mönche und Nonnen Stunde um Stunde dasitzen und ganze Seiten aus ihren Büchern vor sich hin singen. Auch die älteren Laienschüler müssen viel Text auswendig lernen. Paldon sagte mir, dass sie den Schülerinnen und Schülern die meisten Lektionen, die sie auswendig lernen müssen, laut vorspricht, damit sie die Worte hören und die Schwingungen und den Rhythmus aufnehmen können. Die Lehrer tragen die Lektionen im fließenden Tonfall vor, damit die Schüler sie mühelos singen und sich einprägen können.

Als ich einmal ein Kloster einige Stunden von Dharamsala entfernt besuchte, hörte ich aus einem Raum im Seitenflügel des Gebäudes Stimmen singen und lugte durchs Fenster. Da saß ein älterer Mann in lässiger Haltung auf einem Stuhl und wiederholte geduldig die Lektionen für die vor ihm sitzenden jungen Mönche, welche das Vorgetragene so laut sie konnten singend wiederholten. Es war, als könnten sie dem Lehrer mit der Lautstärke ihrer Stimme demonstrieren, wie ernst es ihnen mit dem Lernen war. Als ich die Center School for Tibetans in Dalhousie besuchte, die von der indischen Regierung ins Leben gerufen wurde, kam ich eines Abends an einer großen Studienhalle vorbei und hörte einen ganzen Chor von

Stimmen, der die Lektionen mit wachsender Lautstärke sang. Im Westen würden die Schüler in einer solchen Halle still und vereinzelt vor ihren Hausaufgaben sitzen. In tibetischen Schulten gilt, je lauter die Gruppe rezitiert, desto mehr Ordnung herrscht im Klassenzimmer.

Das Tibetische Kinderdorf

Das Tibetische Kinderdorf existiert seit mehr als dreißig Jahren und hat Zweigstellen in sämtlichen tibetischen Flüchtlingssiedlungen. Es beherbergt und unterrichtet mehr als 6000 Kinder, davon 1500 in Dharamsala.[56] Diese effektive Einrichtung für Flüchtlingswaisen, die früher einmal von der Tsering Dolma, der ältesten Schwester des Dalai Lamas geleitet wurde, befindet sich in einem wunderschönen Dorf, das am Berghang gelegen ist. (Augenblicklich ist Frau Pema Gyalpo, die jüngere Schwester des Dalai Lamas, Leiterin des Tibetischen Kinderdorfes.) Mich hat besonders beeindruckt, dass das Tibetische Kinderdorf nicht nur eine Schule, sondern tatsächlich ein ganzes Dorf ist. Dort leben Menschen sämtlicher Altersstufen. Die Kinder wohnen in kleinen Zimmern mit Bett und werden von Hauseltern betreut. Sie haben Beziehungen zu Menschen unterschiedlichster Altersstufen – Großeltern, Tanten, Onkel, Brüder und Schwestern. Es ist wirklich wie eine große Familie. Das Tibetische Kinderdorf ist ein anregendes Beispiel für andere Flüchtlingsgemeinden, die versuchen, für ihre Kinder eine gesunde Umgebung mit entsprechenden Betreuungs- und Ausbildungsmöglichkeiten zu schaffen. Jede Flüchtlingsgruppe steht vor der Aufgabe, ihre Kinder auf das Gastland vorzubereiten, in dem sie sich niedergelassen hat, und ihnen gleichzeitig das eigene kulturelle Erbe zu vermitteln. Im Tibetischen Kinderdorf ist es gelungen, die Kinder mit beiden Welten vertraut zu machen.

Nachdem das chinesische Militär Tibet besetzt hatte, kamen viele Kinder mit ihren Familien über die Bergpässe nach Indien. Einige dieser Kinder starben auf dieser Reise. Und viele weitere Kinder starben in Indien, oft deswegen, weil die Tibeter nicht wussten, wie sie ihre Kinder vor den Krankheiten schützen konnten, mit denen sie sich in dem neuen Land ansteckten. Sie begannen sich nach Hilfe für dieses Problem umzuschauen. Zunächst, Anfang der sechziger Jahre, wurden viele tibetische Kinder von Menschen aus dem Westen adoptiert, weil man ihnen ein angenehmes Leben verschaffen wollte. Aber die Tibeter hatten keine Erfahrung mit dem westlichen Lebensstil, und es fiel ihnen sehr schwer, mit der ungewohnten Umgebung zurechtzukommen. Als Heranwachsende begingen einige dieser Kinder Selbstmord und überdurchschnittlich viele von ihnen kamen mit Drogen und Gewalt in Berührung, während sie erfolglos versuchten, sich sowohl an die übernommene Kultur anzupassen als auch an ihrem kulturellen Erbe festzuhalten. Die Kinder, denen die Umstellung gelang, passten sich so stark an die europäischen Sitten an, dass sie das Gefühl für ihre tibetische Abstammung verloren. Das war ein wirklicher Schlag für die tibetische Gemeinschaft, weil diese Kinder die Hoffnung für Tibets Zukunft waren. Man versuchte verzweifelt, einen Weg zu finden, etwas auf die Beine zu stellen oder eine Organisation zu gründen, die sich den Bedürfnissen dieser Kinder annahm und ihnen gleichzeitig zeigte, wie sie sich ihr kulturelles tibetisches Erbe bewahren konnten.

Auf dem Hintergrund ihres eigenen stark ausgeprägten akademischen Ausbildungssystems erforschten die Tibeter Modelle überall auf der Welt, um herauszufinden, wie sie ihre Kinder so betreuen und erziehen konnten, dass sie mit ihrer kulturellen Tradition in Verbindung blieben. Die Tibeter haben es immer wertvoll und wichtig gefunden, von anderen Kulturen zu lernen. Im siebten Jahrhundert christlicher Zeitrechnung, als der tibetische König Songtsen Gampo beschloss, ein schriftliches Alphabet einzuführen, schickte er seinen gebildeten Minister Thonmi Sambhota nach Indien, um in anderen Ländern Anregungen zu suchen. Er beschloss, eine Schriftsprache aus dem Sanskrit zu übernehmen, und entwickelte auf dieser Grundlage die Zeichen für ein schriftliches tibetisches Alphabet. Diese Form der wissenschaftlichen Forschung nach dem Vorbild anderer Kulturen finden wir auch in der Entwicklung anderer Bereiche der tibetischen Kultur, sowohl früher als auch noch heute. Auch die tibetische Medizin verdankt ihre Entwicklung einer Reihe von Konferenzen, die bereits im dritten Jahrhundert begannen und bei denen indische, chinesische, persische, ägyptische und griechische Gelehrte und Heiler zusammentrafen. Im Augenblick forscht die tibetische Exilregierung unter der Leitung des Dalai Lama in Ländern überall auf der Welt nach möglichen Vorbildern für eine Revision ihrer demokratischen Verfassung.

Für die Betreuung von Kindern, die keine Familie haben, beschlossen der Dalai Lama und seine Regierung schließlich, sich an das Modell der SOS Kinderdorf International in Wien zu halten. Der Dalai Lama gab dem Projekt finanzielle Starthilfe und eine Richtung, und im Laufe der Jahre haben Menschen aus dem Westen immer wieder Geldmittel beschafft, damit das Projekt starten und das erste Dorf sowie weitere Zweigstellen in anderen Flüchtlingsgemeinden in Betrieb genommen und kontinuierlich weiterarbeiten konnten. Es ist ein eindrucksvolles Erlebnis zu sehen, wie es gelingt, Kindern ein Gefühl von Sinn zu vermitteln, das sowohl ihre Erziehung als auch ihre Gemeinschaft prägt. Im Tibetischen Kinderdorf ist das primäre Ziel, für Waisen und unterprivilegierte tibetische Kinder eine Atmosphäre von Liebe und Geborgenheit zu schaffen und ihnen eine solide Ausbildung mitzugeben, mit der sie sowohl in anderen Teilen der Welt als auch in einem befreiten Tibet ihren Weg finden. Und gleichzeitig soll diesen Kindern ihr kraftvolles tibetisches Erbe vermittelt werden.

Janet erzählte mir, die Erwachsenen, die sie im Tibetischen Kinderdorf kennen lernte, seien entschlossen, dafür zu sorgen, dass die Kinder lebendige Erfahrungen mit der tibetischen Kultur machen, vor allem mit der Familienkultur. »Es ging nicht darum, dass diese Waisen und Flüchtlingskinder bedauert und untergebracht wurden, wo man sich gerade um sie kümmern konnte, sondern man entwickelte ein wunderbares Familiensystem. Ich kann mir für ein Kind nichts Besseres vorstellen.«

Der Dalai Lama schrieb in der 25. Jahresschrift zum silbernen Jubiläum des Tibetischen Kinderdorfs: »Als 1959 die Tragödie über Tibet hereinbrach, waren unter den vielen Tibetern, die ins benachbarte Indien entkamen, sehr viele Kinder. Aufgrund unserer mangelnden Erfahrung mit der Bereitstellung einer notwendigen und angemessenen gesundheitlichen Versorgung war das Leben vieler dieser Kinder in Gefahr. 1960 wurde in Dharamsala die Tagesstätte für tibetische Kinder eröffnet, um den speziellen und dringenden Bedürfnissen der Kinder zu dieser Zeit nachzukommen. Allmählich wurde diese Einrichtung durch viel Anstrengung verbessert. Man sorgte für die Ausbildung der Kinder, und die Institution begann sich zu vergrößern. Sie wurde in Tibetisches Kinderdorf umbenannt. Seit der Zeit hat diese Einrichtung über 7000 tibetischen Kindern Hilfe und sowohl traditionelle als auch moderne Ausbildungsmöglichkeiten geboten.«

Die Tibeter in Indien müssen ein heikles Gleichgewicht wahren, um sich in einer Welt zu behaupten, von der sie jahrhundertelang isoliert waren, und sich gleichzeitig ihre tibetische Identität und die Würde ihres eigenen Erbes zu erhalten. Diese Menschen und die Einrichtungen, die sie schaffen, wie das Tibetische Kinderdorf, sind eine Inspiration für uns alle, die wir danach streben, eine Balance zwischen dem Alten und dem Neuen in unserem Leben zu finden.

Epilog

Lernen vom tibetischen Erbe

Sammeln

Während ich mich auf den Abschied von Dharamsala und meinen Freunden vorbereitete, versuchte ich all die Informationen zu ordnen, die ich über die tibetische Geburt und Kindheit gesammelt hatte, und sie so zusammenzustellen, dass sowohl Tibeter als auch Nicht-Tibeter davon profitieren und sie für sich nutzen konnten. Ich war dankbar für das Verständnis der tibetischen Kultur, das mir so viele warmherzige und wohlwollende Lehrerinnen und Lehrer vermittelt hatte. Und ich wusste, ich würde meinen morgendlichen Rundgang vermissen, das Geplauder am Nachmittag bei Tee mit Palmo und Tsering und die langen, bis in die Nacht dauernden Gespräche mit den Familien meiner Freunde. Ich wusste nicht, wann ich all diese Menschen wieder sehen würde, die mich bei sich zu Hause so freundlich aufgenommen hatten. Langsam begann ich mich zu verabschieden, was mehrere Tage dauerte, da Abschied nehmen bedeutete, lange und intensive Nachmittage oder ganze Tage miteinander zu verbringen, an denen wir Ausflüge machten oder ich zu Abschiedsessen eingeladen wurde. Das war eine wunderbare Zeit, in der sich unsere Freundschaft vertiefte und festigte und ich in meinem

Vorhaben bestätigt wurde, das empfangene Wissen über tibetische Geburt und Kinderbetreuung an andere Menschen weiterzugeben.

Bei meinem letzten Morgenbesuch bei Gyatso bat ich ihn, mir zu sagen, was er in unserem Buch gern lesen würde und welches für ihn die wichtigsten tibetischen Lehren über die Geburt waren, die auch anderen zugute kommen sollten. Ich fragte: »Wenn du ein Kind unter idealen Umständen erziehen könntest, so dass es zum besten Weltenbürger würde, den man sich nur vorstellen kann, wie würdest du dann vorgehen? Wenn du westlichen Menschen die wichtigsten praktischen Ideen der tibetischen Kindererziehung ans Herz legen solltest, welche wären das?« Wie üblich dachte er ernsthaft über meine Frage nach, bevor er sprach, antwortete aber entschieden: »Das Wichtigste, was Menschen in anderen Kulturen über die tibetische Geburt wissen sollten, ist, wie wertvoll und nützlich die spirituellen Rituale und Initiationen sind. Feiert das erste Lächeln des Babys. Auch die ersten Schritte des Babys sind ein wichtiges Ereignis. Schreibt diese Erlebnisse auf. Haltet die Magie und die Feierlichkeit jedes neuen Entwicklungsschrittes im Leben eines Kleinkinds fest. Massage und körperliche Berührung vom Augenblick der Geburt an sind ebenfalls wichtig für die gesunde Entfaltung des Kindes. Und die Mutter sollte möglichst bald nach der Geburt anfangen, ihr Kind zu stillen.«

Gyatso erwähnte auch, wie wichtig es sei, das tibetische Erbe zu bewahren. »Wir müssen das tibetische Erbe für unsere eigenen Kinder und Familien erhalten. Die wichtigsten Werte für die Menschen in unserer Kultur sind Weisheit und Mitgefühl, Achtung vor der Kontinuität allen Lebens, die Rituale als Markierungen für das Bewusstsein und die Art und

Weise, Kindern etwas beizubringen. Tibet kann wieder zum freien Land werden, wenn die Menschen kollektiv in Frieden und Harmonie mit ihrer Umgebung leben. Wenn uns das nicht gelingt, werden die meisten Tibeter sich in den nächsten zwanzig, dreißig Jahren an ihre neue Umgebung anpassen und Menschen anderer Nationalitäten heiraten. Die Tibeter, die zum Beispiel in Amerika leben, werden dann wahrscheinlich immer amerikanischer. Und die in der Schweiz schweizerischer. Und die Kultur ihrer Kinder ist dann überwiegend die ihres neuen Heimatlandes. Uns würde viel verloren gehen.«

Während er sprach, näherten wir uns dem Tempelraum, in dem sich die große Gebetsmühle befand, die Gyatso und ich immer gemeinsam drehten. Täglich fügten wir ein neues Gebet hinzu. »Heute werde ich für deine sichere Rückreise beten«, verkündete Gyatso, während er eine Seite der Mühle berührte. Ich nahm die andere Seite, und wir begannen eine Runde nach der anderen zu drehen. Die Glocke, die von der Decke hing, verkündete jede beendete Runde und schallte laut, wenn sie gegen den metallenen Zinken schlug, der seitlich aus dem großen Zylinder ragte. Ich hatte das Gefühl, dass meine Rückreise, unterstützt von der Kraft dieser Gebete, tatsächlich sicher verlaufen würde. Gyatso und ich gingen immer wieder im Kreis und konzentrierten uns ganz darauf, die Gebetsmühle anzustoßen, bis sie sich aus eigener Kraft weiterdrehte und die Gebete, die auf die Seiten des großen Zylinders gestanzt waren, ins ganze Universum schickte.

Reflektionen

Beim Schreiben dieses Buches flossen die vielen Erinnerungen an meine Freunde und meine Erlebnisse in Tibet mühelos in mein Bewusstsein. Neulich zum Beispiel hörte ich in der Ferne Kirchenglocken läuten und dachte einen Augenblick, es sei der Gong im Kloster in Dharamsala. Ich konnte das rhythmische Geräusch von Gyatsos Lederstiefeln hören. Ich spürte Palmos warmherzigen Blick und ihre freundliche Berührung, als sie mich einlud, zu einem ihrer köstlichen Mo-mo- oder Thugpa-Essen zu bleiben und Rinchen Lhamo zuzuhören, die lebhaft von ihrer Zeit in Tibet sprach und in ihren Erinnerungen an die Zeit schwelgte, in der sie als Hebamme gearbeitet hatte. In der Post war vor kurzem ein Brief von Lhamo mit einem neuen Foto von Dolma Tsering, die bereits laufen lernt. Lhamo war so sicher gewesen, dass dieses Kind eine Tochter sein würde, und ich hatte ihre Überzeugung nie angezweifelt. Ich werde niemals ihr breites Grinsen vergessen, als sie mir erzählte, dass ihr neues Baby tatsächlich ein Mädchen sei. So viele Hoffnungen und Träume sind in die Kinder Tibets gesetzt worden, sowohl die in Tibet als auch die im Exil lebenden.

Ich habe auch festgestellt, dass ich immer wieder über den Traum des Dalai Lamas vom Frieden nachdenke. In der Woche, bevor ich zum Himalaja aufbrach, besuchte ich in Kalifornien eine Konferenz mit dem Dalai Lama, Harmonia Mundi. Dort wurde auch plötzlich und ohne große Vorbereitung verkündet, dass er den Friedensnobelpreis 1989 erhalten hatte. In Dharamsala erfuhr ich, dass viele Tibeter nicht wussten, was der Friedensnobelpreis war oder welche Bedeutung er in den Augen der Welt hatte, aber die Nachricht verbreitet sich schnell und die ganze Stadt verfiel in ein freudiges Feiern. In den nächsten Tagen feierten die Tibeter pausenlos. Die Geschäfte blieben geschlossen, Türen standen offen und Nachbarn und Besucher tanzten zusammen auf der Straße. Nach 30 Jahren im Exil, nach all ihren Kämpfen und der harten Arbeit, die sie geleistet hatten, waren diese Menschen überglücklich, weil ihr Oberhaupt weltweit Anerkennung gefunden hatte.

»Inder, Tibeter und Menschen aus dem Westen tranken alle aus einem Glas«, erzählte mir ein fröhlicher Ladeninhaber. »Es war eine unglaubliche Zeit. Die Leute tanzten drei Tage ohne Pause auf den Straßen.« Familien machten Picknicks, eine beliebte Freizeitbeschäftigung der Tibeter. Besondere Speisen wurden zubereitet, Körbe mit Delikatessen gefüllt, und die Menschen brachen in Scharen auf in die Wälder und zu anderen beliebten Plätzen, um zu feiern. Der Friedensnobelpreis des Dalai Lamas gab vielen Tibetern Hoffnung, dass alle ihre Bemühungen um kulturelle Integrität und das Überleben ihrer Tradition sich bezahlt machten. Er vermittelte ihnen das Gefühl, dass die Welt sie nicht vergessen hatte und alles möglich war, auch dass die Chinesen nach Hause zurückkehrten und ihr Land wieder freigaben.

Mit diesem Buch hoffe ich, die Welt auf ein weiteres Gebiet tibetischer Weisheit aufmerksam zu machen. Durch meine Zeit mit Palmo und Ngawang, Tsering und Tashi, Lhamo und Dorje, ihren Familien und all meinen anderen tibetischen Freunden habe ich viel über die Beziehung zwischen Geburt, Leben und Tod erfahren. Ich habe erlebt, wie die tibetische Kultur die Kontinuität der sieben Stadien der Geburt feiert. Ich hatte das Glück, einer Kultur zu begegnen, die den Geburtsprozess von der Empfängnis bis zur frühen Kindheit als

Einheit betrachtet; die für diesen Prozess einen erdverbunde-
nen und weitläufigen familiären, gemeinschaftlichen und universellen Rahmen schafft; und die bei den praktischen Fragen
des Lebens körperliche, emotionale, gedankliche, geistige
Aspekte sowie die Umgebung und Beziehungen auf einfache
und natürliche Weise mit einbezieht, Leben für Leben. Der
Dalai Lama und die Tibeter halten für die Welt unzählige Geschenke bereit. Ich bete mit ihnen darum, dass sie schon bald
in ihr Heimatland zurückkehren und dort in Frieden leben
können. Der Dalai Lama hat für Tibet die Vision, das Land
zum internationalen Naturschutzgebiet zu erklären. Arbeiten
wir gemeinsam auf dieses Ziel hin und lernen wir bis dahin
von der Weisheit, die die Tibeter an uns weitergeben, während sie ihre Kultur und ihr Erbe im Exil bewahren.

Dank

Acht tibetische Gelehrte haben die erste Fassung unseres Buches 1991 und 1992 gelesen, um zu überprüfen, ob die kulturellen, medizinischen und religiösen Angaben stimmen. Wir danken Norbu Chophel Kharitsang, Autor und Gelehrter der tibetischen Volkskunde von der Tibetan Library of Works and Archives in Dharamsala, Indien (jetzt in Madison, Wisconsin, USA); Lama Ngawang Jorden, Lama in der Sakya Tradition und Gelehrter an der Harvard University; Seiner Hochwürden Dugu Choegyal Rinpoche, Tashi Jong Tibetan Community, Vorstand des Kham-Chamdo-Tho-Dugu-Klosters, Präsident der Dugu Vajrayana Heritage Foundation und Begründer des Tara Bhir Tho-Dugu Retreat Center in Kathmandu, Nepal; Joanna Macy, Ph. D., aus Berkeley, Kalifornien, Autorin, Professorin und Gelehrte der tibetischen Religion und Philosophie; Jamyang Sakya aus Seattle, Washington, Autorin des Buches *Princess in the Land of Snows* (Boston: Shambhala Publications 1990), Mitbegründerin des Sakya Center in Seattle und erste tibetische Flüchtlingsfrau, die in den Vereinigten Staaten (1961) ein Kind geboren hat; Dr. Lobsang Rapgay, Doktor der tibetischen Medizin und Ph.D. in Psychologie; Mark Tatz, Ph.D., Gelehrter und Professor der tibetischen Kultur, Philosophie und Sprache; und Kevin Ergil, Ph.D., Tibetologe, medizinischer Anthropologe, Arzt der traditionellen chinesischen Medizin und Student der tibetischen

255

Medizin. Wir danken all diesen Menschen für ihren Beitrag, ihre ausführlichen Informationen, ihr Wissen und ihre Unterstützung.

Unser zusätzlicher Dank gilt Norbu Chophel Kharitsang, Ngawang Jorden, Lobsang Rapgay, Jamyang Sakya und Mark Tatz dafür, dass sie die Endfassung dieses Buches 1997 noch einmal gelesen und ihr den letzten Schliff in Bezug auf kulturelle und religiöse Details gegeben haben. Unser Dank geht auch an Don Brown M.D., Begründer des Kadampa Center for the Practice of Tibetan Buddhism in Raleigh, North Carolina, der diese Arbeit an Timothy McNeill von Wisdom Publications vermittelte und auch die Endfassung kommentierte.

Susanna Ralli, freie Lektorin für Wisdom Publications, lektorierte das Manuskript mit äußerster Sensibilität unter Berücksichtigung der Intentionen der Autorinnen sowie der Bedürfnisse der Leserinnen und Leser. Constance Miller, Stephanie Shaiman und Sara McClintock von Wisdom Publications stellten und beantworteten mit beharrlicher Eindringlichkeit Fragen und gaben wertvolle Unterstützung.

Andere Leserinnen und Leser, die unschätzbare Hinweise und Anregungen gaben, waren Hank Maiden – der zum Konzept und zur Ausstattung des Buches beitrug und die verschiedenen Fassungen über Jahre hinweg immer wieder durchsah –, Tsewang Tatz, Adriana Rocco, Eric Maisel und Jay Mead. Wir danken Jay vor allem für die Kinderbetreuung. Janet Ryan Richardson gilt unser Dank dafür, dass sie uns an ihren Forschungsergebnissen über Kindererziehung in Dharamsala hat teilhaben lassen. Unser besonderer Dank geht an Lama Ngawang Jorden für seine langjährige Freundschaft, sein Wissen und seine Übersetzungen.

Dank sagen möchten wir auch Seiner Heiligkeit dem Dalai

Lama, Pasang Lhamo, Dr. Yeshe Dhonden und zahlreichen anderen Tibeterinnen und Tibetern, die geduldig unsere Fragen beantworteten. Und besonders dankbar sind wir Tsomo und Norbu Chophel Kharitsang für ihre Freundschaft und ihr Interesse an dem Projekt, für ihre detaillierten Auskünfte, ihre Überarbeitungsvorschläge und ihren Rat; für ihre Hilfe beim Arrangieren von Interviews in Dharamsala; und für die passende Ankunft ihrer jüngsten Tochter, Dolkar Tsering. Weiterer Dank geht an die Nonnen des Tilokpur Mahayana Buddhistischen Nonnenklosters für ihre Gastfreundschaft, ihr buddhistisches Wissen, ihre kulturellen Anekdoten und die Grüne-Tara-Tanka, die sie uns schenkten.

Wir möchten auch unsere Wertschätzung für die Unterstützung und den Rat zum Ausdruck bringen, die uns zuteil wurden von Angeles Arrien, Peter Beren, George Churinoff, Mary Davenport, Lisa Faithorn, Carol Ferraro, Djann Hoffman, Lisa Mackinney, Gladys McGarey, Jonathan Nelson, Helena Norberg-Hodge, Michael Phillips, Gangchen Rinpoche, Leslie Rossman, Mark Salzwedel, Ellen Weis und Gordon Whiting. Elisa Odabashian danke wir für die ersten redaktionellen Hinweise und Rebecca Rothfusz für die ersten redaktionellen Anregungen und Hinweise für das Stichwortverzeichnis.

Außerdem gilt unsere tiefe Dankbarkeit Rinchen Khando Choegyel, Erziehungsministerin der tibetischen Exilregierung und Direktorin des Projektes für tibetische Nonnen in Dharamsala, für ihr durchdachtes Vorwort zu diesem Buch. Ihre tiefe Liebe und Bewunderung für die Männer, Frauen und Kinder Tibets ist eine große Quelle der Inspiration und Freude. Mögen ihre Wünsche für ihr Volk schnell in Erfüllung gehen.

Anne Hubbell Maiden und Edie Farwell, Juni 1997

257

Kontaktadressen

Organisationen zur Förderung tibetischer
Frauen und Kinder und eines freien Tibets

TIBETAN WOMEN'S ASSOCIATION (TWA)
Bhagsunag Road
P.O. McLeod Ganj 176219
Dharamsala, District Kangra. HP. Indien
Tel. 91-1892-22527
Fax: 91-1892-23374 oder 22589
E-mail: twaacta.unv.ernet.in

Fördert ein breites Spektrum an kulturellen, politischen und wohltätigen Projekten.

TIBETAN CHILDREN'S VILLAGE (TCV)
Dharamsala Cantt. 176 216 HP. Indien
Tel: 91-1892-23348 oder 23354
Fax: 91-1892-22670

Beherbergung und Ausbildung von verwaisten oder bedürftigen tibetischen Kindern.

INTERNATIONAL CAMPAIGN FOR TIBET (ICT)
1735 Eye Street, NW, Suite 615
Washington, DC 20006
Tel: 202-785-1515
Fax: 202-785-4343
E-mail: ictapeacenet.org
URL: http://www.peacenet.org/ict

Verein zur Förderung der Menschenrechte und der demokratischen Freiheit in Tibet.

CHINDAK
VEREIN ZUR FÖRDERUNG TIBETISCHER KULTUR
Limastr. 23
D-14163 Berlin

NETZWERK ENGAGIERTER BUDDHISTEN
c/o Franz-Johannes Litsch
Fidicinstr. 44
D-10965 Berlin
Tel.: 030 / 692 58 48

RIGPA
VEREIN FÜR TIBETISCHEN BUDDHISMUS e.V.
c/o Doris Wolter
Karl-Marx-Str. 17
D-12043 Berlin
Fax: 030 / 61 30 66 24

TSEWANG NORBU
DEUTSCH-TIBETISCHE KULTURGESELLSCHAFT
Große Hamburger Str. 1
D-10115 Berlin
Tel.: 030 / 28 53 43 06

TIBET INITIATIVE DEUTSCHLAND e.V.
Bullmannaue 11
D-45327 Essen
Tel.: 0201 / 830 38 11

THE TIBET BUREAU
Place de la Navigation 10
CH-1201 Genève
Tel.: 0041 / 22 / 738 79 40

TIBETISCHES ZENTRUM
Hermann-Balk-Str. 106
D-22147 Hamburg
Tel.: 040 / 644 35 85

TIBET INFORMATION NETWORK (TIN)
City Cloisters
188-196 Old Street
GB-London, EC1V9FR

GEMEINSCHAFT FÜR ACHTSAMES LEBEN e.V.
c/o Heinrich Michel
Fasanenstr. 14
D-82293 Mittelstetten
Tel.: 08202 / 13 93 oder 08028 / 92 81
Fax: 08028 / 21 20

DANA e.V.
GESELLSCHAFT ZUR ERHALTUNG
TIBETISCHER KULTUR UND MEDIZIN
Barer Str. 70 / Rgb.
D-80799 München
Tel.: 089 / 27 81 72 27 oder 470 18 53
Fax: 089 / 27 81 72 26

DEUTSCHE TIBETHILFE e.V.
c/o Irmtraut Wägner
Mauthäuslstr. 9
D-81379 München
Tel.: 089 / 788 306   Fax: 089 / 782 893

261

TIBET HAUS MÜNCHEN e.V.
Katharinenweg 4
D-81479 München
Tel.: 089 / 791 88 87

VEREIN ZUR FÖRDERUNG DER KULTUR
UND WEISHEIT TIBETS e.V.
Frundsbergstr. 31
D-80634 München
Tel.: 089 / 16 00 20

DEUTSCHE TIBETHILFE e.V.
c/o Heide Meyer
Quendelstr. 52 a
D-26127 Oldenburg
Tel.: 0441 / 66 330

GESELLSCHAFT SCHWEIZERISCH-TIBETISCHE
FREUNDSCHAFT (GSTF)
Hottingerstr. 28
CH-8032 Zürich
Tel. und Fax: 0041 / 1 / 252 77 77

TIBET FREUNDE
c/o Rosmarie Meyer
Wyssgasse 9
CH-8004 Zürich
Tel.: 0041 / 1 / 305 53 06

Anmerkungen

1 *Das Tibetische Totenbuch.* Neu übersetzt und kommentiert von Robert
   E. Thurman. Mit einem Vorwort des Dalai Lama. Frankfurt am
   Main: Krüger 1996, und Yang-dschen-ga-wä-lo-drö: *Tod, Zwischenzustand und Wiedergeburt im tibetischen Buddhismus* von Lati Rinbochay
   und Jeffrey Hopkins. München: Diederichs Gelbe Reihe Bd. 41,
   1983.
2 Es ist wichtig zu beachten, dass hier ein Laie in tibetische Geburtspraktiken einführt. Es gibt ein noch sehr viel ausführlicheres Wissen, wie zum Beispiel Anweisungen für den Prozess der
   Reinkarnation, das auf fortgeschrittenen Lehren, Praktiken und
   Initiationen des tibetischen Buddhismus beruht.
3 Aus den Medizinlehren der Cherokee. Siehe Dhyani Ywahoo, *Am
   Feuer der Weisheit.* Zürich: Theseus Verlag AG 1988.
4 Der Dalai Lama und Galen Rowell: *My Tibet.* Berkeley: University
   of California Press 1990, S. 27.
5 Es ist schwer, genaue Zahlen für die tibetische und die chinesische
   Bevölkerung in Tibet zu bekommen, denn was augenblicklich als
   Autonomes Tibet bezeichnet wird, schließt Kham und Amdo nicht
   ein, zwei der am dichtesten besiedelten Provinzen des historischen
   Tibet. Für detaillierte Informationen siehe Warren Smiths *Tibetan
   Nation* (Colorado: Westview Press, 1996). Im November 1996 lebten schätzungsweise 130 000 Tibeter im Exil.
6 Der Fünf-Punkte-Friedensplan des Dalai Lamas ist abgedruckt in
   der Anthologie *The Anguish of Tibet.* Herausgegeben von Petra Kelly,
   Gert Bastian und Pat Aiello. Berkeley: Parallax Press 1991.
7 Nach einem tibetischen Text aus dem 11. Jahrhundert mit dem
   übersetzten Titel *Illustrated Principles and Practices of Tibetan Medicine.*
8 Der Dalai Lama und Galen Rowell: *My Tibet.* A.a.O., S. 79.

9   Ebd. S. 30.

10 Die Hoffnung, dass die Kinder die Tradition einer Kultur fortführen, die von Völkermord oder Katastrophen bedroht ist, spiegelt sich in den Geschichten der Ureinwohner und Flüchtlinge fast sämtlicher Kontinente. Die Tibeter haben von frühester Zeit an danach gestrebt, von anderen Kulturen zu lernen, und auch erkannt, dass sie ihre Kultur lebendig halten können, wenn sie Gelegenheiten schaffen, ihr Wissen, wo sie nur können, an andere weiterzugeben.

11 Die in diesem und in den folgenden Kapiteln erwähnten Texte von Dr. Dolma stammen aus dem Kapitel »Child Conception« in: *Lectures on Tibetan Medicine* (New Delhi, India: Library of Tibetan Works and Archives, 1986), S. 83–117.

12 Aus einem Artikel der Fotojournalistin Catherine Alport, »Crossing Cultures with Women«, *Women of Power*, Sommer 1987.

13 Siehe *The Cult of Tara. Magic and Ritual in Tibet* (Berkeley: University of California Press, 1978) von Stephan Beyer, der eine fundierte Beschreibung der Tara im tibetischen Buddhismus gibt.

14 Diese Darstellung findet sich in Lati Rinbochays und Jeffrey Hopkins Yang-dschen-ga-wä-lo-drö: *Stufen zur Unsterblichkeit. Tod, Zwischenzustand und Wiedergeburt im tibetischen Buddhismus*. München: Diederichs Gelbe Reihe Bd. 41, 1983. Dies ist eine Übersetzung von *Lamp Thoroughly Illuminating the Presentation of the Three Basic Bodies – Death, Intermediate State and Rebirth* von Yang-jen-ga-way-lo-dro, einem Gelehrten und Yogi des Gelugpa- Ordens aus dem 18. Jahrhundert.

15 Aus einem Interview mit dem Tibetologen Kevin Ergil von 1990. Dr. Ergil, früherer Präsident des American College of Traditional Chinese Medicine in San Francisco, ist ausgebildeter Anthropologe und studierte bei Dr. Yeshe Dhonden in Dharamsala.

16 Siehe *Das Tibetische Totenbuch*, das eine ausführliche Erläuterung des Bardo gibt. Am häufigsten verwiesen wurden wir auf die Version, die von Francesca Freemantle und Chögyam Trungpa unter dem Titel *The Tibetan Book of the Dead* herausgegeben wurde (Boston: Shambala, 1987). Es gibt auch eine neuere Ausgabe von Jeffrey Hopkins (New York: Bantam, 1994). Deutsche Ausgabe: *Das Tibetische Totenbuch*. Neu übersetzt und kommentiert von Robert E. Thurman. Mit einem Vorwort des Dalai Lama. Frankfurt am Main: Krüger 1996.

17 Eine ausführlichere Erklärung der Übergänge im Zwischenstadium finden Sie im Vorwort zu Yang-dschen-ga-wä-lo-drö *Stufen zur Unsterblichkeit. Tod, Zwischenzustand und Wiedergeburt im tibetischen Buddhismus*, von Lati Rinbochay und Jeffrey Hopkins. A.a.O.

18 Aus *The Tibetan Book of the Dead*. A.a.O., S. 91–92. Vgl. in der deutschen Ausgabe *Das Tibetische Totenbuch* unter dem Abschnitt mit der Überschrift »Einen guten Mutterleib wählen«: »Zum Wohle aller Wesen will ich als Weltenherrscher oder im Stand der Priester geboren werden, alle Wesen beschirmend wie ein großer schattenspendender Baum oder als Kind eines heiligen Mannes, eines Adepten oder einer Familie mit makelloser Dharma-Verbindung oder einer Familie, in der die Eltern großes Vertrauen in den Dharma besitzen. Es muß mir gelingen, in diesem kommenden Leben Erfolg zu haben, indem ich einen Körper gewinne, der große Verdienste aufweist und mich befähigt, zum Wohle aller Wesen zu wirken.« A.a.O., S. 278.

19 *The Ambrosia Heart Tantra*, vol. 1, kommentiert von Dr. Yeshe Dhonden und übersetzt von Jhampa Kelsang (Dharamsala, India: Library of Tibetan Works and Achives, 1977), S. 32.

20 Die grundlegende Idee von Gesundheit in der tibetischen Medizin ist die des Gleichgewichts, des Gleichgewichts im Körper und zwischen ihm und den entsprechenden Aspekten in der äußeren Welt. »Das innere Gleichgewicht des Körpers findet seinen Ausdruck vor allem in der Harmonie der drei ›Säfte‹ – Wind, Galle, Schleim. Diese Säfte haben ihren Ursprung in der fundamentalen Unwissenheit, die den Subjekt-Objekt-Dualismus erzeugt und damit die karmische Kraft für die Manifestation des Lebens hervorbringt. Unwissenheit, Gier und Haß entwickeln sich zu Schleim, Luft (Wind) und Galle. Einmal erzeugt, hängt von ihrer ausgewogenen Verteilung und Zirkulation die Gesundheit des Organismus ab.« Terry Clifford, *Tibetische Heilkunst. Einführung in Theorie und Praxis der altbewährten Naturheilkunde der Tibeter*. Bern/München/Wien: Barth Verlag. München: Scherz Verlag 1986, S. 126.

21 Die Informationen von Dr. Dhonden in diesem und den folgenden Kapiteln stammen aus seinen beiden Artikeln »Embryology in Tibetan Medicine« und »Childbirth in Tibetan Medicine«, aus seinen Büchern *Health Through Balance* und *The Ambrosia Heart Tantra* und Gesprächen mit ihm in Kalifornien.

22 Dr. Yeshe Dhondens Artikel »Embryology in Tibetan Medicine« und »Childbirth in Tibetan Medicine« finden sich in *Tibetan Medicine*, no.1. Dharamsala, India: Library of Tibetan Works and Archives 1980.

23 *The Ambrosia Heart Tantra*, S. 32

24 Ebd., S. 31 f.

25 Rintschen Taring, *Ich bin eine Tochter Tibets. Lebenszeugnisse aus einer versunkenen Welt.* Bergisch-Gladbach: Bastei Lübbe 1995, S. 35.

26 Aus einem persönlichen Gespräch mit den Autoren 1989.

27 Weitere Einzelheiten finden sich in Sogyal Rinpoches Buch *Das Tibetische Buch vom Leben und Sterben. Ein Schlüssel zum tieferen Verständnis von Leben und Tod.* München: Scherz 1996, S. 45. Eine wertvolle Quelle für Gebete ist Geshe Rabten und Geshe Ngawang Dhargyeys *Advice from a Spiritual Friend: Buddhist Thought Transformation.* London: Wisdom Publications 1984.

28 Siehe Michel Odent, *Von Geburt an gesund. Was wir tun können, um lebenslange Gesundheit zu fördern.* München: Kösel Verlag 1989.

29 Dieser Text ist nicht ins Englische übersetzt. Der Tibetische Titel bedeutet so viel wie *Illustrierte Grundlagen und Praktiken der tibetischen Medizin.* Die Informationen aus diesem Text bekam Anne bei ihren Treffen mit dem tibetischen Arzt Dr. Lobsang Rapgay in San Francisco. Er hatte sich eine Kopie des Textes besorgt und erzählte Anne Maiden, dass dies der ausführlichste tibetische Text über Schwangerschaft und Geburt sei. Sie verbrachten Stunden damit, die 39 Bilder des Geburtsprozesses einzeln durchzugehen, wobei Dr. Rapgay die begleitenden Texte zu jedem Bild übersetzte. Der Text war eine Kopie des Originals, das im 11. Jahrhundert in Tibet herauskam. Die wenigen Kopien, die weltweit erhalten blieben, werden noch heute von Tibetern benutzt, die Medizin studieren. Nach diesen Treffen mit Dr. Rapgay ist eine spätere Arbeit aus dem 17. Jahrhundert, die auf dem früheren Text aufbaut, in zwei dicken Bänden übersetzt und herausgegeben worden; der eine enthält Farbtafeln mit Erläuterungen und der andere den Text unter dem Titel: *Tibetan Medical Paintings: Illustrations to the Blue Beryl Treatise of Sangye Gyamtso* (1653–1705). Diese Ausgabe wurde herausgegeben von Yuri Parfionovitch, Gyurme Dorje und Fernand Meyer mit einem Vorwort des Dalai Lama (New York: Harry N. Abrams 1993). In diesen

Bänden, die nicht mehr im Druck sind, befinden sich auf einem einzigen großen Bild 78 Abbildungen der menschlichen Embryologie in der Entwicklung des Organismus. Die Überschriften zu den Bildern sind in tibetischer Sprache und werden auf der gegenüberliegenden Seite übersetzt (Seiten 181–182). In einer Anmerkung zum Kommentar wird die allgemeine Linie dieser medizinischen Lehre zurückverfolgt und auf ihre Verwandtschaft mit dem Text aus dem 11. Jahrhundert verwiesen. Beginnend im 8. Jahrhundert, »setzt diese Linie sich fort bis zu dem großen Schatzfinder Trapa Ngonshe (1012–1089), der die Texte, die Padmasambhava in Samye verbarg, angeblich wieder entdeckte. Er übermittelte ihre Tradition dann der Reihe nach weiter an Darma Trakpei Gyeltsen, Konchok Kyab von Lhartse, Yonten Gonpo den Jüngeren (12. Jahrhundert), der als dreizehnte Inkarnation von Yuthog dem Älteren (achtes Jahrhundert) verehrt wird, Sumton Chenpo Yeshezung von Nyemo ... und ihre Nachfolger« (S. 25). Die beiden Fassungen aus dem 11. Jahrhundert und aus dem 17. Jahrhundert scheinen grundlegend übereinzustimmen, wobei sich in der letzteren einige Ergänzungen finden.

30 Die Informationen von Namkhai Norbu in diesem und den folgenden Kapiteln stammen aus seiner kurzen Monographie *On Birth and Life*. Venedig, Italien: Tipografia Commerciale Venezia 1983, S. 15–30.

31 Dr. Dolmas Informationen in diesem Abschnitt über die 39 Wochen des Heranreifens des Kindes im Mutterleib stammen aus *Lectures on Tibetan Medicine*. New Delhi, India: Library of Tibetan Works and Archives 1986, S. 92–103.

32 Westliche Psychologen würden eine solche vorgeburtliche Differenzierung wahrscheinlich als Genese der Individuation bezeichnen.

33 Die Sagen, die abergläubischen Bräuche und die Sitten in diesem Abschnitt stammen aus dem Kapitel »Tibetan Superstitions Regarding Childbirth« von Norbu Chophel Kharitsang, erschienen in *Tibetan Medicine*, no. 7. New Delhi, India, Library of Tibetan Works and Archives 1984, S. 25–29.

34 Siehe Geshe Ngawang Dhargyeys Text *Tibetan Tradition of Mental Development*. New Dehlhi, India: Library of Tibetan Works and Archives 1974, S. 14–20, in dem der Traum der Königin und das Leben

ihres Sohnes, Buddha Shakyamuni, noch ausführlicher dargestellt werden.

35 Vicki MacKenzie, *Die Wiedergeburt. Ein tibetischer Lama kehrt zurück. Lama Thubten Yeshes Rückkehr als Ösel Hita Torres*. München: Diamant Verlag 1994, S. 62.

36 Zeitschriftenartikel ohne Angabe des Autoren. »Zong Rinpoches Incarnation Discovered.« Tibetan Review, June 1990, S. 11.

37 Der Dalai Lama, *Mein Leben und mein Volk. Die Tragödie Tibets*. München: Droemer 1962, S. 29.

38 Eine wunderbare Beschreibung dieser Tests und auch der frühen Jahre des Dalai Lamas findet sich in seinem Buch *Mein Leben und mein Volk*. A.a.O.

39 Die Sagen, die abergläubischen Bräuche und die Sitten in diesem Kapitel stammen aus Norbu Chophel Kharitsangs und Subten Sangays Artikeln in *Tibetan Medicine*, no. 7. (1984), S. 3–29.

40 Der See Manasarovar, ein heiliger See im Südwesten Tibets, ist ein wichtiger Pilgerplatz für gläubige Tibeter und Inder.

41 Eine gründliche Erläuterung der Auswirkungen von Alkoholgenuss während der Schwangerschaft, findet sich in Michael Dorris' Buch *The Broken Cord*. New York: Harper & Row 1989.

42 Es löste starke Ablehnung bei tibetischen Schulkindern aus, als die Chinesen Kampagnen zur Vernichtung von Fliegen und anderen Tieren durchführten.

43 Thubten Sangays »Tibetan Traditions of Childbirth and Childcare« in *Tibetan Medicine* (1984), S. 13. In den Anmerkungen zu diesem Artikel (S.22–24) finden sich Angaben für die Zutaten und Zubereitung einiger tibetischer Medikamente.

44 Ebd., S. 13.

45 Die beschriebenen traditionellen Sitten im Tibet vor der chinesischen Invasion sind entnommen aus: *Ich bin eine Tochter Tibets* von Rintschen Taring. A.a.O.

46 Die Sitten bei der Kinderbetreuung finden sich beschrieben in Norbu Chophel Kharitsangs *Folk Cultures of Tibet*. New Delhi, India: Library of Tibetan Works and Archives, 1983.

47 Siehe Yeshe Dhonden, *Health Through Balance*. Ithaca, New York: Snow Lion 1986, und Terry Clifford, *Tibetische Heilkunst*. A.a.O. Eine Kurzbeschreibung wäre, dass »heiße« Krankheiten mit Feuer

verglichen werden, im Unterkörper lokalisiert sind, mit Trockenheit einhergehen und aufsteigen. Typische Krankheiten dieser Art sind Fieberkrankheiten, Entzündungen und Schmerzen im Oberkörper einschließlich Kopfschmerzen oder Verdauungsbeschwerden. »Kalte« Krankheiten werden mit Wasser und Erde verglichen, sind im Oberkörper angesiedelt, werden begleitet von Nässe und Feuchtigkeit und steigen im Körper nach unten. Typisch für diese Erkrankungen sind Kälte und ein Gefühl von geistiger und körperlicher Schwere, mangelnder Appetit und fehlender Geschmackssinn, Aufstoßen und Erbrechen. Bei kalten Beschwerden wird empfohlen, sich ans Feuer oder in die Sonne zu setzen und warme Kleidung zu tragen. Bei einer heißen Störung würde man kalte Nahrungsmittel wie Joghurt empfehlen, dem Patienten raten, sich am Meer aufzuhalten und Ähnliches mehr. Die Behandlung zielt darauf ab, das ganze System ins Gleichgewicht zu bringen.

48 Thubten Sangay, »Tibetan Traditions of Childbirth and Childcare«, *Tibetan Medicine* (1984), S. 17.

49 Ebd., S. 19.

50 Ebd., S. 12–13.

51 Die Abbildungen und Bilder, die in diesem Abschnitt erwähnt werden, stammen aus *Illustrated Principles and Practices of Tibetan Medicine*. Diese Illustrationen finden sich nicht in der jüngsten Ausgabe von *Tibetan Medical Paintings: Illustrations to the Blue Beryl Treatise of Sangye Gyamtso (1653–1705)*. New York: Harry N. Abrams 1993.

52 Thubten Sangay, »Tibetan Traditions of Childbirth and Childcare«. A.a.O., S. 14.

53 Ebd. S. 12 f.

54 Ebd., S. 14.

55 Der Dalai Lama, *My Tibet*. A.a.O., S. 72.

56 Der größte Teil der finanziellen Starthilfe stammte von der indischen Regierung. Jetzt trägt SOS International einen Großteil der Kosten.

Glossar

Avalokiteshvara (sanskrit): Der Name des Bodhisattvas des Mitgefühls, im Tibetischen Chenrezig genannt. Seine Heiligkeit der Vierzehnte Dalai Lama wird als Inkarnation dieser Gottheit empfunden.

Bardo (tibetisch): Der Zustand, in den wir unmittelbar nach dem Tod übergehen und in dem wir verbleiben, bis wir wieder geboren werden. Das Zwischenstadium zwischen Tod und Wiedergeburt, wörtlich »zwischen-dem«.

Bodhisattva (sanskrit): Ein Wesen, dessen Geist so vollkommen erwacht ist, dass er ins Nirvana eingehen könnte, und das sein Leben der Aufgabe widmet, zum Wohle aller fühlenden Wesen zur Buddhaschaft zu gelangen. Jemand, der geschworen hat, allen fühlenden Wesen zu helfen, statt den Zustand der Erleuchtung für sich allein zu genießen.

Buddha-Natur: Das Potential, ein Buddha zu werden, das jedes fühlende Wesen besitzt.

Chang (tibetisch): Tibetisches Bier, meistens aus Gerste hergestellt.

Chuba (tibetisch): Das traditionelle lange Gewand der Tibeter. Die Chuba der Männer hat lange Ärmel. Die der Frauen ist ärmellos und wird oft mit einer vielfarbigen Schürze getragen.

Rundgang: Gänge im Uhrzeigersinn um einen Tempel oder eine Stupa mit der bewussten Absicht, spirituelle Verdienste oder ein positives Potential zu erwerben. Diese Form des täglichen Gebets wird fast von allen Tibetern praktiziert.

Dakini (sanskrit): Ein weibliches Wesen, etwa vergleichbar einem Engel. Einige leben in der zyklischen Existenz, andere sind frei davon. Dakinis repräsentieren auch das weibliche Energieprinzip, das mit Weisheit und Intelligenz einhergeht und destruktiv oder kreativ wirken kann.

Gottheiten: Ein Pantheon archetypischer tibetischer Gottheiten oder Buddhas, die in der buddhistischen Meditationspraxis visualisiert werden können. Sie besitzen das Potential, die eigene Vorstellungskraft für die erweiterten Kräfte erleuchteter Wesen zu öffnen, und stellen Rollenmodelle für die Erfahrung von Eigenschaften dar, die Erleuchteten zugeschrieben werden.

Dharma (sanskrit): Die Lehren des Buddha. In einem allgemeineren Sinne bedeutet das Wort so viel wie Wahrheit, Religion, Gesetz; Dharmas sind die grundlegenden Elemente oder Realitäten.

Grüne Tara: Die Gottheit oder Göttin des tätigen Mitgefühls und des Schutzes. Im Allgemeinen wird sie in der Lotusposition sitzend abgebildet, hat aber ihren rechten Fuß vorgestreckt, bereit, mit aktivem Mitgefühl in die Welt hinauszugehen. Ihre rechte Hand liegt meistens mit der Handfläche nach oben flach auf ihrem rechten Knie und symbolisiert Geben. Ihre linke Hand befindet sich auf der Höhe ihres Herzen und hält eine blaue Lotusblüte, Symbol für Macht und Reinheit.

Das Grüne-Tara-Mantra: Ein Mantra der Lobpreisung der Grünen Tara, das oft gesungen wird, um Weisheit, Mitgefühl oder Stärke zur Überwindung von Schwierigkeiten, Hindernissen oder Gefahren zu erlangen. Die kurze Form (OM TARE TUTTARE TURE SOHA) wird meistens in Zyklen von drei oder 21 Wiederholungen gesungen.

Karma (sanskrit), wörtlich: Handlung: Die Lehre, dass Handlungen unweigerlich Folgen nach sich ziehen; es gibt Aktion und Reaktion oder Ursache und Wirkung.

Kata (tibetisch): Der traditionelle weiße Segnungsschal. Wird meistens bei der Begrüßung, beim Abschied, als Segnung oder als Glücksbringer überreicht.

Lama (tibetisch): Spiritueller Leiter und Lehrer.

Mala (sanskrit): Tibetische Gebetsperlen, ähnlich einem Rosenkranz. Meistens werden 108 Perlen zu einer Kette aufgezogen, die man benutzt, um die rezitierten Gebete oder Mantras daran abzuzählen.

Mandala (sanskrit): Die Anordnung von Gottheiten oder ihrer Embleme, meistens in Kreisform, die von einem Mittelpunkt aus ein energetisches Muster bilden; das Universum eines Buddhas.

Manjusri (sanskrit): Ein Bodhisattva, die Gottheit der Weisheit, die meistens mit einem Schwert abgebildet wird, welches ihre Macht symbolisiert, Unwissenheit zu durchschneiden.

Mantra (sanskrit): Eine Reihe von Worten oder Silben aus dem Sanskrit, deren Klang die Essenz einer bestimmten Gottheit, Eigenschaft oder Kraft zum Ausdruck bringt.

Mo-Mo (tibetisch): Ein Kloß, meistens aus einer scharf gewürzten Fleischmischung, in eine Teighülle gewickelt.

Nagas (sanskrit): Wesen oder Geister aus der Unterwelt, die Schlangen gleichen.

Nirvana (sanskrit): Befreiung vom Leiden und dem leidvollen Zyklus von Tod und Wiedergeburt, Endzustand sämtlicher Buddhisten.

Rinpoche (tibetisch): Ein reinkarnierter, hoch verwirklichter oder gelehrter Lama.

Rlung (tibetisch, »Lung« ausgesprochen): Die Standardübersetzung des Sanskrit-Wortes Prana. Rlung bedeutet so viel wie vitale »Winde« oder Körperenergien, die vom groben Atem bis zu den zahlreichen subtilen Energieströmen reichen, die durch ein Netzwerk miteinander verbundener Kanäle fließen und die geistigen und physischen Funktionen ermöglichen. Vergleichbar dem Chi oder Ki in ostasiatischen Kulturen.

Stupa (sanskrit): Ein domförmiges Monument, in dem religiöse Reliquien oder Texte aufbewahrt werden.

Sutra (sanskrit): Heilige Schriften und Texte des Buddhismus.

Tanka, auch Thangka (tibetisch): Ein traditionelles, stilisiertes religiöses Gemälde, auf dem meistens Gottheiten und ihr Leben abgebildet sind.

Tantra (sanskrit): Eine Abhandlung über die esoterischen Lehren einer bestimmten spirituellen Praxis, die sich der Umwandlung von Energie widmet; auch eine Methode für sich. Diese Methode führt über die Balance und Synthese von Gegensätzen zum Zustand der Einheit. Sie ermöglicht die Transformation störender Emotionen in wohltuende Intuition und Weisheit.

Thugpa (tibetisch): Suppe.

Tsampa (tibetisch): Ein Mehl, das aus gerösteten Gerstenkörnern gemahlen wird. Auch »Tsamba« ausgesprochen.

Vajra (sanskrit): Ein tantrischer Ritualgegenstand, der aus einer Kugel besteht, die von zwei Reihen gebogener Speichen umgeben ist, meistens fünf oder neun an der Zahl. Vajra bedeutet sowohl »Blitzstrahl« als auch »Diamant« und symbolisiert sämtliche Eigenschaften dieser beiden Dinge: Macht, Unzerstörbarkeit, Reinheit und Souveränität.

Winde: siehe Rlung.

Yoga (sanskrit): Eine Übungsmethode der spirituellen Entwicklung, bei der es um die Ausrichtung der Energie und des Bewusstseins geht.

Yogi (sanskrit): Ein Meditierender, ein Wesen, das zu ruhiger Beständigkeit und besonderer Einsicht gelangt ist.

Literatur

Alport, Catherine: »Crossing Cultures with Women.« *Women of Power.* Sommer 1987.

The Ambrosia Heart Tantra: The Secret Oral Teaching on the Eight Branches of the Science of Healing, vol. 1. Kommentiert von Dr. Yeshe Dhonden. Übersetzt von Jhampa Kelsang. Dharmasala, India: Library of Tibetan Works and Archives 1977.

Avedon, John: *In Exile From the Land of Snows.* New York: Knopf 1984.

Beyer, Stephan: *The Cult of Tara: Magic and Ritual in Tibet.* Berkeley: University of California Press 1978.

Chophel Kharitsang, Norbu: *Folk Culture of Tibet.* New Delhi, India: Library of Tibetan Works and Archives 1983.

Ders.: *Folk Tales of Tibet.* New Delhi, India: Library of Tibetan Works and Archives 1984.

Ders.: »Tibetan Superstitions Regarding Childbirth.« *Tibetan Medicine*, series no. 7. New Delhi, India: Library of Tibetan Works and Archives 1984.

Clifford, Terry: *Tibetische Heilkunst. Einführung in die Theorie und Praxis der altbewährten Naturheilkunde der Tibeter.* Bern/München/Wien: Bart. München: Scherz 1986.

Der Dalai Lama (der Vierzehnte): *Das Buch der Freiheit. Die Autobiographie des Friedensnobelpreisträgers.* Bergisch Gladbach: Lübbe 1990.

Ders.: *The Kalachakra Tantra.* Übersetzt und herausgegeben von Jeffrey Hopkins. London: Wisdom Publications 1985.

Ders.: *Mein Leben und mein Volk. Die Tragödie Tibets.* München: Droemer 1962.

Der Dalai Lama und Galen Rowell: *My Tibet.* Berkeley: University of California Press 1990.

David-Neel, Alexandra: *Heilige und Hexen: Glaube und Aberglaube im Lande des Lamaismus.* Wiesbaden: Brockhaus 1984.

Dhargyey, Geshe Ngawang: *Tibetan Tradition of Mental Development*. New Delhi, India: Library of Tibetan Works and Archives 1974.

Dhonden, Dr. Yeshe: *Health Through Balance*. Übersetzt und herausgegeben von Jeffrey Hopkins. Ithaca, New York: Snow Lion 1986.

Ders.: »Childbirth in Tibetan Medicine.« *Tibetan Medicine*, series no.1. Dharamsala, India: Library of Tibetan Works and Archives 1980.

Ders.: »Embryology in Tibetan Medicine.« *Tibetan Medicine*, no.1. Dharamsala, India: Library of Tibetan Works and Archives 1980.

Dolma, Dr. Lobsang Khangkar: *Lectures on Tibetan Medicine*. New Delhi, India: Library of Tibetan Works and Archives 1986.

Dorris, Michael: *The Broken Cord*. New York: Harper & Row 1989.

Dunham, Carroll, Ian Baker, und Kelly, Thomas: *Tibet: Reflections from the Wheel of Life*. New York: Abbeville Press 1993.

Fremantle, Francesca und Chögyam Trungpa, kommentierte Übersetzung: *The Tibetan Book of the Dead*. Boston: Shambhala 1987. (Deutsche Ausgabe: *Das Tibetische Totenbuch*. Neu übersetzt und kommentiert von Robert E. Thurman. Mit einem Vorwort des Dalai Lama. Frankfurt am Main: Krüger 1996.)

Geshe Rabten und Geshe Dhargyey: *Advice from a Spiritual Friend: Buddhist Thought Transformation*. Boston: Wisdom Publications 1996.

Goldstein, Melvyn C., und Cynthia M. Beall: *Die Nomaden Westtibets. Der Überlebenskampf der tibetischen Hirtennomaden*. Nürnberg: DA Verlag 1991.

Illustrated Principles and Practices of Tibetan Medicine. Übersetzter Titel einer gebundenen Kopie des traditionellen tibetischen Textes aus dem 11. Jahrhundert mit Abbildungen, die für das Studium der tibetischen Medizin benutzt werden. Nur in Tibetisch und Chinesisch gedruckt.

International Campaign for Tibet: *The International Tibet Resource Directory 1995*. 2nd ed. Washington, D.C. 1995.

Kelly, Petra, Gert Bastian und Pat Aiello, Hrsg.: *The Anguish of Tibet*. Berkeley: Parallax Press 1991.

Lati Rinbochay und Jeffrey Hopkins: *Yang-dschen-ga-wä-lo-drö: Stufen zur Unsterblichkeit. Tod, Zwischenzustand und Wiedergeburt im tibetischen Buddhismus*. München: Diederichs Gelbe Reihe, Bd. 41, 1983.

MacKenzie, Vicki: *Die Wiedergeburt. Ein tibetischer Lama kehrt zurück. Lama Thubten Yeshes Rückkehr als Ösel Hita Torres*. München: Diamant 1994.

Maiden, Anne Hubbell: *Options for Healthy Birth*. Sausalito, Calif.: Marina Institute for Culture and Ecology 1993.

Norbu, Namkhai: *On Birth and Life*. Translated by Enrico Dell'Angelo and Barry Simons. Venice, Italy: Tipografia Commerciale Venezia 1983.

Odent, Michael: *Von Geburt an gesund: Was wir tun können, um lebenslange Gesundheit zu fördern*. München: Kösel 1989.

Rapgay, Dr. Lobsang: *Tibetan Medicine: A Holistic Approach to Better Health*. Dharamsala, India: Tibetan Medical Sciences Series 1985.

Ders.: »Mind-Made Health: A Tibetan Perspective.« *Mind and Mental Health in Tibetan Medicine*. New York: Potala Publications 1988.

Sangay, Thubten: »Tibetan Rituals of Childbirth and Childcare.« Translated by Gavin Kilty. *Tibetan Medicine*, series no. 7. New Delhi, India: Library of Tibetan Works and Archives 1983.

Ders.: *Tibetan Birth Ceremonies*. Dharamsala, India: Library of Tibetan Works and Archives 1975.

Sakya, Jamyang, und Julie Emery: *Princess in the Land of Snows*. Boston: Shambhala 1990.

Smith, Warren: *Tibetan Nation*. Colorado: Westview Press 1996.

Sogyal Rinpoche: *Das tibetische Buch vom Leben und Sterben. Ein Schlüssel zum tieferen Verständnis von Leben und Tod*. München: Scherz 1996.

Taring, Rintschen: *Ich bin eine Tochter Tibets. Lebenszeugnisse aus einer versunkenen Welt*. Bergisch-Gladbach: Bastei Lübbe 1995.

Thurman, Robert A.F.: *The Tibetan Book of the Dead*. New York: Bantam Books 1994.

Zeitungsnachricht ohne Angabe des Autors: »Zong Rinpoche's Incarnation Discovered.« Tibetan Review, June 1990.

277

Bildnachweis

Alle Fotos, wenn nicht anders angegeben, von Stephan J. Gruben, New York

Tun Sie Ihrem Baby etwas Gutes

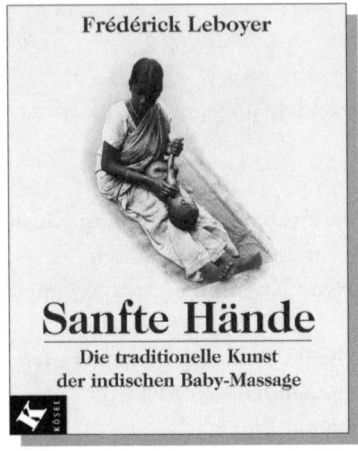

Frédérick Leboyer
Sanfte Hände
Die traditionelle Kunst der indischen Baby-Massage
141 Seiten. Durchgängig bebildert. Klappenbroschur.
ISBN 3-466-34411-5

Das Urbedürfnis eines jeden Säuglings: sanft berührt und gestreichelt zu werden. Eine hervorragende Möglichkeit diesen Hunger nach Berührung, Wärme und Zärtlichkeit zu stillen, bietet die indische Baby-Massage – eine traditionelle Kunst, die in diesem Buch bis ins Detail beschrieben wird, unterstützt von zahlreichen aussagekräftigen Fotos, die in Indien entstanden sind.

Kösel online: www.koesel.de; e-mail: service@koesel.de